ŒUVRES
DE
DENIS DIDEROT.
TOME VIII.

VIE DE SÉNÈQUE.
TOME PREMIER.

ŒUVRES
DE
DENIS DIDEROT,

publiées sur les manuscrits de l'Auteur,

PAR JACQUES-ANDRÉ NAIGEON,

de l'Institut national des sciences, etc.

TOME HUITIÉME.

A PARIS,

CHEZ DETERVILLE, Libraire, rue
du Battoir, N.º 16.

AN VIII.

ESSAI

SUR

LES RÈGNES DE CLAUDE

ET DE NÉRON,

et sur les MOEURS et les ÉCRITS de Sénèque;

Pour servir d'introduction à la lecture de ce philosophe.

Vie de Sénèque. A

ESSAI

SUR

LES RÈGNES DE CLAUDE

ET DE NÉRON.

A MONSIEUR NAIGEON.

LIVRE PREMIER.

Cet essai, que les mêmes lectures multipliées ont porté successivement d'un très-petit nombre de pages à l'étendue de ce volume, est le fruit de mon travail, ou, pour mieux dire, de mon loisir pendant un des plus doux intervalles de ma vie. J'étois à la campagne, presque seul, libre de soins et d'inquiétude, laissant couler les heures, sans autre dessein que de me trouver le soir, à la fin de la journée, comme on se trouve quelquefois le matin, après une nuit occupée d'un rêve agréable. Les années ne m'avoient laissé aucune de ces passions qui tourmentent, rien de l'ennui qui leur succède : j'avois perdu le goût de ces frivolités, auxquelles l'espoir d'en jouir long-temps donne tant d'importance. Assez voisin du terme où tout s'évanouit, je n'ambitionnois que l'approbation de ma conscience et le suffrage de quelques amis. Plus jaloux de préparer des regrets après ma mort que d'obtenir des éloges de mon vivant, je m'étois dit : « Quand le peu que j'ai fait et le peu » qui me reste à faire périroient avec moi, qu'est- » ce que le genre humain y perdroit ? Qu'y perdrois-je, moi-même » ? Je ne voulois point amuser ; je voulois moins encore être applaudi : j'avois un plus digne objet ; celui d'examiner, sans partialité, la vie et les ouvrages de Sénèque, de venger un grand homme, s'il étoit calomnié ; ou s'il me paroissoit coupable, de gémir de ses foiblesses, et de profiter de ses sages et fortes leçons. Telles étoient les dispositions dans lesquelles j'écrivois ; et telles sont les dispositions dans lesquelles il seroit à souhaiter qu'on me lût.

Chaque âge écrit et lit à sa manière : la jeunesse aime les événemens ; la vieillesse, les réflexions. Une expérience que je proposerois volontiers à l'homme de soixante-cinq ou six ans, qui jugeroit les miennes, ou trop longues, ou trop fréquentes, ou trop étrangères au sujet (*), ce

_____

(*) Sénèque le père dit que les écrivains arides et

seroit d'emporter avec lui, dans la retraite, Tacite, Suétone et Senèque; de jeter négligemment sur le papier les choses qui l'intéresseroient, les idées qu'elles réveilleroient dans son esprit, les pensées de ces auteurs qu'il voudroit retenir, les sentimens qu'il éprouveroit, n'ayant d'autre dessein que celui de s'instruire sans se fatiguer; et je suis presque sûr que, s'arrêtant aux endroits où je me suis arrêté, comparant son siècle aux siècles passés, et tirant des circonstances et des caractères les mêmes conjectures sur ce que le présent nous annonce, sur ce qu'on peut espérer ou craindre de l'avenir, il referoit cet ouvrage à-peu-près tel qu'il est. Je ne compose point; je ne suis point auteur; je lis ou je converse; j'interroge ou je réponds. Si l'on n'entend que moi, on me re-

---

stériles suivent facilement le fil de leurs discours; que rien ne les détourne, ne les amuse, ne les distrait en chemin, ne les embarrasse, ni les figures, ni le choix des mots, ni la manie des réflexions. Il en est d'eux comme des femmes laides: si elles sont chastes, c'est manque d'amans, et non de désirs. *Aridi declamatores fideliùs quos proposuerunt, colores tuentur; nihil enim eos sollicitat, nullum schema, nulla dulcedo sententiæ subrepit: sic quæ malam faciem habent, sæpiùs pudicæ sunt; non animus illis deest, sed corruptor....* Senec. *lib.* 2, Controvers. 9, pag. 160, tome III, edit. varior.

NOTE DE L'ÉDITEUR.

prochera d'être décousu, peut-être même obscur, sur-tout aux endroits où j'examine les ouvrages de Sénèque; et l'on me lira, je ne dis pas avec autant de plaisir, comme on lit les Maximes de la Rochefoucault et un chapitre de la Bruyère: mais si l'on jette alternativement les yeux sur la page de Sénèque et sur la mienne, on remarquera dans celle-ci plus d'ordre, plus de clarté, selon qu'on se mettra plus fidèlement à ma place, qu'on aura plus ou moins d'analogie avec le philosophe et avec moi; et l'on ne tardera pas à s'appercevoir que c'est autant mon ame que je peins, que celle des différens personnages qui s'offrent à mon récit. Aucune preuve n'a la même force; aucune idée, la même évidence; aucune image, le même charme pour tous les esprits: mais je serois, je l'avoue, beaucoup moins flatté que l'homme de génie se retrouvât dans quelques-unes de mes pensées, que s'il arrivoit à l'homme de bien de se reconnoître dans mes sentimens.

J'aurois pu ne recueillir des règnes de Claude et de Néron que les endroits où Sénèque est en action, et ne montrer que cette grande figure isolée; mais il m'a semblé que, placée au centre du tableau, on sentiroit plus fortement la difficulté et la dignité de son rôle. Le gladiateur antique seroit plus intéressant, s'il avoit en face son antagoniste. D'ailleurs, cette manière s'accommodoit mieux avec ma nonchalance. Quand on ne présente sur la toile qu'un seul personnage, il faut le peindre avec la vérité, la force et la couleur de Van-Dyck; et qui est-ce qui sait faire un Van-Dyck? Ce livre, si c'en est un, ressemble à mes promenades. Rencontré-je un beau point de vue? je m'arrête, et j'en jouis. Je hâte ou je rallentis mes pas, selon la richesse ou la stérilité des sites: toujours conduit par ma rêverie, je n'ai d'autre soin que de prévenir le moment de la lassitude.

Au-reste, mon ami, peut-être n'ai-je rien fait de ce que vous attendiez de moi. Peut-être eussiez-vous désiré, pour me servir ici de vos propres termes, « que, me livrant à toute la chaleur » de mon ame et à toute la fougue de mon imagina- » tion, je vous montrasse Sénèque comme autrefois je vous avois montré Richardson » : mais pour cela, au-lieu de plusieurs mois, il falloit ne m'accorder qu'un jour. En revanche, disposez de mon travail comme il vous plaira; vous êtes le maître d'approuver, de contredire, d'ajouter, de retrancher. Une obligation que je vous aurai toujours, à vous et à M. le baron d'Holbach, une marque signalée de votre estime, c'est de m'avoir proposé une tâche qui plaisoit infiniment à mon cœur: plût à Dieu qu'elle eût été moins disproportionnée à mes forces, et que vous vous fussiez rappelé, l'un et l'autre, le *quid ferre recusent, quid valeant humeri*.

La belle chose que j'aurois produite, si le talent de l'avocat eût répondu à la grandeur de la cause! L'apologie d'un Sénèque! le tableau des règnes d'un Claude et d'un Néron! quels sujets à traiter, si j'avois su faire pour l'innocence du philosophe ce que vous avez fait pour l'intelligence de ses écrits!

Votre tâche, moins agréable que la mienne, n'étoit guère moins difficile à remplir: elle exigeoit une connoissance approfondie de la langue, des usages, des coutumes, des mœurs, de l'état des sciences et des arts, au temps de Sénèque. Comment parvient-on à développer des manœuvres d'atelier, comme vous l'avez fait? Je l'ignore, et cependant je ne suis pas novice dans cette matière. Il y a telles de vos notes qui sollicitent une place dans les savans recueils de notre académie des inscriptions; d'autres montrent de la finesse, du goût, de la philosophie, de la hardiesse; toutes annoncent l'ami des hommes, l'ennemi des méchans, et l'admirateur du génie. Les savans et les ignorans de bonne-foi vous ont rendu justice; les savans, qui ont apprécié la difficulté de vos recherches; les ignorans de bonne-foi, comme moi, pour qui vous avez dissipé les obscurités de Sénèque.

Si les hommes avoient sous la tombe quelque

notion de ce qui se passe sur la terre, de quels sentimens de reconnoissance pour vous, pour M. le baron d'Holbach, pour vos dignes collègues Messieurs Desmarets et d'Arcet, cette victime prématurée d'Épicure et de Zénon, l'honnête et laborieux la Grange, ne seroit-il pas pénétré ? Toutes les opinions sur les ames des morts, qui me touchent ou qui me flattent, je les embrasse; et il me semble, dans ce moment, que je vois l'ombre de notre cher la Grange errer autour de votre lampe, tandis que vos nuits se passent soit à compléter ou éclaircir son ouvrage, soit à rapprocher en cent endroits sa traduction du vrai sens de l'original. Je l'entends ; il vous dit: « Celui
» qui renferme dans une urne la cendre négligée
» d'un inconnu, fait un acte pieux; celui qui
» élève un monument à son ami, donne de l'éclat
» à sa piété : que ne vous dois-je pas, à vous qui
» vous occupez de ma gloire »!

Hélas ! il a dépendu de moi que le philosophe Sénèque me dît aussi : « Il y a près de dix-huit
» siècles que mon nom demeure opprimé sous la
» calomnie ; et je trouve en toi un apologiste !
» Que te suis-je ? et quelle liaison, épargnée
» par le temps, peut-il subsister entre nous ?
» serois-tu quelqu'un de mes descendans ? Et
» que t'importe qu'on me croye ou vicieux ou
» vertueux »!

O Sénèque! tu es et tu seras à jamais, avec Socrate, avec tous les illustres malheureux, avec tous les grands hommes de l'antiquité, un des plus doux liens entre mes amis et moi, entre les hommes instruits de tous les âges et leurs amis. Tu es resté le sujet de nos fréquens entretiens; et tu resteras le sujet des leurs. Tu aurois été l'organe de la justice des siècles, si j'avois été à ta place, et toi à la mienne. Combien de fois, pour parler de toi dignement, n'ai-je pas envié la précision et le nerf, la grandeur et la véhémence de ton discours, lorsque tu parles de la vertu! Si ton honneur te fut plus cher que ta vie; dis-moi, les lâches qui ont flétri ta mémoire n'ont-ils pas été plus cruels que celui qui te fit couper les veines? Je me soulagerai en te vengeant de l'un et des autres.

Pourquoi faut-il, mon ami, que les accusations soient écoutées avec tant d'avidité, et les apologies reçues avec tant d'indifférence? La faute réelle ou supposée se répand avec éclat; le reproche circule de bouche en bouche avec une feinte pitié; la ville en retentit de toute part. Si la calomnie disparoît à la mort de l'homme obscur, la célébrité lui sert de véhicule, et la porte jusques aux siècles les plus reculés; penchée sur l'urne du grand homme, elle continue d'en remuer la cendre avec son poignard. A la fin, un défenseur s'est-il élevé ? la perversité des accusateurs et l'innocence de l'accusé sont-elles également évidentes ? l'on se tait ; la justification passe sans bruit, tombe dans l'oubli ; et l'innocent n'en est guère moins suspecté. Ce fameux scélérat de Philippe ne connoissoit que trop bien l'effet de la calomnie, lorsqu'il disoit à ses courtisans (*) : Calomnie toujours ; si la blessure guérit, la cicatrice restera.

Mais au défaut du succès, ou ne nous ravira point à vous, à moi, et à quelques autres écrivains qui m'ont précédé dans la même carrière,

———————————

(*) On attribue ici à ce prince une maxime odieuse, citée dans l'avertissement du 1.er vol. des Œuvres de Sénèque, (page 24) et dont une *Société* autrefois célèbre est généralement accusée d'être l'auteur. Quoi qu'il en soit, la maxime que cette *Société* a osé donner comme un conseil, ou plutôt comme un précepte, et qu'elle a même prise dans tous les temps pour règle de sa conduite, est le résultat d'une affreuse et triste vérité, dont l'expérience journalière, et particulièrement la mavaise opinion que beaucoup de gens ont encore de Sénèque, sont malheureusement une preuve sans replique. Cette vérité affligeante est le sujet d'un quatrain de Pibrac, que le grand Condé répétoit souvent, soit qu'il eût lui-même éprouvé les suites funestes de la calomnie, soit qu'il en eût observé les effets sur d'autres.

NOTE DE L'ÉDITEUR.

et dont le travail ne m'a pas été inutile, la gloire de la tentative. A cet avantage tâchons, mon ami, d'en ajouter un second, plus précieux peut-être: qu'il ne vous suffise pas d'avoir éclairci les passages les plus obscurs du philosophe; qu'il ne me suffise pas d'avoir lu ses ouvrages, reconnu la pureté de ses mœurs, et médité les principes de sa philosophie: prouvons que nous avons su, l'un et l'autre, profiter de ses conseils. Si nous interrogions Sénèque, et qu'il pût nous répondre, il nous diroit: « Voilà la vraie manière de louer » mes écrits, et d'honorer ma mémoire ».

§. 1. Lucius Annæus Sénèque naquit à Cordoue, ville célèbre de l'Espagne ultérieure, agrandie, si-non fondée par le préteur Marcellus, l'an de Rome 585, colonie patricienne qui donna des citoyens, des sénateurs, des magistrats à la république, privilège dont les provinces de l'empire jouissoient encore sous le règne d'Auguste.

Le surnom d'*Annæa* signifie ou la vieille famille, ou la famille des vieillards, des bonnes gens, dont la rencontre étoit d'un heureux augure.

On appeloit Ybrides (*) les enfans d'un père

───────────

(*) Hybride ou Ybride vient du grec ὔβρις *tache*, *honte* : celui dont l'origine étoit tachée, honteuse. Ainsi l'on disoit d'un chien, d'un animal engendré de

étranger ou d'une mère étrangère : c'étoient des espèces de citoyens bâtards, dont le vice de la naissance se réparoit par le mérite, les services, les alliances, la faveur qu la loi. La famille *Annæa* fut-elle espagnole ou ybride? on l'ignore.

Le père, ou même l'ayeul de Sénèque fut de l'ordre des chevaliers. La première illustration de ce nom ne remonte pas au-delà ; et les Sénèque étoient du nombre de ceux qu'on appeloit *hommes nouveaux*.

---

deux espèces, d'un style mêlé de plusieurs idiômes, d'un mot composé de mots empruntés de deux langues, qu'ils étoient *Ybrides* ; ou du latin *umber*, *mestif*, dont on fit *imber*, *iber*, *ibrida* ; et pourquoi pas de *Yberus*, espagnol ? Ainsi l'Ybride étoit un enfant né d'un père espagnol et d'une mère romaine, ou d'un père romain et d'une mère espagnole.

NOTE DE DIDEROT.

[Ce mot, employé pour signifier en général un homme d'une naissance équivoque ou dont les parens étoient de nature et de condition différentes, se trouve dans plusieurs bons auteurs latins. *Voyez* Horace, Satyr. 7, vers. 2 ; Hirtius, *de Bello Africano*, cap. 19 ; Martial, *lib. 6*, Epig. 39 ; *lib. 8*, Epig. 22 ; et Valère-maxime, *lib. 8, cap. 6*, n.° 4. On peut consulter sur-tout l'ancien Scholiaste d'Horace sur le passage indiqué ci-dessus, à la page 324, édition de Bâle, de l'an 1555.]

ADDITION DE L'ÉDITEUR.

Le père se distingua par ses qualités personnelles et par ses ouvrages. Il avoit recueilli les harangues grecques et latines de plus de cent orateurs fameux sous le règne d'Auguste, et ajouté à la fin de chacune un jugement sévère.

Cent orateurs fameux sous le seul règne d'Auguste ! Quelle épidémie ! Depuis la renaissance des lettres jusqu'à nos jours, l'Europe entière n'en fourniroit pas autant.

Des dix livres de controverses que Sénèque le père écrivit, il ne nous en est parvenu qu'environ la moitié, avec quelques fragmens des cinq derniers. Sa mémoire étoit prodigieuse : il pouvoit répéter jusqu'à deux mille mots (1), dans le même ordre qu'il les avoit entendus.

Soit que la plaisanterie des républicains en général ait quelque chose de dur, soit que Sénèque le père fût d'une humeur caustique, un jour, il entre (2) dans l'école du professeur en éloquence Cestius, au moment où il se disposoit à réfuter la Milonienne. Cestius, après avoir jeté sur lui-même un regard de complaisance, selon son

---

(1) Voyez la préface du premier livre des *Controverses*, pages 63, 64, tome III, *edit. varior*.

(2) *Excerpta ex lib.* 3 *Controvers.* pag. 428, 429.

usage, dit : « Si j'étois gladiateur, je serois Fus-
» cius; pantomime, Batyle; cheval, Mélission... ».
Et comme tu es un fat, ajouta Sénèque, tu es
un grand fat.... On éclate de rire. On cherche
des yeux l'écervelé qui a tenu ce propos. Les
élèves s'assemblent autour de Sénèque, et le
supplient de ne pas tourmenter leur maître. Sénèque y consent, à condition que Cestius décla-
rera juridiquement qu'il est moins éloquent que
Cicéron, aveu qu'on n'en put obtenir.

Le discours de Cestius est à regretter. Ce seroit
une chose instructive et curieuse, que la réfutation
de Cicéron par un orateur de ce temps.

Rien de plus sensé que la réflexion de Sénèque
le père sur la dignité de l'art oratoire, dont le
chevalier romain Blandus donna le premier des
leçons, fonction qui jusqu'alors n'avoit été exercée
que par des affranchis. « Je ne conçois pas, dit-il,
» comment il est honteux d'enseigner ce qu'il
» est honnête d'apprendre ». (*)

On le citoit parmi les bons déclamateurs. Les
noms de déclamateurs et de sophistes n'avoient
point alors l'acception défavorable qu'on y attacha
depuis, et que nous y joignons.

(*) Senec. Controvers. lib. 2, præfat. pag. 146,
tom. III, edit. cit.

La déclamation étoit une espèce d'apprentissage de l'éloquence appliquée à des sujets anciens ou fictifs ; une gymnastique, où l'athlète essayoit des forces qu'il devoit employer dans la suite aux choses publiques ; une introduction à l'art oratoire, comme les héroïdes en étoient une à l'art dramatique.

Dans la suite, ce fut la ressource d'un goût national qui, au défaut d'objets importans, s'exerçoit sur des frivolités ; un besoin de pérorer, qu'on satisfaisoit sans se compromettre ; le premier pas vers la corruption de l'éloquence, qui commençoit à perdre de sa simplicité, de sa grandeur, et à prendre le ton emphatique de l'école et du théâtre.

Nous donnons aujourd'hui le nom de déclamateurs à la sorte d'énergumènes, contre laquelle Pétrone se déchaîne avec tant de véhémence, à l'entrée de son roman satyrique : ces gens, dit-il, qui crient sur la place : « Citoyens, c'est à votre
» service que j'ai perdu cet œil : je vous demande
» un conducteur qui me ramène dans ma maison ; car ces jarrets, dont les muscles ont été
» coupés, refusent le soutien au reste de mon
» corps (*) ».

(*) Voyez Pétrone, *Satyr. init.* pag. 2, édition d'Amsterdam, 1669, *cum notis varior.*

§. 2. Helvia ou Helbia, mère de Sénèque, étoit espagnole d'origine.

L'ayeul de Sénèque avoit eu deux femmes (1), Helvia étoit du premier lit ; sa sœur, du second ; leur père étoit vivant, et résidoit en Espagne : elles avoient été élevées dans une maison austère, où les mœurs anciennes s'étoient conservées (2).

Helvia étoit instruite (3) ; son père lui avoit donné une assez forte teinture des beaux-arts. La mère de Cicéron étoit de la même famille ; et Helvia portoit un nom deux fois illustré, l'une, par la naissance du premier des orateurs, l'autre, par la naissance du premier des philosophes romains.

La sœur d'Helvia (4) jouit de la réputation la plus intacte, et obtint le plus grand respect pendant un séjour de seize ans en Egypte, chez un peuple léger et frivole (5). Elle perdit en mer son

---

(1) Sénèque, Consolation à *Helvia*, chap. 17, note première.
(2) Sénèque, Consolation à *Helvia*, chap. 16.
(3) *Id. ibid.*
(4) *Id. ibid.* chap. 17.
(5) L'idée que nous avons de l'Egyptien est tout-à-fait différente. Nous le regardons comme un peuple triste et sévère ; ce qui pouvoit être vrai du souverain, du magistrat et des prêtres : mais il est naturel à l'esclave, par-tout où il n'est pas contenu par la

époux, oncle de Sénèque. Au milieu de la tempête, dans l'horreur d'un naufrage prochain, sur un vaisseau sans agrès, la crainte de la mort ne la sépara point du cadavre, qu'elle emporta à travers les flots, moins occupée de son salut que de ce précieux dépôt. Sénèque parle de ce fait comme un témoin oculaire (1).

§. 3. Marcus Annæus, époux d'Helvia, vint à Rome sous le règne d'Auguste, quinze ou seize ans avant la mort de ce prince. Peu de temps après, Helvia s'y rendit avec sa sœur et ses trois enfans, Marcus Novatus, l'aîné, qui prit dans la suite le nom de Junius Gallion, dont il fut adopté; Lucius Annæus, le second, dont nous écrivons la vie; et Lucius Annæus Méla, le plus jeune. Ils furent mariés tous trois. Junius Gallion eut une fille appelée Novatilla : Sénèque en parle dans sa consolation à Helvia, comme d'un enfant aimable.

C'est au tribunal de Gallion, proconsul en Achaïe, que S. Paul (2) fut traîné par des Juifs

---

terreur ou abruti par la misère, de calomnier ses maîtres, d'en médire et de les plaisanter; et c'est par la majeure partie d'une nation qu'on juge de ses mœurs.

NOTE DE DIDEROT.

(1) *Consolation* à *Helvia*, chap. 17.
(2) Voyez *les Actes des Apôtres*, chap. 18, vers. 13 et suivans.

fanatiques. « Si cet homme, leur dit-il, étoit cou-
» pable d'une injustice ou d'un crime, j'appuie-
» rois votre poursuite de toute mon autorité; mais
» puisqu'il ne s'agit que du texte de votre loi,
» d'une dispute de mots, décidez-la vous-mê-
» mes : ces matières ne sont pas de ma compé-
» tence ; et je ne m'en mêle pas ».

Ce discours est un modèle (*) à proposer aux magistrats en pareille circonstance. Jusques-là, Gallion a parlé, et s'est conduit en homme sage; mais, lorsqu'il voit les Grecs gentils, qui haïssoient les Juifs, se jeter sur Sosthènes, grand-prêtre de la synagogue, et le maltraiter sans respect pour son autorité, il oublie sa fonction ; il devoit ajouter, ce me semble : « Disputez tant
» qu'il vous plaira, mais point de coups : le pre-
» mier qui frappera, je le fais saisir et mettre au
» cachot ».

_____

(*) Le savant Grotius approuve aussi la réponse de Gallion ; et sa remarque est celle d'un critique judicieux. *Bene responsum*, dit-il, *ut ab homine dulci, quasi dicat : Romani quidem libertatem religionis Judæis etiam in Græciâ concessere ; sed si quæ inter ipsos de religione oriuntur controversiæ, aut eas componant inter se, ut disputent quantum libeat. Romanorum magistratuum non est eis se immiscere, non magis quàm stoïcorum et epicureorum inter se disceptationibus.* Vid. Grot. in h. loc.

NOTE DE L'ÉDITEUR.

§. 4. Lucius Annæus Sénèque étoit d'un tempérament délicat ; et sa mère ne le conserva que par des soins assidus : il fut, toute sa vie, incommodé de fluxions ; et tourmenté, dans sa vieillesse, d'asthme, d'étouffemens ou de palpitations ; car l'expression *suspirium* dont il se sert (1) au défaut d'un mot grec (2), convient également à ces trois maladies. « Le *suspirium*, dit-il, est » court ; l'accès n'en dure guère plus d'une heure ; » mais il ressemble à l'ouragan : de toutes les in- » dispositions que j'ai souffertes, c'est la plus » facheuse ».

Il étoit maigre et décharné : cette légère disgrace de la nature lui sauva la vie dans un âge plus avancé ; et je ne doute point qu'il n'ait fait allusion à cette circonstance, lorsqu'il à dit (3) que « la maladie avoit quelquefois prolongé la » vie à des hommes qui ont été redevables de leur

---

(1) *Voyez* les *Lettres* 54 et 78.

(2) Le *suspirium* n'est point l'*asthme* ; car les Grecs avoient le mot *asthma*. Le médecin Antylus, qui espéroit beaucoup de la promenade dans les maladies de la tête et des yeux, nous apprend que Sénèque usoit de ce rémède contre la fluxion à laquelle il étoit sujet. *Hist. de la chirurgie*, tom. II, pag. 336.

NOTE DE DIDEROT.

(3) Voyez la *Lettre* 78, tom. II.

» salut aux signes de mort qui paroissoient en
» eux ».

§. 5. Caligula, ennemi de la vertu et jaloux des talens, avoit sur-tout de la prétention à l'éloquence : il fut tenté de faire mourir Sénèque (1) au sortir d'une plaidoierie où celui-ci avoit été fort applaudi. Caligula eût épargné un crime à Néron, sans une courtisanne à laquelle il confia son projet atroce : « Ne voyez-vous pas, lui dit
» cette femme (2), que cet avocat tombe de con-
» somption ? Eh ! pourquoi ôter la vie à un mo-
» ribond » ? .... Dans le nombre de ces créatures qui naissent pour le malheur des peuples, pour la honte des règnes, et qui ont conseillé le forfait tant de fois, en voilà donc une qui le prévient.

Monstre aussi inconséquent qu'insensé, tu affectes le mépris pour les ouvrages de Sénèque (3), tu les appelles des amas de gravier sans ciment, *arena sine calce*, et tu veux le faire mourir !

---

(1) Voyez Dion, *Hist. Rom.* lib. 59, pag. 923, tom. II, edit. Reimar.

(2) Dion, *ubi supr. cap* 19, *sub fin.*

(3) *Lenius compliusque scribendi genus adeò contemnens ; ut Senecam tùm maximè placentem,* COMMISSIONES MERAS *componere, et* ARENAM *esse* SINE CALCE *diceret.* Sueton. *in Caligul. cap* 53.

Peu s'en fallut que le zoïle couronné, condamnant à l'oubli les noms d'Homère (1), de Virgile et de Tite-Live, ne fît enlever des bibliothèques les ouvrages et les statues des deux derniers.

Ce prince, d'un goût si délicat, faisoit transporter de la Grèce en Italie les plus parfaites statues des dieux, auxquelles on coupait la tête pour y substituer la sienne.

§. 6. Une excessive frugalité et des études continues achevèrent de détruire la santé de Sénèque.

Annæus Méla fut père du poëte Lucain, de cet enfant, neveu du philosophe Sénèque, qui devoit un jour, dit Tacite, soutenir si dignement la splendeur du nom. O Tacite! ô censeur si rigoureux des talens et des actions, est-ce ainsi que vous avez dû parler de la *Pharsale*, après avoir lu l'*Enéide* (2)! Vous traitez avec le dernier mépris

---

(1) Suet. *in Caligul. cap. 34.* Voyez, là-même, le jugement absurde que ce prince porte de ces auteurs.

(2) Le reproche que l'on fait ici à Tacite ne me paroit pas fondé. Cet historien ne compare point la *Pharsale* à l'*Enéide*, ni Lucain à Virgile; il ne juge même ni l'homme ni le poëte; mais en parlant de Méla, il observe, en général, qu'il devoit à son fils une grande partie de son illustration; et il a pu dire cela sans manquer de goût ni d'équité : car la conduite

les conspirateurs de Pison, et vous faites grace à un délateur de sa mère! Si vous donnez le nom de monstre à Néron, devenu parricide par la crainte de perdre l'empire, quel nom donnerez-vous à Lucain, qui devient également parricide (*) par

───────────────

de Lucain auroit été plus lâche et plus infâme encore, que la *Pharsale*, malgré les défauts sans nombre qui la déparent, n'en seroit pas moins un poëme, ou, si l'on veut, une relation en vers, remplie de très-beaux détails, de vers heureux et quelquefois sublimes. L'action de Lucain, qui, pour sauver sa vie, dénonce sa mère, est atroce sans-doute ; mais il n'en est pas moins vrai qu'un poëte qui a fait la *Pharsale* à vingt-cinq ans, n'est pas un homme ordinaire ; et l'on peut juger, par le passage de Tacite, du mérite de cet ouvrage à ses yeux, ou, comme on peut également le supposer, à ceux des Romains, puisqu'il dit expressément que le titre seul de père de Lucain avoit beaucoup ajouté à la gloire de Méla : *Annæum Lucanum genuerat grande adjumentum claritudinis* (*Annal. lib.* 16, *cap.* 17.) ; passage qui donne une grande idée de la réputation dont ce jeune poëte avoit joui parmi ses concitoyens, et de l'estime particulière qu'ils faisoient encore de son poëme au temps de Tacite. NOTE DE L'ÉDITEUR.

(*) *Lucanus, Quinctianusque et Senecio diù abnuere. Post, promissâ impunitate corrupti, quo tarditatem excusarent,* LUCANUS ACILIAM MATREM SUAM, *Quinctianus Glicium Gallum, Senecio Annium Pollionem, amicorum præcipuos, nominavere.* Tacit. *Annal. lib.* 15, *cap.* 56.

l'espoir de sauver sa vie ? Je ne méprise pas Lucain comme poëte ; mais je le déteste comme homme ; et je persiste à croire qu'il a fait aux siens plus de honte par son crime, que d'honneur par ses vers. Qui de nous voudroit avoir été ou son père ou son fils ?

§. 7. Je ne sais si les égards des cadets pour les aînés étoient d'usage dans toutes les familles, ou particuliers à celle des Sénèque ; mais on remarque dans le philosophe un grand respect pour son frère Junius Gallion, qu'il appelle *son maître*, titre accordé, soit à la reconnoissance des soins qu'il avoit eus de sa première éducation, soit à la simple natumajorité, si souvent représentative de l'autorité paternelle (1).

Tacite (2) ne nous donne ni une opinion très-avantageuse, ni une idée très-défavorable de Méla.

---

(1) *Voyez* Sénèque, *lettre* 104, au commencement ; et notez ces paroles de Juste-Lipse : *Patres atque etiam fratres (sed puto natu grandiores) Dominos per honorem et blanditias vocabant, sicut et uxores Dominas.* Lips. *in Senecâ, Epist.* 104, note 2. On peut voir encore la note du même auteur sur Tacite, *Annal. lib.* 2, *cap.* 87. Le passage qu'on vient de lire explique bien dans quel sens Sénèque appeloit Gallion son maître.

NOTE DE L'ÉDITEUR.

(2) *Annal. lib.* 16, *cap.* 17.

Il s'abstint des honneurs par l'ambition des richesses. Il resta chevalier romain, se promit plus de crédit de l'administration des biens du prince que de l'exercice de la magistrature, et préféra la fonction d'intendant du palais ou de publicain au titre de consulaire. Trop d'ardeur à recueillir la fortune de son fils Lucain après sa mort, souleva contre lui Fabius Romanus, intime ami du poëte. Romanus contrefait des lettres, sur lesquelles le père et le fils sont soupçonnés d'être les complices de Pison. Ces lettres sont présentées à Méla par ordre de Néron, avide de sa dépouille. Méla, à qui l'expérience de ces temps avoit appris quel étoit le but de cette affaire, et quelle en seroit la fin, la termina par le moyen le plus court et le plus usité : ce fut de se faire couper les veines. Il mourut de la même mort que son frère, avec autant de courage, mais avec moins de gloire, laissant par son testament de grandes sommes à Tigellin et à Capiton son gendre, afin d'assurer le reste de ses richesses à ses héritiers légitimes (*). Si la liaison du poëte Lucain avec un scélérat tel que Romanus vous surprend; si vous ne pouvez supposer que Lucain, qu'un homme d'une aussi grande pénétration se soit aussi grossièrement trompé dans le choix d'un ami, ni que la conformité de caractères les ait at-

---

(*) Tacit. *Ann. lib.* 16, *cap.* 17.
Vie de Sénèque.

tachés l'un à l'autre, interrogez les mânes d'Acilia (1).

§. 8. Annæus Méla auroit été aussi un homme d'un mérite distingué, s'il étoit permis d'en croire un père qui parle à son fils, et dont les éloges ne sont quelquefois que des conseils adroitement déguisés. Sénèque le père écrit à son fils Méla (2) : « Vous avez la plus grande aversion pour les
» fonctions civiles, et pour la bassesse des démar-
» ches sans lesquelles on n'y parvient pas. Votre
» passion est de n'en avoir aucune, pour vous
» livrer sans réserve à l'étude de l'éloquence, de
» cet art qui facilite l'accès à tous les autres,
» et qui instruit ceux même qu'il ne s'attache pas.
» N'imaginez pas que j'use de finesses à dessein
» d'irriter votre goût pour un travail qui vous
» réussit: satisfait du rang de votre père, mettez
» à l'abri du sort la meilleure partie de vous-
» même. Vous avez plus d'élévation dans l'esprit
» que vos frères; à un talent supérieur pour les
» bonnes connoissances, vous réunissez une belle
» ame; vous pourriez être corrompu par l'ex-
» cellense même de votre génie. Vos frères se

---

(1) Voyez ci-dessus le passage de Tacite, cité p. 25, note première.

(2) Voyez la préface du second livre des *Controverses* de Sénèque le père, pag. 145, 146, tom. III. *edit. varior.*

» sont livrés à des soins ambitieux, en se desti-
» nant au barreau; ils ont poursuivi des honneurs,
» dont il faut redouter jusqu'aux avantages qu'on
» s'en promet. Il fut un temps où je me sentois un
» attrait violent vers la même carrière; j'en étois
» le panégyriste, j'en connoissois les dangers, et
» cependant j'exhortois vos frères à la suivre,
» mais avec honneur: ils naviguent, et je vous
» retiens dans le port »…. Malgré le jugement
de Tacite, la candeur de ce discours laisse peu de
doute sur la sincérité du père et sur les grandes
qualités du fils.

§. 9. Sénèque arrive à Rome sous Auguste;
il étoit dans l'âge d'adolescence, au temps où les
rites judaïques et égyptiens furent proscrits (*),
la cinquième année du règne de Tibère. Il avoit

(*) Ceci se passa l'an 19 de Jésus-Christ, et
pendant les années 5 et 6 du règne de Tibère. « Cette
» année, dit Tacite, il fut aussi question de purger
» l'Italie de la religion des Egyptiens et des Juifs.
» Quatre mille hommes de races affranchies, infectés
» de cette superstition, furent envoyés en Sardaigne,
» pour y servir à réprimer les brigandages. Si l'air
» mal-sain les faisoit périr, la perte n'étoit pas grande.
» Ordre à tout le reste de quitter l'Italie, ou de re-
» noncer à leur culte profane dans un jour marqué »,
Tacit. *Annal. lib.* 2, *cap.* 85. Voyez encore Sénèque,
Epist. 108, *pag.* 535, *tom. II, edit. varior.*

NOTE DE L'ÉDITEUR.

observé cette flamme ou comète (1), dont l'apparition précéda la mort d'Auguste. Ainsi il entendit parler la langue latine dans sa plus grande pureté : ce n'est point un auteur de la basse latinité ; il écrivit avant les deux Plines, Martial, Stace, Silius-Italicus, Lucain, Juvénal, Quintilien, Suétone et Tacite. La latinité n'a commencé à s'altérer que cent ans après lui (2).

§. 10. Sénèque le père eut de la réputation, et acquit de la fortune ; il vit les dernières années du règne de Tibère. Il avoit servi de maître en éloquence à son fils ; c'est du-moins l'opinion (3) de

___

(1) *Question. natural. lib. 2, cap. 1.*

(2) Il y a le style du siècle, de la chose, de la profession, de l'homme ; notre langue n'est pas celle du règne de Louis XIV ; cependant le français que nous parlons n'est pas corrompu : Fontenelle écrit purement, sans écrire comme Bossuet ou Fénélon. Sénèque se fit une manière * de dire propre à son génie, au goût de ses contemporains, et à l'usage du barreau.

NOTE DE DIDEROT.

* *Fuit illi viro*, dit Tacite en parlant de Sénèque, *ingenium amnœum, et temporis ejus auribus accommodatum.....Annal. lib. 13, cap. 3.*

(3) *Præceptorem in eloquentiâ habuit ipsum patrem, opinor, atque id Controversiarum libri et præfationes dicunt.... Lips. in vitâ Senec. cap. 3.* Le passage des controverses, cité ci-dessus pag. 27, note 3, prouve

Juste-Lipse. Cet art étoit alors sur son déclin ; et comment ce grand art, qui demande une ame libre, un esprit élévé, se soutiendroit-il chez une nation qui tombe dans l'esclavage ? La tyrannie imprime un caractère de bassesse à toutes sortes de productions ; la langue même n'est pas à couvert de son influence : en effet, est-il indifférent pour un enfant d'entendre autour de son berceau le murmure pusillanime de la servitude, ou les accens nobles et fiers de la liberté ? Voici les progrès nécessaires de la dégradation : au ton de la franchise qui compromettroit, succède le ton de la finesse qui s'envelope ; et celui-ci fait place à la flatterie qui encense, à la duplicité qui ment avec impudence, à la rusticité révoltée qui insulte sans ménagement, ou à l'obscurité circonspecte qui voile l'indignation. L'art oratoire ne pourroit même durer chez des peuples libres, s'il ne s'occupoit d'affaires importantes, et ne conduisoit l'homme d'une naissance obscure aux premières fonctions de l'état. Ne cherchez la véritable éloquence que sous les gouvernemens où elle produit de grands effets, et obtient de grandes récompenses.

---

plutôt que ce n'est pas à Sénèque, mais à son frère Méla, que Sénèque le père donna des leçons d'éloquence.

NOTE DE L'ÉDITEUR.

§. 11. Sénèque, qui avoit fait ses premières études sous les dernières années d'Auguste, et plaidé ses premières causes sous les premières années de Tibère et de Caligula, quitte le barreau, et se livre à la philosophie avec une ardeur que la prudence de son père ne put arrêter : je dis la prudence ; car un père tendre, qui craint pour son enfant, le détournera toujours d'une science qui apprend à connoître la vérité et qui encourage à la dire, sous des prêtres qui vendent le mensonge, des magistrats qui le protègent, et des souverains qui détestent la philosophie, parce qu'ils n'ont que des choses fâcheuses à entendre du défenseur des droits de l'humanité, dans un temps où l'on ne sauroit prononcer le nom d'un vice sans être soupçonné de s'adresser au ministre ou à son maître ; le nom d'une vertu, sans paroître rabaisser son siècle par l'éloge des mœurs anciennes, et passer pour satyrique ou frondeur ; rappeler un forfait éloigné, sans montrer du doigt quelque personnage vivant ; une action héroïque, sans donner une leçon ou faire un reproche. A des époques plus voisines de nos temps, vous n'eussiez pas dit qu'il n'avoit manqué à tel grand, qu'un Tibère pour être un Séjan ; à telle femme, qu'un Néron pour être une Poppée, sans donner lieu aux applications les plus odieuses : que faire donc alors ? S'abstenir de penser ? Non, mais de parler et d'écrire.

§. 12. Le père de Sénèque fit d'inutiles efforts, pour arracher son fils à la philosophie ; Sénèque se lia avec les personnages de son temps les plus renommés par l'étendue de leurs connoissances et l'austérité de leurs mœurs, le stoïcien Attale (1), le pythagorisant Socion, l'éclectique Fabianus Papirius, et Démétrius le cynique (2).

Quand il entendoit parler Attale contre les vices et les erreurs du genre humain, il le regardoit comme un être d'un ordre supérieur. « Attale, » ajoute Sénèque (3), se disoit roi ; et je le trou-
» vois plus qu'un roi, puisqu'il faisoit compa-
» roître les rois au tribunal de sa censure. En
» l'écoutant, j'avois pitié du genre humain ».

Le pythagorisant Socion le détermina à s'abstenir de la chair des animaux, régime qui convenoit à sa santé ; mais à l'expulsion des cultes étrangers, dont les prosélytes étoient désignés par l'abstinence de certaines viandes, son père qui

---

(1) Voyez ce qu'il en dit, *Lettre 108*, tom. *II*, pag. 530 et 533 ; à l'égard de Socion, lisez la *Lettre 49*. Il cite encore dans la *Lettre 72* une belle comparaison d'Attale.

(2) Il fait un grand éloge de ce dernier en plusieurs endroits de ses ouvrages. Voyez entr'autres la *Lettre 62*, et sur-tout le chap. 8 du liv. 7 des *Bienfaits*.

(3) Lettre 108, tom. II, pag. 456.

haïssoit encore moins la philosophie qu'il ne craignoit une délation, le ramena à la vie commune, et lui persuada facilement de faire meilleure chère (1).

Il dit de Fabianus Papirus : « Ce ne sont pas
» des phrases qui sortent de sa bouche, ce sont
» des mœurs (2).

De Démétrius : « La nature semble ne l'avoir
» fait, que pour prouver que ce grand homme étoit
» incorruptible, et notre siècle incorrigible ; héros
» dont la sagesse est accomplie, quoiqu'il n'en
» convienne pas ; dont la constance est inébranla-
» ble dans ses projets, et dont l'éloquence sans
» apprêt, sans recherches d'expressions, répond
» à la roideur de ses préceptes, et marche fiè-
» rement vers son but, n'ayant pour guide qu'une
» impétuosité naturelle. Je ne doute point que la
» providence ne lui ait donné à-la-fois ces vertus
» et cette éloquence, afin que notre siècle trou-
» vât en lui un censeur et un modèle (3) ».

Voici comme il en parle dans un autre endroit :
« Je ne m'arrête qu'avec les gens de bien, de
» quelque pays, de quelque siècle qu'ils soient ;

---

(1) *Ibid.* pag. 460.
(2) *Epist.* 100, *non procul ab init.*
(3) *De Benefic.* lib. 7, cap. 8.

» j'en digère mieux mes pensées. Le vertueux Dé-
» métrius est sans cesse avec moi; je le mène par-
» tout. Je quitte ces hommes vêtus de pourpre,
» pour m'entretenir avec un homme à demi-nu :
» je l'admire; et comment ne l'admirerois-je pas ?
» je vois qu'il ne lui manque rien (1) ».

C'est à ce Démétrius que Caligula, qui dé-
siroit se l'attacher, fit offrir deux cents talens;
c'est ce personnage qui répondit au négociateur
(2) : « Deux cents talens ! la somme est forte ;
» mais allez dire à votre maître que, pour me
» tenter, ce ne seroit pas trop de sa couronne... ».
Propos qu'on traiteroit d'insolence, s'il échappoit
à la fierté d'un philosophe de nos jours.

Démétrius disoit à un affranchi enorgueilli de
sa fortune : « Je serai aussi riche que toi, lorsque
» je m'ennuierai d'être homme de bien (3) ».

C'est le même, dont Vespasien, punit les propos
par l'exil, châtiment qui ne le rendit pas plus
réservé. L'empereur, instruit de ses récentes invectives, n'y répondit que par un mot qu'un grand

---

(1) Lettre 62.
(2) *De Benific. lib.* 7, *cap.* 11.
(3) *Apud Senec. Quest. Natural. lib.* 4, *Præfat.*
pag. 742, *tom. II, edit. varior.*

prince de nos jours a ingénieusement parodié (1):
« Tu mets tout en œuvre, pour que je te fasse
» mourir; moi, je ne tue point un chien qui
» m'aboie (2) ».

Sénèque ne se laisse point ici transporter de reconnoissance ou d'enthousiasme: il étoit vieux et le rival de ses maîtres, lorsqu'il s'en expliquoit avec un homme instruit, Lucilius, qui les avoit personnellement connus; et si les éloges de Sénèque n'eussent pas été vrais, le courtisan n'auroit pas manqué d'en plaisanter.

Mais pourquoi ne voit-on plus leurs pareils? Est-ce que la nature a cessé d'en produire? Non: j'en pourrois citer qui, pauvres et obscurs, ont cultivé avec succès les sciences et les arts; ils étoient affamés et presque nus, sans se plaindre, sans discontinuer leurs travaux. Si leurs semblables sont rares, c'est qu'il est plus difficile encore de résister à l'éducation domestique et à l'influence

---

(1) Le roi de Prusse disoit d'un de ses sujets, coupable de la même faute: « Cet homme voudroit bien
» que j'en fisse un martyr; mais il n'en aura pas le
» plaisir ».

NOTE DE L'ÉDITEUR.

(2) Voyez Dion; *in Vespasian. lib. 66, cap. 13,* édit. Reimar. *Confer quæ Sueton. in Vespas. cap. 13, et ibi Pitisc.*

des mœurs générales qu'à la misère : ce sont deux moules qui altèrent la forme originelle du caractère. Qui est-ce qui oseroit aujourd'hui braver le ridicule et le mépris ? Diogène, parmi nous, habiteroit sous un toit, mais non dans un tonneau ; il ne feroit dans aucune contrée de l'Europe le rôle qu'il fit dans Athènes. L'ame indépendante et ferme qu'il avoit reçue, peut-être l'eût-il conservée ; mais il n'auroit point dit à un de nos petits souverains comme à Alexandre-le-Grand : *Retire-toi de mon soleil.*

Ce n'est pas sans dessein que j'ai peint ces philosophes. A présent, me sera-t-il permis de citer le vieux proverbe : *Dis-moi qui tu hantes, je te dirai qui tu es ?* Que penseroit-on d'un ministre, qui auroit rassemblé et gardé toute sa vie autour de sa personne des hommes de cette trempe, un Attale, un Socion, un Fabianus-Papirius, un Démétrius ? Les philosophes les plus savans, les plus rigides et les plus considérés de son temps, voilà les amis constans de Sénèque. Fut-ce l'intérêt, la vanité, ou la conformité de principes, de caractère et de mœurs qui forma et cimenta cette inaltérable intimité ? L'intérêt ? Mais si l'on en croit les calomniateurs de Sénèque, celui-ci ne sut pas donner ; et si l'on s'en rapporte à l'histoire, les autres ne surent ni demander ni recevoir. La vanité ? Leur liaison commença dans un temps où Sénèque n'étoit qu'un citoyen obscur; et l'on imagine qu'elle auroit duré, malgré l'avarice, la bassesse et l'hypocrisie de celui-ci. Que le philosophe qui rejeta avec tant de mépris les avances de son souverain, auroit gardé quelque ménagement pour un faux disciple? Cela ne se peut. Il faut, ou que ces illustres personnages justifient Senèque, où que le vicieux Sénèque les accuse. Si Sénèque leur en imposa, détracteurs, ils furent moins pénétrans que vous. S'ils l'avoient démasqué, une seule fois dans leur vie, et sans aucun motif, ils se montrèrent bien indulgens ou bien vils. Mais je vous le demande à vous-mêmes; cette indulgence, cet avilissement, peut-on les supposer dans des ames austères et grandes, dont l'inflexibilité, la hauteur, la fierté amenèrent si souvent l'exil et la mort?

§. 13. Sénèque faisoit grand cas des stoïciens rigoristes; mais il étoit stoïcien mitigé, et peut-être même (*) éclectique, raisonnant avec So-

―――――

(*) L'éditeur a prouvé évidemment dans ses notes sur le *Traité de la vie heureuse*, et ailleurs, qu'il faut plutôt regarder Sénèque comme un philosophe éclectique, que comme un stoïcien rigide : il cite à ce sujet un passage formel où Sénèque déclare expressément qu'il ne captive sa raison sous l'obéissance d'aucun maître; et qu'il respecte les jugemens des

crate, doutant avec Carnéade, luttant contre la nature avec Zénon, et cherchant à s'y conformer avec Epicure, ou à s'élever au-dessus d'elle avec Diogène. Des principes de la secte, il n'embrassa que ceux qui détachent de la vie, de la fortune, de la gloire, de tous ces biens au milieu desquels on peut être malheureux, qui inspirent le mépris de la mort, et qui donnent à l'homme et la résignation qui accepte l'adversité, et la force qui la supporte : doctrine qui convient, et qu'on suit d'instinct sous les règnes des tyrans, comme le soldat prend son bouclier au moment de l'action; mais doctrine qu'on se garde bien d'embrasser et de professer à la cour voluptueuse d'un prince dissolu. La philosophie du courtisan, ainsi que la religion du prêtre ambitieux, est celle du maître. Porter les livrées du zénonisme à côté d'un Néron, c'est prendre l'habit de Quesnel sous le ministère d'un Fleury ou d'un Mirepoix. On n'est pas mal-adroit à ce point.

Ce que des sollicitations appuyées par l'autorité paternelle purent obtenir de Sénèque, ce fut de se présenter au barreau (*).

---

grands hommes, sans renoncer aux siens. Voyez la note sur le chap. 3 de la *Vie heureuse*, pag. 90, 91, tom. V, et la note de la pag. 168 du même volume.
NOTE DE DIDEROT.

(*) Voyez la Lettre 49.

« Lorsque le philosophe désespère de faire le bien, il se renferme et s'éloigne des affaires publiques ; il renonce à la fonction inutile et périlleuse, ou de défendre les intérêts de ses concitoyens, ou de discuter leurs prétentions réciproques, pour s'occuper, dans le silence et l'obscurité de la retraite, des dissentions intestines de sa raison avec ses penchans ; il s'exhorte à la vertu, et apprend à se roidir contre le torrent des mauvaises mœurs, qui entraîne autour de lui la masse générale de la nation.

Mais des hommes vertueux, reconnoissant la dépravation de notre âge, fuient le commerce de la multitude et le tourbillon des sociétés, avec autant de soin qu'ils en apporteroient à se mettre à couvert d'une tempête ; et la solitude est un port où ils se retirent. Ces sages auront beau se cacher loin de la foule des pervers, ils seront connus des dieux et des hommes qui aiment la vertu. De cet honorable exil, où ils vivent au sein de la paix, ils verront sans envie l'admiration du vulgaire prodiguée à des fourbes qui les séduisent, et les récompenses des grands versées sur des bouffons qui les flattent ou qui les amusent.... (*).

§. 14. Sur ce que le père de Sénèque avoit

(*) *Gal. de Præcog. cap.* 1.

obtenu de la condescendance de son fils, il pressentit ce qu'il en pourroit encore obtenir; et il réussit à lui persuader de quitter le barreau, de déparer par le laticlave la robe modeste du philosophe qu'il avoit reprise, et de se montrer entre les candidats ou prétendans aux dignités de l'état.

On ne s'étonnera pas de l'indolence de Sénèque, engagé malgré lui dans cette carrière; mais il avoit une belle-mère ambitieuse, active, qui se chargea de toutes les démarches (*) qui répugnoient au stoïcien; une tante qui avoit accompagné Helvia sa sœur à Rome, qui avoit apporté dans cette ville le jeune Sénèque entre ses bras, dont les soins maternels l'avoient garanti d'une maladie dangereuse, et qui réunit son crédit à celui d'Helvia. Celle-là n'avoit jamais eu la hardiesse d'approcher des grands, et de solliciter les gens en place; elle surmonta sa timidité naturelle en faveur de son neveu : sa modestie vraiment agreste, si on l'eût comparée à l'effronterie des femmes de son temps, son goût pour le repos, ses mœurs paisibles, sa vie retirée, ne l'empêchèrent pas de se mêler dans la foule tumultueuse des cliens. Peut-être la tante n'eût-elle pas réussi

―――――――――――――――

(*) Voyez ce qu'il dit à ce sujet dans la *Consolation à Helvia*, chap. 17.

sans le mérite personnel de son neveu : mais une réflexion qui n'en est pas moins juste ; c'est qu'un des caractéristiques des siècles de corruption, est que la vertu et les talens isolés ne conduisent à rien ; et que les femmes honnêtes ou déshonnêtes mènent à tout, celles-ci par le vice, celles-là par l'espoir qu'on a de les corrompre et de les avilir : c'est toujours le vice qui sollicite et qui obtient, ou le vice présent, ou le vice attendu.

§. 15. Après avoir quitté la philosophie pour le barreau, et le barreau pour les affaires, Sénèque quitte les affaires et la questure pour revenir à la philosophie, dont il donna des leçons publiques, servant la patrie plus utilement dans son école que dans la magistrature; car que pouvoit-il faire de mieux sous des souverains tels qu'un Caligula, un Claude, un Néron, que d'inspirer à ses concitoyens le mépris de la richesse, des dignités, et de tous les dangereux avantages qui les exposoient à perdre la vie?

On fixe la date de sa préture à son retour d'entre les rochers de la mer de Corse (*), où il fut relégué, les uns disent comme confident,

---

(*) Dion. *in Claudio*, *lib.* 60, *cap.* 8, *pag.* 947, *tom. II*, *edit.* Reimar. *Remotus inter Corsici rupes maris*, dit l'auteur de la tragédie *d'Octavie*, vers *382.*

les autres comme complice des infidélités de Julie, fille de Germanicus et sœur de Caïus, accusée d'adultère par Messaline = *Par Messaline ?* = Oui, par Messaline. = *Celle qui s'enveloppoit la tête d'un voile à la chûte du jour ?* = Elle-même. = *Qui, femme de l'empereur, eut l'incroyable audace d'épouser publiquement Silius, son amant ? Celle dont Juvénal a dit* (2):

Ostenditque tuum, generose Britannice, ventrem;

vers sublime qui inspire plus d'horreur qu'une page d'éloquence, et même de grande éloquence ? = Elle-même, vous dis-je.

Mais pour éclaircir ce fait, il est à propos de jeter un coup-d'œil sur le règne de Claude et le caractère de cet empereur.

§. 16. De longues et fréquentes maladies affligèrent les premières années de sa vie. On le mit sous la conduite d'un muletier, qui ne changea pas de fonctions auprès de son élève (2), qu'il traitoit comme une bête de somme. Livie, son ayeule, ne lui parloit qu'avec dédain; sa mère Antonia disoit d'un sot par excellence (3): *Il est plus*

---

(1) Juvénal, *Satyr.* 6, *vers 124.*
(2) Sueton. *in Claudio, cap.* 2.
(3) *Id. ibid. cap.* 3.

B *

bête que mon fils Claude ; et Livilla, sa sœur, ne cessoit de plaindre le peuple romain, à qui le sort destinoit un pareil maître. On affoiblit sa tête, on avilit son ame, on lui inspira la crainte et la méfiance : rebuté de sa famille et repoussé des hommes de son rang, il se livra à la canaille et aux vices de la canaille. Appelé par Caïus à la cour, il en est le jouet (1); à table, s'il s'endort après le repas, ou lui met ses brodequins aux mains; on lui lance au visage des noyaux d'olives et de dattes en présence de ses parens, qui n'en sont point offensés : peu s'en fallut qu'on ne vît Caïus monté sur un cheval consulaire, lorsqu'il décerna le consulat à son oncle. Claude avoit été baffoué jusqu'à l'âge de cinquante ans. On le tira par force (2) de dessous une tapisserie où il s'étoit caché pendant qu'on assassinoit son neveu. Il est enlevé au milieu du tumulte des factions; il est transporté dans le camp malgré lui : on le conduisoit au trône impérial, et il croyoit aller au supplice. Qui se le persuaderoit ? Caïus, après sa mort, trouva des vengeurs (3). Valérius-Asiaticus dit : « Je

---

(1) *Id. ibid. cap.* 7.

(2) *Id. ibid. cap.* 10. Dion *in Claudio, lib.* 60, *cap.* 2.

(3) Dion *in Caligul. lib.* 59, *cap. 30 pag.* 936, 937, *edit.* Reimar. *Confer quæ* Joseph. *Antiquit. Judaic. lib.* 19, *cap.* 1, 9, 16 *et* 20, *tom. II, edit.* Havercamp.

» voudrois l'avoir tué... »; et ce mot prononcé fièrement en impose. Cependant le soldat veut un maître, pour n'en avoir qu'un ; le sénat veut la liberté, pour être le maître : Cassius-Chéréa crie (1) que ce n'étoit pas la peine de se délivrer d'un frénétique pour servir sous un imbécille ; et il ordonne au centurion Lupus de mettre à mort Cæsonia, femme de Caïus. Ses courtisans l'avoient abandonnée ; elle étoit assise à terre (2) à côté du cadavre de son mari, tenant dans ses bras sa fille encore enfant, et déplorant leur commune destinée. Au silence et à l'air féroce du centurion, elle comprit qu'elle touchoit à sa dernière heure ; elle dit: « L'empereur vivroit encore, s'il m'avoit » écoutée..... », et tendit la gorge au centurion, qui brisa la tête de l'enfant contre la muraille, après avoir égorgé la mère. Cet acte de cruauté et quelques autres révoltent le peuple ; il se sépare des sénateurs ; la division se met entre ceux-ci ; le camp persiste dans son choix ; et Claude alloit être proclamé, lorsque des députés du sénat le conjurent de ne pas s'emparer par la force d'une autorité qui lui seroit conférée d'un unanime et

---

(1) *Joseph. Antiquit. Judaïc. lib.* 19, *cap.* 4.

(2) Voyez *Joseph. Antiquit. Judaïc. lib.* 19, *cap.* 2, *§.* 4, *edit. cit.* et Sueton. *in Caligul. cap.* 59, *in fine.*

libre consentement (1). « Ce que vous me deman-
» dez, leur répondit-il, ne dépend pas de moi. On
» pouvoit redouter la puissance impériale entre
» les mains d'un prince qui n'écoutoit que ses
» caprices; assurez le sénat qu'on n'a rien de
» semblable à craindre ».

§. 17. Ce qui se passe entre l'assassinat de
Caïus et l'élection de Claude est une image fi-
delle de la perplexité des esclaves, lorsqu'ils se
sont affranchis par la révolte. Délivrés du malheur
présent, ils ne savent comment assurer leur bonheur à venir. Le cadavre sanglant du prince assassiné se présente à leur imagination; ils doutent
s'ils n'ont pas commis un forfait; ils se troublent,
ils s'effraient; leurs têtes sont étonnées. Sans vues,
sans principes, sans plans, s'ils s'occupent de
quelque chose, c'est d'échapper aux vengeurs du
tyran qui n'est plus, et non de lui donner un
digne successeur; d'où il arrive que la mort
d'un despote se réduit à conduire au trône un
autre despote.

§. 18. Claude, proclamé et tranquillement assis
sur le trône (2), annonce le pardon des injures

---

(1) *Joseph. Antiquit. Judaic. lib.* 19, *cap.* 4, §. 2.
(2) Sueton. *in Claudio*, cap. 11. *Confer quæ Dion,
lib.* 60, *cap.* 3.

qu'on lui a faites, et pardonne. Il brûle les deux registres de Caïus, l'un intitulé le *Poignard*, l'autre l'*Epée*. Il fait enlever de nuit (1) les statues de cet empereur, et ne souffre pas que sa mémoire soit flétrie. Il revoit les différens jugemens rendus sous le dernier règne; il en confirme quelques-uns, il en annulle d'autres. Il défend de léguer (2) ses biens à César, et de poursuivre qui que ce soit (3) sous le prétexte de lèse-majesté. Il publie deux édits tels qu'on auroit pu les attendre du plus sage des princes: l'un assuroit aux enfans la succession de leurs pères; l'autre annonçoit au peuple la sécurité du souverain. Il rappelle d'exil les deux sœurs de Caïus (4); Antiochus (5) est remis en possession de la Commagène; Mithridate, l'Ibérien, délivré de ses fers; un autre Mithridate déclaré prince du Bosphore cimmérien; Agrippa, roi de Judée, décoré des ornemens consulaires; Hérode, son frère, de ceux de la préture; des sommes immenses envahies retournent aux légitimes et premiers possesseurs; d'autres, léguées,

―――――――――――――――

(1) Dion *in Claudio*, lib. 60, cap. 4, pag. 942.
(2) *Voyez* Dion *in Claudio*, lib. 60, cap. 6, pag. 944. *Ne quis se hæredem reliqueret, qui cognatos quoscumque haberet, prohibuit.*
(3) Dion *in Claudio*, lib. 60, cap. 3 pag. 941, 942.
(4) Dion *in Claudio*, lib. 60, cap. 4, pag. 942.
(5) *Id. ibid.* cap. 8, pag. 946.

aux véritables héritiers ; pour comble de tant de bienfaits, le poids accablant de l'impôt général (1) est allégé. Les meilleures opérations se font quelquefois sous les plus mauvais règnes, et réciproquement.

On creuse un port à l'embouchure du Tibre (2) ; on tente le desséchement du lac Fucin (3) ; les limites de l'empire sont étendues.

A la seconde époque de son règne, où l'on voit, par une foule d'actions atroces, combien l'autorité souveraine est ombrageuse, la pusillanimité cruelle, et l'imbécillité crédule, toute vertu n'est

---

(1) *Vectigalia Caii introducta imperio, et reliqua ejus acta quæ reprehensionem merebantur, abrogavit....* Dion, lib. 60, cap. 4, init.

(2) Dion, *ibid.* cap. 11, pag. 949, 950.

(3) Pline parle de cette magnifique entreprise, projetée et commencée par Claude, et qui ne fut achevée que sous le règne de Trajan, dans les termes les plus imposans, et avec une admiration qu'on partage avec lui en lisant cet endroit de son Histoire Naturelle. *Montem,* dit-il, *perfossum ad Lacum Fucinum emittendum, inenarrabili profecto impendio, et operarum multitudine per tot annos.... quæ neque concipi animo, nisi ab iis qui videre, neque humano sermone enarrari possunt...* Plin. *Natur. Hist. lib. 36*, cap. 15. *Confer quæ Sueton. in Claudio,* cap 20.

NOTE DE L'ÉDITEUR.

pas encore éteinte dans son cœur. Il déclare libre (1) l'esclave que son maître abandonnera dans la maladie ; et coupable d'homicide, le maître qui tueroit son esclave malade (2). Incertain sur la manière de modérer la sévérité de la procédure ancienne dans l'exclusion des sénateurs mal famés : « Que chacun, dit-il, s'examine ; qu'on demande
» la permission de sortir du sénat, nous l'accor-
» derons ; et confondant sur une même liste et
» ceux qui se retireront librement, et ceux que
» nous chasserions, la modestie des uns affoiblira
» l'ignominie des autres ». C'est ainsi qu'il sait concilier la clémence avec la justice, ou peut-être les enfreindre l'une et l'autre : si la retraite des

---

(1) Dion, *ubi supra*, cap. 29, pag. 967.

(2) Cette loi prouve qu'il n'y avoit point alors, et qu'avant le sixième siècle il n'y eut point à Rome d'asyles publics pour les malades indigéns. Il n'est pas à présumer qu'un maître fût assez barbare et assez insensé pour sacrifier un esclave malade, si cet esclave pouvoit être secouru, soigné, guéri gratuitement. Il est vrai qu'une dame romaine établit, vers l'an 400, à ses dépens, un hôpital, un hospice, une infirmerie, où elle rassembloit les malades, et les servoit de ses propres mains ; mais cet utile refuge auquel elle n'avoit point assuré de fonds, ne se soutint que jusqu'à sa mort... Voyez l'*Histoire de la chirurgie*, tom. II, pag. 107.

NOTE DE DIDEROT.

innocens excusoit les coupables, celle des coupables accusoit les innocens. Son discours à Méherdates, quittant Rome pour se rendre chez les Parthes qui lui avoient déféré la couronne, est celui d'un père à son fils (1). « Ayez de la bonté, ayez de » la justice, vous en serez d'autant plus révéré » des Barbares, que le règne de ces vertus leur » est moins connu.... ». Il réprime la licence du peuple au théâtre, et défend aux usuriers de prêter aux enfans de famille.

D'après les actions et les discours qui précèdent, que faut-il penser de Claude, dont le nom est si décrié ? Que faut-il penser de tant de souverains qui n'ont rien fait ni rien dit d'aussi sage ?

§. 19. Malheureux dans le choix de ses femmes (2), il est forcé, par raison d'état, de renoncer à Emilia Lépida, petite fille d'Auguste. Le jour fixé pour la célébration des noces, une maladie lui enlève Livia-Camilla, descendante du dictateur de ce nom. Il répudie Plautia-Urgulanilla, surprise entre les bras d'un affranchi. Il chasse du palais, Pétina, de mœurs irréprochables, mais d'une humeur et d'un orgueil que Claude même ne put supporter. A celle-ci, succéda Messaline,

---

(1) *Apud Tacit. Annal.* lib. 12, cap. 11.

(2) Sueton. *in Claudio*, cap. 26.

fameuse par ses débauches; et à Messaline, Agrippine, non moins fameuse par son ambition.

Bientôt on ne retrouve ni l'homme équitable, ni le prince clément ; Claude, subjugué par Messaline (1), entouré de l'eunuque Posidès, des affranchis Félix, Harpocras, Caliste, Pallas et Narcisse, qui abusent de ses terreurs, de son penchant à la crapule, et de sa passion pour les femmes, l'administration a passé de ses mains au pouvoir d'une troupe de scélérats aux ordres des deux derniers.

On vend publiquement (2) les magistratures, les sacerdoces, le droit de bourgeoisie, la justice, l'injustice : les favoris ligués exercent un monopole général. Claude se plaint (3) de l'indigence de son trésor ; on lui répond « qu'il seroit assez » riche, s'il plaisoit à ses affranchis de l'admettre » en tiers ».

On dispose, à son insu, des dignités, des com-

---

(1) Suéton. *in Claudio*, cap. 28 et 29. Dion Cassius dit qu'aucun empereur ne se laissa plus lâchement et plus ouvertement dominer par ses femmes et ses affranchis. In *Claudio*, lib. 60, cap. 2, edit. Reimar.
NOTE DE L'ÉDITEUR.

(2) Dion *in Claudio*, lib. 60, cap. 17, pag. 955, 956
(3) Suéton. *in Claudio*, cap. 28.

Vie de Sénèque,

mandemens, des graces et des châtimens ; on révoque ses dons et ses ordres ; on ne tient aucun compte de ses jugemens ; on supprime les brevets qu'il a signés ; on en suppose d'autres. C'est la débauche de Messaline, l'avidité ou les ombrages des affranchis, qui désignent les citoyens à la mort : la débauche de Messaline, les femmes dont elle est jalouse, les hommes qui se refusent à ses plaisirs ; l'avidité des affranchis, ceux qui sont opulens ; leurs ombrages, ceux qui ont du crédit.

Claude n'est rien sur le trône, rien dans son palais ; il le sait, il l'avoue. Il eût dit de deux édifices publics, dont on lui auroit présenté les modèles : « Voilà le plus beau ; mais ce n'est pas » celui qu'ils choisiront.... ». Il eût dit d'un de ses ministres : « il faudra bien qu'il succombe ; il n'y a que moi qui le soutienne.... ». Foible, mais sensé, s'il eût opiné dans son conseil, il eût dit : « Mon avis est le meilleur ; ils ne l'ont pas suivi ; » je crois qu'ils s'en repentiront.... ». Il disoit au sénat : « Cette femme, que je produis en té- » moignage, a été l'affranchie et la femme-de- » chambre de ma mère ; elle m'a toujours regardé » comme son maître ; il y a dans ma maison, des » gens qui n'en usent pas aussi bien ».

La foiblesse, qui ne sait ni empêcher le mal, ni ordonner le bien, multiplie la tyrannie.

§. 20. Claude étoit comme abruti. Il signe le contrat de mariage (1) de Silius avec sa femme ; il déshérite son propre fils par une adoption ; quelquefois (2) il oublie qui il est, où il est, en quel lieu, en quel moment, à qui il parle ; il invite à souper des citoyens qu'il a fait mourir la veille ; à table, il demande à un des convives pourquoi sa femme ne l'a pas accompagné ; et cette femme n'étoit plus : après la mort de Messaline, il se plaint de ce que l'impératrice tarde si long-temps à paroître (3).

Un plaideur le tire à l'écart, et lui dit qu'il a rêvé, la nuit dernière, qu'on assassinoit l'empereur en sa présence ; l'instant d'après, le fourbe appercevant son adversaire, s'écrie : « Voilà l'homme de mon rêve.... » ; et sur-le-champ on traîne le malheureux au supplice (4). Ce ridicule stratagême est employé par Messaline et Narcisse contre Appius Silanus (5) : Appius en perd la vie ; et

----

(1) Sueton. in *Claudio*, cap. 29. Confer quæ *Tacit. Annal.* lib 11, cap. 26, 27.

(2) Tacit. *Annal.* lib. 11, cap. 31.

(3) *Occisâ Messalinâ, paulò postquàm in triclinio decubuit, cur Domina non veniret requisivit.* Sueton. *in Claudio*, cap. 36.

(4) Sueton. *in Claudio*, cap. 37.

(5) *Id. ibid.* Confer quæ *Dion in Claud.* lib. 60, cap. 14, pag. 952.

l'affranchi est remercié de veiller sur les jours de César, même en dormant.

La vie privée de Claude montre ce que le mépris des parens, secondé d'une mauvaise éducation, peut sur l'esprit et le caractère d'un enfant valétudinaire.

Les premières années de son régne, marquées par l'amour de la justice et du travail, la clémence, la libéralité et d'autres qualités rares, l'auroient mis au nombre des hommes excellens et des bons souverains, si la méfiance, la foiblesse, la crainte ne l'avoient pas livré à des infâmes. Les dernières nous apprennent jusqu'où une prostituée et deux esclaves peuvent disposer d'un monarque, le dépraver et l'avilir (*).

§. 21. Tel étoit l'état des choses à la cour de Claude, lorsque Julie, sœur de Caïus, y reparut. Cette femme avoit de l'esprit, de la beauté, et ne devoit son crédit ni à Messaline, ni aux affranchis, dont il falloit être ou les instrumens ou les victimes. L'éclat, avec lequel Sénèque s'étoit montré au barreau, l'avoit conduit à l'intimité des

---

(*) Si l'on se rappelle le titre de cet Essai, et si l'on ne confond pas le fond avec l'accessoire, on ne sera pas surpris de cet écart.

NOTE DE L'ÉDITEUR.

personnes du plus haut rang, et sur-tout du malheureux Britannicus; il ne pouvoit être que haï de ceux dont ses principes et ses mœurs faisoient la satyre. Combien de mots, qui n'étoient dans sa bouche que des maximes générales, et qu'il étoit facile à la méchanceté des courtisans d'envenimer par des applications particulières! Le philosophe aura dit, je le suppose, que la débauche avilit; et que, dans les femmes sur-tout, elle altère tous les sentimens honnêtes : croit-on que, sans être persuadé qu'il désignât la femme de l'empereur, on ne l'en ait pas accusé auprès d'elle, et traité ses discours de pédanterie insolente ? D'ailleurs Messaline, jalouse de l'ascendant de la nièce sur l'esprit de l'oncle, redoutoit le génie pénétrant de Sénèque, qui pouvoit éclairer Claude sur les désordres de sa maison et les vexations des affranchis. La perte de Sénèque et de Julie fut donc résolue. Messaline dit à Caliste, à Pallas, à Narcisse : « Cette femme ne se conduit que
» par les avis d'un homme attaché de tous les
» temps à Germanicus son père. Qui sait ce que
» ce Sénèque peut conseiller, et ce que cette
» Julie peut oser? Si l'on n'écrase d'aussi dangereux
» personnages, on risque d'en être écrasé..... ».
Le résultat de ces inquiétudes fut de donner un motif criminel aux fréquentes visites que Sénèque rendoit à Julie. En conséquence, on présente à Claude une plainte juridique : Julie est accusée

d'adultère (*); on nomme Sénèque. Claude, à qui sa nièce étoit mieux connue, rejette l'accusation; et Messaline n'en est que plus irritée; ses complices n'en sont que plus effrayés. Quel parti prendront-ils ? Celui qu'ils étoient dans l'usage de prendre, et dont nous les verrons bientôt user les uns contre les autres pour s'exterminer réciproquement. A l'insçu de l'empereur, de l'autorité privée de Messaline et des affranchis, Julie est enlevée, envoyée en exil, et mise à mort. On insiste sur l'éloignement de Sénèque; et Claude le signe.

§. 22. Sénèque ne fût, comme on voit, ni l'amant de Julie, ni le confident de ses intrigues. Il étoit âgé d'environ quarante ans, sage, prudent et valétudinaire; il étoit marié, il avoit des enfans; il aimoit sa femme, et il en étoit aimé; il jouissoit de l'estime et du respect de sa famille, de ses amis et de ses concitoyens, sentimens qu'on n'accorde pas aussi unanimement à un hypocrite de vertu.

(*) *Hæc (Messalina) Juliam, fratris ejus filiam, indignata quod se non honoraret nec adularetur, formæque ejus æmula, quòd sæpiùs sola cum Claudio ageret, extorrem egit instructis cum aliis, tum adulteriis criminibus; ob quod Annæus etiam Seneca in exilium pulsus est, neque multò post Juliam eadem pecavit...* Dion *in Claudio*, lib. 60, cap. 8, pag 947.
NOTE DE L'ÉDITEUR.

Julie étoit à la fleur de l'âge, dans une cour voluptueuse, entourée de jeunes ambitieux qui se seroient empressés à lui plaire, s'ils avoient pu se flatter d'y réussir. Julie périt, et son prétendu complice n'est qu'exilé.

L'exil de Sénèque est l'ouvrage d'une infâme, d'un stupide et de trois scélérats, dont le témoignage fut appuyé, si l'on veut, de la plaisanterie des courtisans, des bruits vagues de la ville, et des clameurs d'un Suilius, que je ne tarderai pas à démasquer. Mais que peuvent de pareilles autorités contre le caractère de l'homme!

Sénèque n'est point coupable; non, il ne l'est point. Mais il me plaît de négliger le témoignage de l'histoire, et d'en croire à l'imputation de la dernière des prostituées, à la crédulité du dernier des imbéciles, et aux calomnies impudentes d'un Suilius, le plus méprisable des hommes de ce temps. Je veux que Julie ait confié ses amours à Sénèque; ou que Sénèque, au milieu des élégans de la cour, se soit proposé de captiver le cœur de Julie, et qu'il y ait réussi; qu'en conclurai-je? Que le philosophe a eu son moment de vanité, son jour de foiblesse. Exigerai-je de l'homme, même du sage, qu'il ne bronche pas une fois dans le chemin de la vertu? Si Sénèque avoit à me répondre; ne pourroit-il pas me dire, comme Diogène à celui qui lui reprochoit d'avoir rogné les espèces (1) : « Il est vrai : ce que tu » es à-présent, je le fus autrefois; mais tu ne » deviendras jamais ce que je suis... ». Sénèque, aussi sincère et plus modeste, nous fait l'aveu ingénu qu'il a connu trop tard la route du vrai bonheur (2); et que, las de s'égarer, il la montre aux autres. Hâtons-nous de profiter de ses leçons; et si nous connoissons par expérience ce qu'il en coûte pour vaincre ses passions et résister à l'attrait des circonstances, soyons indulgens; et n'imitons pas les hommes corrompus qui, pour se trouver des semblables, sont de plus cruels accusateurs que les gens de bien.

On avoit tout à craindre du ressentiment de Julie, tant qu'elle vivroit. Sénèque étoit un personnage également innocent et moins redoutable; il suffisoit de le réduire au silence, et d'empêcher qu'il n'employât son éloquence à venger l'honneur de Julie.

§. 23. Tandis que Claude s'occupe de la réforme des mœurs publiques; la dissolution se promène dans son palais, le masque levé. Vinicius (3) est

---

(1) *Voyez* Diogène Laërce dans la *Vie de Diogène le Cynique*, lib. 6, *segm. 56*, edit. *Amstelod. 1692*.
(2) Voyez l'*Epître 8*.
(3) Voyez Dion, *in Claudio*, lib. 60, cap. 27, pag. 964.

empoisonné; et son crime est d'avoir dédaigné les faveurs de Messaline. Avant Vinicius, Appius Silanus avoit eu le même sort (1), et pour la même cause. Un fameux pantomime, appelé Mnester, devient en-même-temps la passion de Messaline et de Poppée. Soit crainte ou politique, Mnester préfère Poppée à l'impératrice; Poppée est aussi-tôt accusée d'adultère avec Valérius: et qui fut l'accusateur de Valérius et de Poppée? Qui fut l'agent de Messaline? Le détracteur de Sénèque, Suilius.

Claude donne Mnester pour esclave à sa femme, et Messaline s'empare des superbes jardins de Valérius.

Suilius suit le cours de ses délations (2); il attaque et perd deux chevaliers illustres, surnommés Pétra, soupçonnés par Messaline d'avoir favorisé l'intrigue de Poppée et de Mnester.

Les succès de Suilius font éclore une multitude d'imitateurs de sa scélératesse et de son audace (3).

Samius se tue en présence même de Suilius,

---

(1) *Id. ibid.* cap. 14, pag. 952.
(2) Tacit. *Annal.* lib. 11, cap. 4.
(3) Tacit. *Annal.* lib. 11, cap. 5.

qui avoit reçu quarante mille écus de notre monnoie de ce client qu'il trahissoit (1).

§. 24. Les défenseurs de la loi *Cincia* (2) rappellent, à l'occasion de ce forfait, l'exemple des anciens orateurs, aux yeux desquels le seul digne prix de l'éloquence fut l'immortalité de leur nom (3). « Penser autrement, c'étoit réduire la reine des beaux-arts à un vil esclavage. L'intégrité de l'orateur chancèle à l'aspect d'un grand intérêt.

---

(1) Tacit. *Annal.* lib. 11, cap. 5.

(2) *Id. ibid.* cap. 5 et 6.

(3) En 1602, sous le règne d'Henri IV, l'exercice de la justice est interrompu par le *remuement* des avocats. Sur la plainte d'un seigneur de la cour, dont on exigeoit quinze cents écus pour la plaidoierie d'une de ses causes, un président de grand'chambre fit un réglement qui réduisoit cette classe de gens de loi à la condition du manouvrier, dont le travail s'acquitte par un salaire. En conséquence, l'ordre presque entier se révolte et renonce aux fonctions d'un état avili. Le jeune Isaac Arnaud en conçoit un tel dépit, qu'il déchire sa robe et se retire du palais. Le discours véhément, que le sieur Sigogne tint au roi dans cette circonstance, est très-bon à lire. Henri IV en sourit, sans l'improuver; mais plus sensible au désespoir de ses sujets qu'au mépris de sa prérogative, il modéra le tout selon sa prudence accoutumée... Voyez le *Journal de l'Etoile*, pag. 10.

NOTE DE DIDEROT.

La défense gratuite diminuera le nombre des procès. De nos jours, si l'on fomente les haines, si l'on pousse aux délations, si on suppose des injures, ou si on les aggrave, c'est qu'il en est de la frénésie des plaideurs comme des maladies épidémiques ; celles-ci enrichissent le médecin, celle-là fait la fortune de l'avocat. Par quels moyens les Asinius et les Messala parmi les anciens, les Aruntius et les Eserninus, nos contemporains, sont-ils parvenus au faîte des honneurs ? C'est autant par leur noble désintéressement, que par leur sublime talent ».

Leurs adversaires répondoient : « Quel est l'homme assez présomptueux, pour se promettre l'immortalité ? Par de longues études, nous préparons à la foiblesse un appui contre la force : on ne s'élève point à cette importante fonction sans endommager sa fortune ; on ne l'exerce point sans nuire à ses intérêts ; tandis qu'on s'occupe des affaires d'autrui, on néglige les siennes. Le militaire a sa paye ; l'agriculteur, ses récoltes : il n'est point de travail sans un salaire. Un généreux dédain pouvoit convenir aux Asinius et aux Messala, comblés de richesses par leurs généraux Auguste et Antoine ; aux Eserninus et aux Aruntius, héritiers de familles opulentes : mais les Clodius et les Curions ne reçurent-ils pas des sommes considérables de leurs cliens ? Qui sommes-nous ? Des sénateurs indigens que la suspension des armes réduit aux seules ressources de la paix. Comment le plébéien soutiendra-t-il la dignité de sa robe ? Que deviendront les études, si l'on se condamne à la pauvreté en les cultivant » ?

Moins les raisons contraires à la loi étoient honnêtes (1), plus Claude les jugea dictées par la nécessité ; et il permit aux avocats de prendre jusqu'à dix mille sesterces.

De peur que le prêtre n'avilisse la dignité de son état par la pauvreté, on en exige un patrimoine ; ne seroit-il pas également important d'exiger de l'avocat une fortune honnête, de peur qu'il ne soit tenté de sacrifier à ses besoins la vérité dont il est l'organe, et l'innocence dont il est le défenseur ?

§. 25. Messaline est entraînée à une dernière infamie par l'attrait de son énormité. C'est un excès d'impudence et de folie, dit Tacite, qui passeroit pour une fable, s'il n'en existoit encore des témoins (2).

---

(1) *Ut minus decora hæc, ita haud frustrà dicta princeps ratus, capiendis pecuniis posuit modum, usque ad dena sestertia....* Tacit. *Annal.* lib. 11, cap. 7.

(2) *Annal.* lib. 11, *caput* 27. *Haud sum ignarus fa-*

Messaline épouse publiquement son amant Silius.

Le consul désigné (1), et la femme du prince, au centre d'une ville où tout se fait et se dit, se rendent au jour marqué, à l'heure indiquée, au lieu convenu; des témoins signent leur contrat; Messaline entend et répète solemnellement les prières des auspices ; elle sacrifie dans les temples; on célèbre un festin de noces; elle occupe sa place parmi les convives ; elle se prête aux caresses de son nouvel époux; ils passent la nuit ensemble, livrés à toute la licence du lit conjugal. La maison du prince en frémit d'horreur : les affranchis concertent comment, sans se compromettre, ils instruiront l'empereur de sa honte. Deux courtisannes, séduites par de l'argent et des promesses, se chargent de la délation. A cette nouvelle, ce n'est pas d'indignation, de fureur, c'est de terreur que Claude est saisi; il s'écrie (2): *Suis-je encore*

---

bulosum visum iri , tantum ullis mortalium securitatis fuisse, in civitate omnium gnarâ et nihil reticente , ne dum consulem designatum, cum uxore principis, prædictâ die, adhibitis qui obsignarent, velut suscipiendorum liberorum caussâ , convenisse , etc.... Sed nihil compositum miraculi causâ , verùm audita scriptaque senioribus tradam.

(1) Tacite est encore ici mon garant, et je ne fais que l'abréger. *Voyez* le livre II., chap. 27, 28.

(2) Tacit. *ubi suprá, cap.* 31. *An ipse imperii potens ? An Silius privatus esset ?*

empereur ? *Silius l'est-il ?* Dans le parti opposé, l'ivresse a fait place à l'effroi ; au moment où l'on apprend que Claude est instruit et qu'il accourt pour se venger, Messaline se réfugie dans les jardins de Lucullus ; Silius, au Forum ; le reste se disperse. Des centurions les saisissent ou dans leur fuite ou dans leurs asyles, et les chargent de chaînes. Messaline est résolue d'aller à son époux (1) ; Britannicus et Octavie se jeteront au cou de leur père ; Vibidia, la plus ancienne des vestales, implorera la clémence du souverain pontife ; elle se précipitera aux pieds de César, et tiendra ses genoux embrassés. Telle est la solitude de la disgrâce (2), que Messaline n'a pour tout cortége que ces trois personnes. Elle traverse à pied la ville entière ; de lassitude, elle se jette dans un de ces tombereaux qui transportent les immondices des jardins. Quelle destinée, et qu'elle est juste ! Elle entre dans la voie d'Ostie (3) ; elle ne rencontre la pitié nulle part ; la turpitude de sa vie et le souvenir de ses forfaits l'ont éloignée.

Cependant la terreur de Claude duroit : il ne

---

(1) Tacit. *ibid. caput* 32.

(2) Tacit. *Annal.* lib. 11, cap. 32.

(3) « Nullâ cujusquam misericordiâ, quiâ flagitiorum deformitas prævalebat... ». Tacit. *Annal.* lib. 11, cap. 32.

voit à ses côtés que des assassins; tantôt il se déchaîne contre sa femme, tantôt il s'attendrit sur ses enfans: dans ses agitations, les uns gardent le silence, d'autres affectant une indignation perfide, s'écrient: *Quel crime! quel forfait!* Déjà Messaline est à la portée de la vue (1); on entend: « C'est la mère d'Octavie, c'est la mère de Bri- » tannicus. Ecoutez la mère d'Octavie et de Bri- » tannicus...... ». Mais on occupoit les oreilles de Claude du récit du mariage; ses yeux, d'un long mémoire de débauche; il étoit à l'entrée de la ville; ses enfans alloient se présenter à lui, on les écarte; Vibidia est renvoyée à ses fonctions. On détourne Claude (2); on le conduit dans la maison de Silius; on lui montre, sous le vestibule, une statue élevée au père de Silius, contre les défenses du sénat; dans les appartemens, les meubles précieux des Nérons, des Drusus, la récompense honteuse de son déshonneur. De-là on le fait passer au camp; Narcisse harangue le soldat; il s'élève des cris; on demande les noms des coupables; ils sont nommés, et leur sang coule. Rentré dans le palais, l'empereur y trouve une table somptueusement servie; il mange, il boit, il s'en-

---

(1) Tacit. *ubi. supr.* lib. 11, cap. 34.
(2) Tacit. *ubi. supr.* lib. 11, cap. 35.

ivre, (1); dans la chaleur du vin, il dit (2):
« Demain, qu'on fasse paroître la malheureuse; et
» qu'elle se défende.... ». Sa colère s'affoiblissoit ;
il n'y avoit pas un moment à perdre, la nuit s'approchoit ; si Messaline est introduite, la chambre,
le lit nuptial peuvent amener un retour de tendresse. Narcisse prend son parti fort brusquement, et ordonne au tribun et aux centurions,
au nom de César, qu'on fasse mourir Messaline.
Ils vont; et pour s'assurer de l'exécution, ils
sont précédés de l'affranchi Evodus.

Evodus (3) trouve l'impératrice étendue par
terre dans les jardins de Lucullus, où elle étoit
retournée. A côté d'elle étoit assise Lépida sa
mère (4), Lépida qui s'étoit séparée de Messaline dans la prospérité, et qui s'en est rapprochée dans le malheur. « Qu'attendez-vous (5),

---

(1) Tacit. *ibid.* cap. 37.
(2) « Ubi vino incaluit, iri jubet, nuntiarique
» miseræ (hoc enim verbo usum ferunt) dicendum
» ad causam posterâ die adesset.... » Tacit. *Annal.*
lib. 11, cap. 37.
(3) Tacit. *ubi supr.* lib. 11, cap. 37.
(4) « Læpida, quæ florenti filiæ haud concors,
» supremis ejus necessitatibus ad miserationem evicta
» erat.... ». Tacit. *Annal.* lib. 11, cap. 37.
(5) Tacit. *ubi supr.* cap. 37.

« lui disoit-elle ? Qu'un bourreau porte la main
» sur vous ? Vous êtes à la fin de la vie ; il ne
» s'agit plus que de mourir sans honte.... ». Mais
il ne restoit rien d'honnête (1) dans une ame
souillée, aucune force dans une ame flétrie par la
volupté. La mère et la fille s'abandonnoient à la
douleur, lorsque les portes s'ouvrent avec violence. Le tribun, debout devant Messaline, garde
le silence ; l'affranchi l'accable d'invectives grossières. C'est alors qu'elle sent l'horreur de sa situation ; sa main tremblante saisit un poignard
qu'elle approche tantôt de sa gorge, tantôt de sa
poitrine, sans se frapper. Le tribun la perce d'un
seul coup, et laisse le cadavre à sa mère.

Ainsi périt cette femme, qui avoit tant de fois
appris à Narcisse à se passer des ordres de son
maître.

Claude (2) étoit encore à table, lorsqu'on lui
annonça que Messaline étoit morte ; on ne lui dit
pas si c'étoit de sa propre main ou de la main
d'un autre, et il ne s'en informa pas ; on lui verse
à boire ; et il continue son repas comme de coutume. Les jours suivans, on ne lui remarque pas

---

(1) « Sed animo per libidines corrupto nihil honestum inerat ». Tacit. *Annal.* lib. II, cap. 37.

(2) Tacit. *ubi supr.* cap. 38.

le moindre signe de haine, de satisfaction, de tristesse ou de colère; la joie des accusateurs de sa femme, les larmes de ses enfans, ne réveillent en lui aucun sentiment naturel. Les statues de Messaline enlevées, son nom effacé de tous les endroits publics et particuliers, par ordre du sénat, accélérèrent l'oubli de cette femme. Les honneurs de la questure sont déférés à Narcisse; et la vengeance la plus juste devient la source des plus grands maux.

§. 26. Outre les vices de l'administration de Claude livré à ses femmes et à ses affranchis, il en est d'autres qu'il faut imputer à son mauvais jugement.

La gratification accordée au soldat après son avénement au trône, devient une nécessité pour ses successeurs (*).

Le titre de citoyen romain s'avilit par la multitude de ceux à qui on le conféra. De deux choses l'une; ou laisser par-tout ce beau nom à la place des dieux qu'on enlevoit, et le rendre aussi étendu que l'empire; ou le renfermer dans ses anciennes limites, la mer et les Alpes.

(*) « Primus Cæsarum fidem militis etiam præmio pignoratus, *dit Suétone* in Claudio », cap. 10.

Auguste, sollicité par Tibère et par Livie, refusa le droit de bourgeoisie à leurs protégés; et dit à l'impératrice, dont le client fut exempté du tribut, « qu'il valoit mieux nuire au fisc qu'à la » dignité du nom romain ».

Une faute aussi grave que les précédentes, ce fut d'ouvrir les portes du sénat à des affranchis, à leurs descendans et à des étrangers; il importoit bien davantage que ce corps fût honoré, que d'être nombreux.

§. 27. Claude ne pouvoit rester sans épouse; et il ne pouvoit en prendre une sans en être gouverné. De-là, de vives disputes sur le choix, entre les affranchis; entre les prétendantes, une égale chaleur à faire valoir leurs avantages.

Les intrigues de Pallas, les caresses d'Agrippine, des assiduités que la parenté autorisoit, obtiennent à la nièce de l'empereur (*) la préférence sur ses rivales. Elle n'a pas encore le titre d'impératrice; mais elle en exerce l'autorité. Elle roule dans sa tête le projet de marier à son fils Octavie la fille de Claude. Mais Octavie est fiancée à Silanus; qu'importe? Le censeur Vitellius accusera Silanus d'inceste avec Junia Calvina, sa sœur.

―――――――――――――――――――

(*) Tacit. *ubi supr.* lib. 12, cap. 2.

Des licences que le seul mariage autorise (1), et le bruit qui s'en répand, accélèrent l'union de Claude avec sa nièce ; mais cette union est contrariée par l'usage et les mœurs, qui la déclarent incestueuse : qu'importe ? Vitellius lèvera cet obstacle ; et le sénat opinera à recourir à la contrainte, si l'empereur a des scrupules.

Toutes ces choses s'exécutent ; Octavie est mariée à Domitius Néron, Calvina est exilée, et Silanus se tue. Lollia, à qui on ne pouvoit reprocher qu'un crime ; mais un crime qui ne se pardonne pas (2), celui d'avoir disputé à Agrippine la main de Claude, est accusée d'interroger, sur le mariage de l'empereur, des magiciens, des Chaldéens, les prêtres d'Apollon à Colophone. La protection de Claude lui devient inutile ; elle est exilée et dépouillée d'une immense fortune. Calpurnia (3), dont César a loué la beauté, sans dessein, subit le même sort. Calpurnia n'est qu'exilée ; Lollia est forcée de se tuer ; et dans cet intervalle, le mariage de Claude et d'Agrippine s'est consommé.

---

(1) « Pactum inter Claudium et Agrippinam matrimonium jam famâ, jam amore inlicito firmabatur.... ». Tacit. *Annal.* lib. 12 cap. 5.

(2) Tacit. *Annal.* lib. 12 , cap. 22.

(3) *Id. ibid. cap. 22.*

§. 28. Rome alors change de face (1) : l'empire est asservi à une femme, qui n'en laisse pas flotter les rênes au gré de sa passion ; elle sait les tenir avec le bras vigoureux d'un homme ; sévère en public, hautaine dans son palais ; chaste, à-moins que son ambition n'en ordonne autrement ; dévorée de la soif de l'or, et l'accumulant par toutes sortes de voies, sous prétexte des besoins futurs de l'état, mais en effet pour s'attacher ses créatures, en fournissant à leur insatiable avidité.

Alors, l'adoption de Domitius Néron, sollicitée par Agrippine, et pressée par son amant Pallas (2), est proposée au sénat, et confirmée d'un concert unanime de ces vils magistrats, dont Juvénal (3), non moins satyrique, mais plus plaisant et plus gai qu'à son ordinaire, rassemble les successeurs autour d'un énorme turbot, délibérant gravement sur les moyens de l'apprêter sans le dépecer. On ôte à Britannicus, jusqu'à ses esclaves (4). Ceux d'entre les centurions (5) et les tribuns, que la pitié intéresse à ce jeune prince

___

(1) Tacit. *Annal.* lib. 12. cap. 7.
(2) *Id. ibid.* cap. 25.
(3) Juvénal, *Satyr.* 4, vers 37 et seq.
(4) *Voyez* Dion *in Claudio*, lib. 60, cap. 32 pag. 971.
(5) Tacit. *Annal.* lib. 12, cap. 41.

spolié de ses droits à l'empire, sont écartés ou par exil, ou avancés à des postes plus honorables ; on exclut ceux de ses affranchis qu'on ne peut corrompre. Britannicus et Néron se sont rencontrés et salués, l'un du nom de Britannicus, l'autre du nom de Domitius. Agrippine crie (1) « que l'adoption est comptée pour rien ; que l'on » annulle, dans le palais, ce que l'empereur et » le sénat ont statué ; que, si les auteurs de ces » pernicieux conseils ne sont pas châtiés, leur » méchanceté renversera l'état ». Claude, en condamnant à la mort les plus sages instituteurs de son fils, le livre aux créatures d'une belle-mère.

Cependant, Agrippine (2) n'ose pas tout ce qu'elle ambitionne. Lusius Céta et Rufus Crispinus, attachés, par reconnoissance, aux enfans de Messaline, sont dépouillés du commandement de la garde prétorienne ; et ce poste est conféré à Afranius Burrhus, connu par ses talens militaires (3).

On ne reproche point à Sénèque l'adoption de

---

(1) Tacit. *Annal.* lib. 12, cap. 41.
(2) Tacit. *loco citato*, cap. 42.
(3) « Transfertur regimen cohortium ad Burrhum » Afranium, egregiæ militaris famæ… ». Tacit. *Annal.* lib. 12, cap. 42.

Domitius Néron; Burrhus n'est pas tout-à-fait absous de cette injustice.

§. 29. Agrippine, jalouse de s'annoncer autrement que par des forfaits, sollicite le rappel de Sénèque (1), et obtient la fin de son exil avec la préture. Son dessein étoit de plaire au peuple, qui avoit une haute opinion de la sagesse et des talens de ce philosophe; de mettre Domitius, dès son enfance, sous un aussi grand maître; et de s'étayer de ses conseils, pour s'assurer l'administration des affaires. Maîtresse de tout sous le règne présent, elle s'occupoit de loin à rester maîtresse de tout sous le règne suivant; elle s'étoit promis, du ressentiment de Sénèque contre Claude (2), et de la reconnoissance du service qu'elle venoit de lui rendre, qu'il feroit cause commune avec elle

---

(1) « Tacit. *Annal.* lib. 12, cap. 8. « At Agrippina, » ne malis tantùm facinoribus notesceret, veniam » exsilii pro Annæo Senecá, simul præturam im- » petrat, lætum in publicum rata, ob claritudinem » studiorum ejus, utque Domitii pueritia tali ma- » gistro adolesceret, et consiliis ejusdem ad spem » dominationis uterentur: quia Seneca fidus in Agrip- » pinam memoriá beneficii, et infensus Claudio do- » lore injuriæ, credebatur ».

NOTE DE L'ÉDITEUR.

(2) *Voyez* le passage de Tacite, cité dans la note précédente, vers la fin.

contre son époux, et qu'il apprendroit à son élève à ramper.

Les grands, une fois corrompus, ne doutent de rien : devenus étrangers à la dignité d'une ame élevée, ils en attendent ce qu'ils ne balanceroient pas d'accorder ; et lorsque nous ne nous avilissons pas à leur gré, ils osent nous accuser d'ingratitude. Celui qui, dans une cour dissolue, accepte ou sollicite des graces, ignore le prix qu'on y mettra quelque jour. Ce jour-là, il se trouvera entre le sacrifice de son devoir, de son honneur, et l'oubli du bienfait ; entre le mépris de lui-même et la haine de son protecteur. L'expérience ne prouve que trop qu'il n'est ni aussi commun, ni aussi facile qu'on l'imagineroit de se tirer avec noblesse et fermeté de cette dangereuse alternative. Un ministre honnête ne gratifiera point un méchant ; mais un méchant n'hésitera pas à recevoir les graces d'un ministre, quel qu'il soit : il n'a rien à risquer ; il est prêt à tout.

§. 30. Sénèque avoit été relégué dans la Corse. Son exil duroit depuis environ huit ans : comment le supporta-t-il ? Avec courage (*). Heureux par

---

(*) Rien de plus sensé que ce qu'il écrit sur ce sujet à sa mère : « Je ne me suis jamais fié à la » fortune, lors même qu'elle paroissoit me laisser

la culture des lettres et les méditations de la philosophie, dans une position qui auroit peut-être fait votre désespoir et le mien, sur un rocher qui, considéré, dit-il (1), par les productions, est stérile ; par les habitans, barbare ; par l'aspect du local, sauvage ; par la nature du climat, malsain. C'est de là qu'il écrit à sa mère (2) : « Je

» en paix. Tous les avantages que sa faveur m'accordoit, ses richesses, ses honneurs, sa gloire, je les ai placés de manière qu'elle puisse les rendre sans m'ébranler ; j'ai toujours laissé entre eux et moi un grand intervalle : aussi la fortune me les a ravis sans me les arracher. On n'est accablé de la mauvaise fortune, que quand on a été dupé par la bonne ». ... *Consolation à Helvia*, chap. 5.

« Je ne m'apperçois, dit-il ailleurs, de l'absence de mes richesses, que par celle des embarras qu'elles me causoient.... ». (*Id. cap. 9.*) Cet aveu est d'autant plus sincère, que dans son entretien avec Néron, il lui dit, que ne pouvant plus soutenir le fardeau de ses richesses, il implore son secours, et le prie de faire gouverner son bien par ses intendans, et de le regarder comme le sien. « Senex, et levissimis quoque curis impar, quum opes meas ultrà sustinere non possim, præsidium peto : jube eas per procuratores tuos administrari, in tuam fortunam recipi..... ». *Apud Tacit. Annal. lib.* 14, *caput 54.*

NOTE DE L'ÉDITEUR.

(1) *Consolation à Helvia*, cap. 6.
(2) *Id. ibid.* cap. 17 et cap. 4.
Vie de Sénèque.

» suis content, comme si tout étoit bien; et,
» dans le vrai, tout n'est-il pas bien, si l'homme
» se voit avec complaisance, et si la tranquillité
» habite le fond de son cœur? J'ai la passion de
» connoître, et j'observe la nature : pour me dé-
» lasser d'occupations sérieuses, je passe à des
» études légères ».

Il ajoute une observation singulière; c'est que, malgré l'horreur du lieu (1), on y trouve plus d'étrangers que de naturels. C'est un phénomène commun aux grandes villes, où l'on vient de toutes parts chercher la fortune; et aux lieux déserts, où l'on est sûr de trouver le repos et la liberté. L'homme n'est sédentaire que dans les campagnes où il est attaché à la glèbe : encore ne faut-il pas qu'il soit écrasé par les impôts; et que, de tout le bled qu'il a fait croître, il ne lui en reste pas une gerbe pour se nourrir.

§. 51. Mais comment concilier le discours de Sénèque dans sa *Consolation à Helvia*, sa mère, avec le ton pusillanime et rampant de sa *Consolation à Polybe?* Je vais supposer ici, avec le savant et judicieux éditeur de la traduction de Sénèque (2), que cet ouvrage est du philosophe, en

---

(1) *Consolation à Helvia*, chap. 6.
(2) Je n'ai pas seulement justifié Sénèque dans

attendant que je puisse exposer les raisons très-
fortes que j'ai de croire le contraire (*).

Rien de plus naturel et de plus facile à com-
prendre, et pour celui qui a éprouvé la longue

---

la supposition que la *Consolation à Polybe* fût celle
de ce philosophe ; j'ai exposé, et dans l'avertissement
imprimé à la tête de ce traité, et dans les notes qu'il
a jointes à l'ouvage même, les raisons très-fortes
que j'ai de croire cette déclamation supposée ; et
j'en conclus, ce me semble, avec beaucoup de vraisemblance, ou que cette *Consolation* est l'ouvrage
de quelque écrivain obscur, jaloux de la gloire de
Sénèque, qui aura tâché d'imiter son style, et qui
aura même employé plusieurs de ses pensées ; ou
que cet écrit a été altéré, interpolé et corrompu en
cent endroits divers par l'infâme Suilius, ou par
quelque autre calomniateur également méprisable,
etc. *Voyez* Les Œuvres de Sénèque, tom. V, pages
435, 436, 490, 491 et suivantes.

NOTE DE L'ÉDITEUR.

(*) Ce fragment, si opiniâtrement reproché à Sénèque, nous est-il parvenu tel qu'il l'a fait ? Ne
l'a-t-on point altéré ? L'a-t-il fait ? Je renvoie la
réponse à ces questions à l'endroit où j'examinerai
les différens ouvrages de Sénèque ; j'observerai seulement ici que Juste-Lipse étoit tenté de rayer
ce dernier du nombre des écrits du philosophe, comme la satyre d'un ennemi aussi cruel qu'ingénieux.
Je croirois que la *Consolation à Polybe* est de Sénèque, que je n'en estimerois pas moins Juste-Lipse,

infortune, et pour celui qui a un peu étudié le cœur humain. L'île et les rochers battus de la mer de Corse ne pouvoient être qu'un séjour ingrat pour le philosophe arraché subitement d'entre les bras de sa mère, au moment où, après une longue séparation, ils jouissoient du plaisir d'être réunis; enlevé à sa patrie, à ses parens, à ses amis; valétudinaire; loin des occupations utiles et des distractions agréables de la ville; réduit à chercher en lui-même des ressources contre tant de privations affligeantes, comme on prétend que l'ours s'alimente durant les hivers rigoureux : eh bien ! Sénèque, brisé par une vie triste et pénible qui duroit au-moins depuis trois ans, désolé de la mort de sa femme et d'un de ses enfans, aura atténué sa misère pour tempérer la douleur de sa mère, et l'aura exagérée pour exciter la commisération de l'empereur. Qu'aura-t-il

―――――――――――――

Que le petit nombre de ceux qui se tourmentent, qui même s'en imposent, pour trouver des excuses aux grands hommes, est rare, et qu'ils me sont chers !

Il est deux sortes de sagacité, l'une qui consiste à atténuer, l'autre à exagérer les erreurs des hommes: celle-ci marque plus souvent un bon esprit qu'une belle ame. Cette impartialité rigoureuse n'est guère exercée que par ceux qui ont le plus besoin d'indulgence.

NOTE DE DIDEROT.

fait autre chose, que ce que la nature inspire au malheureux? Ecoutez-le; et vous reconnoîtrez que la plainte surfait toujours un peu son affliction. —
« Mais vous défendez Sénèque comme un homme ordinaire ». == C'est que le plus grand homme n'est pas toujours admirable; et que Turenne est encore un héros, après avoir révélé le secret de l'état à sa maîtresse. Il n'y a guère que l'enthousiasme ou la dureté des organes, qui garantissent d'une espèce d'hypocrisie commune à ceux qui souffrent. Nous sortons d'une table somptueuse; nous respirons le parfum des fleurs; nous goûtons la fraîcheur de l'ombre dans les jardins délicieux: ou, si la saison l'exige, nous sommes renfermés entre des paravents dans des appartemens bien chauds; nous digérons, nonchalament étendus sur des coussins renflés par le duvet, lorsque nous jugeons le philosophe Sénèque: nous ne sommes pas en Corse; nous n'y sommes pas depuis trois ans; nous n'y sommes pas seuls. Censeurs, ne vous montrez pas si sévères; car je ne vous en croirai pas meilleurs.

§. 32. Mais le règne de Claude s'échappe; la scène va changer, et nous montrer le philosophe Sénèque à côté du plus méchant des princes, dans la cruelle alternative ou d'encourir le soupçon de pusillanimité, d'avarice, d'ambition, de vanité, s'il reste à la cour; ou le reproche d'avoir manqué à son élève, à son prince, à sa patrie, à son devoir, et sacrifié inutilement sa vie, s'il s'éloigne. Quelque parti qu'il prenne, il sera blâmé.

Pallas venoit de proposer une loi contre les femmes qui s'abandonneroient à des esclaves (1). Pallas l'affranchi ! Pallas l'amant d'Agrippine ! L'empereur et le sénat ferment les yeux sur cet excès d'impudence ; la loi passe ; on décerne à Pallas les ornemens de la préture avec une gratification de quinze millions de sesterces. Claude dit que « Pallas, satisfait de l'honneur, persiste » dans son ancienne pauvreté... »; et un sénatus-consulte gravé sur l'airain affiche publiquement l'éloge d'une modération digne des premiers siècles de Rome, dans un affranchi riche de plus de trois cent millions de sesterces.

Néron plaide pour les habitans d'Ilion (2) ; il prend la robe virile avant l'âge ; on propose de lui décerner le consulat à vingt ans : en attendant, il sera consul désigné ; il exercera l'autorité proconsulaire hors de la ville ; on le nommera prince de la jeunesse.

Les jeux de la jeunesse ou troyens remontoient

───────────────────────────

(1) Voyez Tacit. Annal. lib. 12, cap. 53.
(2) Tacit. loc. cit. cap. 58 et 41.

aux temps les plus reculés, à la descente d'Enée en Italie. C'étoient des combats et des courses à cheval, où les enfans des grandes et des basses conditions, partagés en troupes opposées, se disputoient la victoire. Ascagne, fils d'Enée, les introduisit dans Albe, d'où ils passèrent à Rome et s'y perpétuèrent jusques sous les empereurs. On les célébroit dans le cirque; et celui qui présidoit à cet exercice militaire, s'appeloit prince de la jeunesse, titre qu'on n'accordoit qu'au successeur de César.

C'est ainsi qu'Agrippine suivoit ses projets; c'est ainsi qu'elle conduisoit pas à pas son fils à l'autorité souveraine.

§. 53. Claude donne des marques assez claires de repentir sur son mariage avec Agrippine et sur l'adoption de Néron (1). Il dicte un testament; il fait signer ce testament par tous les magistrats; il lui échappe, dans l'ivresse (2), qu'il est de sa destinée de souffrir les désordres de ses épouses, et de les punir ensuite. Sur ce propos, Agrippine conçoit la nécessité d'agir sans délai; mais par un ressentiment de femme, elle oublie un moment son péril, pour s'occuper de la perte de Domitia Lépida.

---

(1) *Voyez* Sueton. *in Claudio*, cap. 43.
(2) Tacit. *Annal.* lib. 12, cap. 64, 65.

Domitia étoit petite-nièce d'Auguste et sœur de Domitius. Il y avoit entre elle et Agrippine peu d'inégalité d'âge, de beauté et de richesses; elles étoient toutes deux sans pudeur, toutes deux violentes, et se le disputoient autant par les vices que par les avantages de la fortune et de la naissance. C'étoit à qui de la tante ou de la nièce domineroit Néron. Agrippine opposoit les menaces aux caresses et aux présens de Lépida. Lépida est accusée de sortilège et de troubles excités en Calabre par ses esclaves, condamnée et mise à mort, malgré les remontrances et la protection de Narcisse, qui commençoit à démêler les desseins ambitieux d'Agrippine, et qui voyoit un péril égal à servir sous Néron et sous Britannicus.

Claude est empoisonné avec des champignons par la fameuse Locuste (*); long-temps un des instrumens nécessaires de l'état. La force du tempérament de Claude l'emporta sur son art. Agrippine s'adresse au médecin Xénophon, homme supérieur, qui n'auroit pas été, je crois, fort émerveillé de la distinction subtile d'un fameux archiâtre de nos jours entre l'assassinat positif et l'assassinat négatif, mais qui ne connoissoit pas

___

(*) « Diù inter instrumenta regni habita.... ». Tacit. *Annal.* lib. 12, cap. 66, 67.

mieux que le facultatiste le péril auquel on s'expose en commençant un forfait, et la récompense qu'on s'assure en le consommant. Xénophon, sous prétexte de faciliter le vomissement, se sert d'une plume enduite d'un poison plus violent; et Claude expire. Sa mort est célée jusqu'à ce que tout soit disposé pour la tranquille et sûre proclamation de Néron (1).

Le sénat s'assemble (2); les consuls et les prêtres font des vœux pour la santé d'un prince déjà mort. Agrippine semble succomber à la douleur: elle serre Britannicus dans ses bras, elle retient par de pareils artifices Antonia et Octavie; les portes sont gardées; de temps-en-temps elle fait répandre que l'empereur est mieux. C'est ainsi qu'elle amusoit l'espoir du soldat, et laissoit arriver le moment prédit par les Chaldéens, lorsque le troisième jour des ides d'octobre, avant midi, les portes du palais s'ouvrent, et laissent voir au peuple son maître.

§. 34. Claude meurt; âgé de soixante-quatre ans (3). Il n'étoit ni sans études ni sans lettres;

___

(1) Tacit. *loc. cit.* cap. 68.

(2) Tacit. *ubi supr.* cap. 68 et 69.

(3) Sueton *in Claudio*, cap. 45 et 46, *sub fine.* Confer quæ *Dion in Claudio*, lib. 60, cap. 2, pag. 939.

il sut écrire et parler la langue grecque; il étoit orateur et historien élégant dans la sienne. Il se montra d'abord juste, modeste, sage, et fut aimé : alternativement pénétrant et stupide, patient et emporté, circonspect et extravagant, je le trouve plus foible que méchant. Il voulut persuader (1) qu'il avoit contrefait la démence, pour échapper à Caïus; on n'en crut rien. Il donna lieu au proverbe, que, pour être heureux, il falloit être né sot ou roi (2). Pour être très-heureux, que falloit-il naître? Son règne fut ce qu'il devoit être, le résultat d'une organisation viciée, d'une mauvaise éducation, de la méfiance, de la pusillanimité, de la foiblesse, d'un goût effréné pour les femmes, de la crapule, de quelques vertus et de plusieurs vices contradictoires. Sans la fermeté, les autres qualités du prince sont inutiles; sans la dignité, il descend de son rang et se mêle dans la foule, au-dessus de laquelle sa tête majestueuse doit toujours paroître élevée. Il en est des rois comme des femmes, pour lesquelles la familiarité a toujours quelque fâcheuse conséquence.

---

(1) Sueton. *in Claudio*, cap. 38.

(2) *Voyez l'Apocoloquintose*, tom. V, pag. 500; et consultez sur ce proverbe les *Adages d'Érasme*, pag. 399 et suivantes, *édit.* Wechel. 1543.

La scène va changer encore. Après la mort d'un souverain, les yeux inquiets des ministres, des courtisans, des grands, des politiques, de la nation, se fixent sur son successeur. On pèse ses premières démarches; on prête l'oreille, et l'on interprète ses propos les plus indifférens; on étudie ses penchans, on épie ses goûts, on cherche à démêler son caractère, on attend que le masque se lève. Que le courtisan de la veille est vieux le lendemain! Combien d'hommes importans tombent tout-à-coup dans le néant! Ceux qui approchent le nouveau maître se proposent un visage équivoque, qui n'est ni celui de la joie ou de l'ingratitude, ni celui de la tristesse ou de l'indécence. On disoit à l'un d'entre eux : On ne vous a point vu à la cour depuis la mort du roi... Il répondit : C'est que je n'ai point encore trouvé ma physionomie d'événement.... Quelque imperceptibles que soient les changemens dans l'administration, un tact fin les saisit; et le jour qui suit l'inauguration est un jour de prognostiques.

§. 35. Néron s'acquitte d'abord du rôle d'affligé. L'oraison funèbre étoit un hommage d'étiquette chez les Romains, ainsi que de nos jours: il prononça celle de Claude (*), et s'étendit sur l'ancienneté de son origine, les consulats et les

---

(*) *Voyez* Tacit. *Annal.* lib. 13, cap. 3.

triomphes de ses ayeux ; son goût pour les lettres et les bonnes études ; la prospérité constante de l'empire sous son règne. Jusques-là l'attention, la satisfaction même de l'auditoire se soutint (*) ; mais lorsqu'il en vint au bon jugement et à la profonde politique du prince, personne ne put s'empêcher de rire.

Cependant le discours étoit de Sénèque, qui y avoit mis beaucoup d'art. On avoit apparemment oublié les premières années de Claude ; et l'on ne se souvenoit que des dernières. Mais ce grand art, dont Tacite fait l'éloge au moment même où il nous apprend que l'orateur fut sifflé, quel étoit-il donc ? Incessamment j'en dirai ma pensée.

Que ma conjecture soit fausse ou vraie, quelle tâche, que le panégyrique d'un prince vicieux ! d'avoir à prononcer le mensonge dans la tribune de la vérité ; à louer la continence des mœurs privées devant une famille, devant un peuple que les débauches ont scandalisé ; la bravoure, devant des soldats témoins de la lâcheté ; la douceur

---

(*) « Postquam ad providentiam sapientiamque
» flexit, nemo risui temperare, quamquam oratio
» à Senecâ composita multùm cultús præferret,
» etc... ». *Tacit*. Annal. lib. 13 ; cap. 3.

NOTE DE L'ÉDITEUR.

de l'administration, devant des sujets qui ont vécu sous la terreur de la tyrannie, et qui gémissent encore sous le poids des vexations! Je vois dans cette conjecture deux sortes de lâches, et l'orateur impudent qui préconise, et le peuple qui écoute avec patience : si le peuple avoit un peu d'ame, il mettroit en pièces et l'orateur et le mausolée. Voilà la leçon, la grande leçon qui instruiroit le successeur. Quelle différence de ces usages, et de celui de ces sages Égyptiens, qui exposoient sur la terre le cadavre nu du prince décédé, et qui lui faisoient son procès (1)! A qui appartient-il, si ce n'est au ministre des dieux, de sévir après la mort contre la perversité de celui que sa puissance a garanti des loix pendant sa vie, et de crier, comme on l'entendit autour du corps de Commode : *Aux crocs: qu'on le déchire, qu'on le traîne. Aux gémonies, aux gémonies* (2).

---

(1) *Voyez* Diodore de Sicile, *Bibliot. hist.* lib. 1, cap. 72, tom. I, pag. 83, 84, *édit.* Wesseling, *Amstelod.* 1746. Le même usage avoit encore lieu, à l'égard des particuliers, comme on le voit par un passage du même livre, cap. 92, page 193.

NOTE DE L'ÉDITEUR.

(2) *Voyez* Lampridius, *in vitâ Commod.* cap. 18 et 19. Ce passage, auquel nous renvoyons le lecteur, arrêtera tout homme de goût et toute ame noble et

La première oraison funèbre qu'on entendit à Rome, fut prononcée par le consul Publius Valerius Publicola ; ce fut celle de Junius Brutus, son collègue, l'année qui suivit l'extinction de la royauté ; et c'est aux acclamations du peuple, dans cette circonstance, qu'il faut rapporter l'usage qui s'introduisit, de consacrer la mémoire d'un *grand homme*, après son décès, par l'éloge qu'en feroit un *grand homme*. Qu'on me dise si ces deux conditions se sont trouvées souvent réunies ? Qu'on me dise si des honneurs également

---

généreuse. Il faudroit le tenir sans cesse sous les yeux de ceux à qui le genre humain a été confié. On y voit les acclamations de joie et les imprécations de fureur que le peuple poussa tumultueusement à la mort de Commode, sous lequel il avoit éprouvé toutes sortes de maux ; et à l'élection de Pertinax, son successeur, dont il se promettoit des jours plus heureux. Le tyran mort, les ames affranchies de la terreur firent entendre les cris terribles que Lampride nous a transmis. On ne lit point sans frissonner le récit de cette scène si vraie ; il semble qu'on soit frappé des cris d'un million d'hommes rassemblés et ivres de fureur et de joie. Ou je me trompe, ou c'est là une des plus fortes et des plus terribles images de l'enthousiasme populaire. Princes de la terre, attachez-y vos regards ; et entendez d'avance la voix libre des peuples à votre mort, si vous avez renfermé le gémissement dans leur cœur tandis que vous viviez.

NOTE DE L'ÉDITEUR.

rendus aux vices par un vicieux sont bien flatteurs pour la vertu, bien édifians pour l'auditeur, bien instructifs pour le prince régnant ?

La vertu obtint sans-doute le premier éloge funèbre, comme le premier monument; mais ces hommages, devenus si communs, auroient été bien rares, si l'esprit de leur institution dans Rome s'étoit conservé. Quoi donc! n'auroit-il pas mieux valu que l'oraison funèbre n'eût jamais été faite, que d'avoir été si souvent avilie? Et je demanderai si un bon souverain, qui placeroit entre ses dernières volontés la défense de prononcer son panégyrique après sa mort, donneroit une bien grande preuve de sa modestie?

Si j'avois un reproche à faire à Sénèque, ce ne seroit pas d'avoir écrit l'*Apocoloquintose*, ou la métamorphose de Claude en citrouille; mais d'en avoir composé l'oraison funèbre.

§. 56. Cependant on sait que le philosophe s'étoit proposé d'attacher son élève à ses devoirs, si-non par goût, du-moins par pudeur, en mettant dans sa bouche des discours remplis de sagesse, qu'il rougiroit peut-être un jour de démentir. Quoi de plus conséquent à ce projet, que d'exposer le César Claude à la risée publique? Pouvoit-il dire à Néron d'une manière plus énergique : « Prince, entendez-vous? Si vous gouvernez mal,

» c'est ainsi que vous serez traité, lorsqu'on ne
» vous craindra plus.... ». Et l'historien ne
nous suggère-t-il pas ce soupçon, lorsqu'il nous
apprend que Sénèque avoit mis beaucoup d'art dans
son discours ? Ne seroit-ce pas de cet art secret
dont il le loue ?

« Vous êtes bien ingénieux, me dira-t-on,
» lorsqu'il s'agit de justifier Sénèque.... ». Je
le suis bien moins, que les détracteurs pour le
noircir.

J'ai ma façon de lire l'histoire. M'offre-t-elle
le récit de quelque fait qui déshonore l'humanité ? Je l'examine avec la sévérité la plus rigoureuse; tout ce que je puis avoir de sagacité, je
l'emploie à découvrir quelques contradictions qui
me le rendent suspect. Il n'en est pas ainsi, lorsqu'une action est belle, noble, grande. Je ne m'a-
vise jamais de disputer contre le plaisir que je
ressens à partager le nom d'homme avec celui
qui l'a faite. Je dirai plus ; il est selon mon cœur,
et peut-être est-il encore selon la justice, de
hasarder une opinion qui tende à blanchir un
personnage illustre, contre des autorités qui contre-
disent la teneur de sa vie, de sa doctrine, et
l'estime générale dont il a joui. Je me fais honneur
d'un pirrhonisme qu'il est facile d'attaquer, mais
qu'il ne seroit pas trop honnête de blâmer.

§. 37. Néron fut le seul des empereurs, qui eut besoin de l'éloquence d'autrui (1). César se plaça sur la ligne des grands orateurs : Auguste eut le discours prompt et facile, qui convient à un souverain : personne ne connut comme Tibère la valeur des expressions, clair, lorsqu'il n'étoit pas obscur à dessein : la tête troublée de Caligula laissa de l'énergie à son éloquence : Claude s'exprimoit avec élégance, quand il s'étoit préparé.

§. 38. Après les honneurs rendus à la cendre de Claude (2), Néron fait son entrée au sénat. Il ne manque ni de conseil, ni d'exemple pour bien gouverner; il n'apporte au trône ni haine, ni ressentiment; il n'a pas d'autre plan à suivre dans l'administration que celui d'Auguste; il n'en connoît pas un meilleur; les abus récens dont on murmure seront réformés; il n'attirera point à lui seul la décision des affaires; le sort des accusateurs et des accusés, balancé clandestinement dans l'intérieur du palais, ne dépendra plus des intérêts d'un petit nombre de gens en faveur; rien à sa cour ne se fera par argent ou par intrigue; il ne confondra point les revenus de l'état avec les

---

(1) Tacit. *Annal.* lib. 13, cap. 3.

(2) „ Ceterùm peractis tristitiæ imitamentis, curiam ingressus, etc. . . . . . ". Tacit. *Annal.* lib. 13, cap. 4, toto cap. vid. et cap. 5.

D *

siens : que le sénat rentre dès ce moment dans ses anciens droits; que les peuples de l'Italie et de ses provinces aient à se pourvoir aux tribunaux des consuls; et que les audiences du sénat soient sollicitées par ses magistrats; il se renfermera dans le devoir de sa place, le soin des armées; le sénat sera maître de faire les réglemens qu'il jugera de quelque utilité; les avocats ne recevront à l'avenir ni argent ni présent; et les questeurs désignés ne se ruineront plus en spectacles de gladiateurs.

Souverains qui montez sur le trône, je vous invite à lire et à méditer ce discours.

Agrippine prétend que cette dernière dispense renverse les ordonnances de Claude (1); l'avis des Pères l'emporte sur le sien. Cependant elle jouissoit d'une autorité illimitée : son fils avoit donné pour mot du guet : *La meilleure des mères* (2); les sénateurs s'assembloient dans le palais; et Agrippine, à la faveur d'une porte dérobée, couverte d'un voile, entendoit leurs délibérations sans être vue (3).

Si, comme on n'en sauroit douter, Sénèque

---

(1) Tacit. *ubi supr.* cap. 5.
(2) Tacit. *Annal.* lib. 13, cap. 2 et 5; Suéton. *in Nerone*, cap. 9.
(3) Tacit. *Annal.* lib. 13, cap. 5.

composa le discours que l'empereur prononça à son avénement au trône (1); certes, il montra bien qu'il étoit vraiment homme d'état, et qu'il n'ignoroit pas en quoi consiste la grandeur d'un prince, la splendeur d'un règne, et la félicité d'un peuple.

Il fit ordonner par le sénat (2) que ce discours seroit gravé sur des tables d'airain, et lu publiquement tous les ans au mois de janvier. Ces tables étoient des chaînes de même métal, dont il se hâtoit de charger le tigre encore innocent et jeune (3).

§. 39. On a beaucoup loué le regret que Néron témoigna de savoir écrire, à la première sentence capitale qu'il eut à signer (4). Je trouve dans ce trait de l'hypocrisie; j'admire davantage Néron, lorsque partageant le consulat avec C. Antistius, et les magistrats prêtant le serment d'obéissance

---

(1) Dion l'assure, *in Nerone*, lib. 61, cap. 3, pag. 981.

(2) Dion, *ubi supr.* cap. cit.

(3) « Et hi quidem id agebant, *dit à ce sujet Dion Cassius*, tanquam boni principis imperium, velut ex syngraphâ quâdam, habituri... ». *In Nerone*, lib. 61, cap. 3.

(4) Sueton. *in Nerone*, cap. 10. *Quàm vellem nescire literas!*

aux ordonnances des empereurs, il en dispensa son collègue (1).

§ 40. Il faut distinguer trois époques dans la durée de l'institution de Sénèque, ainsi que dans l'ame de son élève : le maître en conçoit les plus hautes espérances; il voit ses mœurs se corrompre, et il s'en afflige; lorsque ses vices, sa cruauté, sa dépravation, ses fureurs se sont développés, il veut se retirer.

Trajan disoit (2) que peu de princes pouvoient se flatter d'avoir égalé Néron pendant les cinq premières années de son règne; et rien n'est plus vrai. Mais comment ce prince put-il renoncer à un bonheur aussi grand, après en avoir joui si long-temps ? Que des fainéans, des imbécilles, des souverains, à qui leurs sujets ont été aussi étrangers qu'eux à leurs sujets; à qui on s'est bien gardé de donner des instituteurs tels qu'un Sénèque et un Burrhus; qu'on a tenus depuis le berceau jusqu'au moment où ils arrivent au trône, dans une ignorance totale de leurs devoirs, aient continué de régner comme ils ont commencé,

---

(1) Tacit. *Annal.* lib. 13, cap. 11.

(2) « Meritò Trajanus sæpiùs testatur procul dif-
» ferre cunctos principes Neronis quinquennio.... »
Aurel. Victor, de *Cæsarib.* cap. 5.

je n'en serai point surpris : mais que ceux qui ont vu les transports d'un peuple immense dont ils étoient adorés ; qui en ont entendu les acclamations autour de leur char ; que des bénédictions continues ont accompagnés depuis le seuil de leur palais à leur sortie jusqu'au seuil de leur palais à leur rentrée, deviennent méchans, se fassent haïr, et bravent l'imprécation, je ne le conçois pas, à-moins que ce ne soit dans un âge avancé. Lorsque l'ame d'un prince s'est affoiblie ; lorsqu'après une longue prospérité, de longues disgraces l'ont humilié ; lorsqu'il est accablé sous le malheur ; lorsqu'incapable de tenir les rènes de l'empire, il est forcé de les confier à des fous, à des ignorans, à des fanatiques qui abusent des préjugés de son enfance, de sa caducité, de ses terreurs, pour flétrir la gloire de son aurore : il y en a des exemples ; et cela se conçoit. Hélas ! ces malheureux souverains mourroient de douleur, sans les momeries dont on use pour leur en imposer par le fantôme de leur grandeur passée.

§. 41. Claude étoit né bon, des courtisans pervers le rendirent méchant ; Néron, né méchant, ne put jamais devenir bon sous les meilleurs instituteurs. La vie de Claude est parsemée d'actions louables ; il vient un moment où celle de Néron cesse d'en offrir.

Le choix de l'instituteur d'un prince devroit

être le privilége de la nation entière qu'il gouvernera.

Plautus Latéranus, accusé d'adultère avec Messaline, sera chassé du sénat (1); Néron plaidera sa cause, et le rétablira dans sa dignité. Sénèque, par la harangue qu'il composera dans cette circonstance et plusieurs autres, justifiera bien les sages institutions qu'il donne à son prince, en-même-temps qu'il montrera sa supériorité dans l'art oratoire; mais il manquera son but : c'est en vain qu'il se propose de lier son élève (2), pour l'avenir, à l'exercice de la clémence et à la pratique des vertus; cette ruse innocente, capable de donner à un jeune souverain, et à ses propres yeux et aux yeux de sa nation, un caractère qu'il n'oseroit démentir tant qu'il lui resteroit quelque pudeur, ne prévaudra pas sur une nature aussi perverse que celle de Néron.

§. 42. Le meurtre de Junius Silanus commis par les intrigues d'Agrippine, à l'insu de son fils, est le premier forfait du nouveau règne (3). Le peuple désignoit au trône Silanus; on avoit fait

---

(1) Tacit. *Annal.* lib. 13, cap. II.

(2) « Clementiam suam obstringens crebris orationibus, » dit Tacite, *Annal.* lib. 13, cap. II.

(3) Tacit. *Annal.* lib. 13 cap. I, *init.*

mourir son frère, on craignoit un vengeur : c'étoit trop de l'un de ces deux crimes.

Narcisse est jeté dans un cachot (1) : ce scélérat, que les loix devoient revendiquer, excédé de la rigueur de sa prison, se donne la mort. Néron désira (2) de sauver un affranchi dont l'avarice et la prodigalité s'accordoient si bien avec ses vices encore cachés, et ne put y réussir.

Les meurtres alloient se multiplier (3), sans la résistance de Burrhus et de Sénèque. Ces deux instituteurs du jeune prince réunissoient pour le bien, chose rare, un crédit qu'ils partageoient également à différens titres : Burrhus étoit préfet ou gouverneur de Rome, emploi important qui le rendoit maître de toute l'Italie : Sénèque étoit chargé des affaires du cabinet; il étoit l'orateur du prince; il dressoit les édits, minutoit les lettres circulaires, nommoit aux gouvernemens des provinces, et veilloit au maintien du bon ordre dans le palais (4). Voici les portraits que Tacite nous

---

(1) Tacit. *Annal.* lib. 13, cap. 1.

(2) » Invito principe, cujus abditis adhuc vitiis per » avaritiam ac prodigantiam mire congruebat.... ». Tacit. *Annal.* lib. 13, cap. 1.

(3) *Id. ibid.* cap. 2.

(4) *Voyez* la *Vie de Sénèque*, qu'un auteur anonyme a publiée à la tête d'une analyse du *Traité des*

en a laissés (1). L'un, c'est Burrhus, de mœurs austères, formoit Néron à l'art militaire : l'autre, Sénèque, tempérant d'affabilité la sagesse, lui enseignoit l'éloquence. Tous les deux agissoient de concert, pour diriger plus facilement vers des plaisirs licites la jeunesse fougueuse de leur élève, s'il arrivoit que la vertu fût pour lui sans attrait. Ils n'avoient alors à lutter l'un et l'autre (2) que contre la fière Agrippine, tourmentée de tous

―――――――――――――――――――――――

Bienfaits. J'ai profité plusieurs fois du travail de cet auteur, qui a eu le courage et l'honnêteté de prendre publiquement la défense de Sénèque, et de réfuter par des faits rassemblés avec exactitude les calomnies dont ce grand homme a été si long-temps la victime. Le passage que je viens de citer se trouve à la page 46, *édit. de Paris*, 1776.

NOTE DE DIDEROT.

(1) J'ai cité les propres paroles de Tacite, dans une note sur le *Traité de la Clémence*, lib. 2, cap. 2, tom. IV, pag. 437, 438.

NOTE DE L'ÉDITEUR.

(2) « Certamen utrique unum erat contrà ferociam
» Agrippinæ, quæ, cunctis malæ dominationis cupi-
» dinibus flagrans, habebat in partibus Pallantem,
» quo auctore Claudius nuptiis incestis et adoptione
» exitiosá semet perverterat; sed neque Neroni infrà
» servos ingenium, et Pallas tristi arrogantiá liberti
» egressus, tædium sui moverat.... ». Tacit. *Annal.* lib. 13, cap. 2.

NOTE DE L'ÉDITEUR.

les délires d'un pouvoir illégitime, et soutenue par Pallas, l'auteur du mariage incestueux et de la funeste adoption qui avoit perdu Claude. Mais Néron n'étoit pas d'un caractère à fléchir sous des esclaves; et il commençoit à se dégoûter de la triste arrogance d'un affranchi qui se méconnoissoit.

§. 43. Il y eut un moment où, à travers des propos de la ville, on remarqua la confiance que l'on avoit dans ces deux personnages. Il se répand un bruit tumultueux que les Parthes renouvellent leurs entreprises sur l'Arménie, et que Rhadamiste qu'ils ont chassé, las d'une souveraineté si souvent acquise et perdue, renonce à la guerre; et l'on disoit dans une capitale où l'on se plaît à discourir (*): « Comment un » prince, à-peine sorti de sa dix-septième année, » pourra-t-il soutenir un tel fardeau?... Quel espoir » pour l'état, qu'un adolescent en tutelle sous » une femme!... Ses instituteurs dirigeront-ils » les batailles, les siéges et les autres opérations de » la guerre?... Cependant ce seroit pis encore, si » ces soins étoient tombés sur un imbécille affoibli » par les années et subjugué pas des esclaves.... » *Mais une expérience, qui s'étend à beaucoup*

_____

(*) Tacit, *loc. cit. ubi supr.* cap. 6.

Vie de Sénèque.

» *d'objets, a déjà distingué Sénèque et Bur-*
» *rhus* (1) ».

Il se présenta une autre circonstance où le philosophe, par sa présence d'esprit, tira de perplexité et l'empereur et les assistans, dans une occasion où la dignité de César et l'honneur de la république paroissoient compromis. Les ambassadeurs d'Arménie haranguoient Néron : Agrippine s'avance, disposée à monter sur le tribunal et à présider à ses côtés. On reste immobile et muet, on ne sait quel parti prendre (2). Alors Sénèque s'approche de l'oreille du prince, et lui dit : « Allez au-devant de votre mère... ». Mais une femme d'esprit ne se trompe point à cette marque de respect ; une femme hautaine en est blessée ; une femme vindicative s'en souvient.

Cette cérémonie m'en rappelle une autre : c'est l'audience publique que Néron accorde à Tiridate. Ce prince met un genou en terre, et dit à César : « Seigneur, un descendant d'Arsacès,

---

(1) « Burrhum tamen et Senecam multarum rerum
» experientiâ cognitos.... ». Tacit. *Annal.* lib. 13,
cap. 6.

(2) Tacit. *Annal.* lib. 13, cap. 5. « Nisi, ceteris
» pavore defixis, Seneca admonuisset venienti matri
» occurreret. Ita specie pietatis, obviam itum de-
» decori ».

» le frère des rois Vologèse et Pacorus, se dé-
» clare votre esclave. Je viens vous rendre, comme
» à mon Dieu, les mêmes hommages qu'au Soleil.
» Mon rang sera celui que vous me marquerez:
» car vous me tenez lieu de la fortune et du destin ».

Il n'y a que la bassesse de ce discours, qui puisse
excuser l'insolence de la réponse de Néron:

« Je vous félicite d'être venu jouir de ma pré-
» sence. Ce trône, que votre père n'a pu vous
» laisser, sur lequel les efforts de vos frères ne
» vous ont pas soutenu, je vous le donne. Je
» vous fais roi d'Arménie, afin que vous sachiez,
» eux et vous, que je puis, quand il me plaît,
» ôter et accorder des couronnes »..

Dans quelle abjection ces orgueilleux romains
avoient plongé l'univers! Que serions-nous, si
cette tyrannique puissance avoit duré? Barbares,
accourez, et rompez les fers des nations futures.

Un des hommes les plus sages que Rome ait
produits, disoit : « Si les rois sont des bêtes féro-
» ces, qui dévorent les peuples, quelle bête est-ce
» donc que le peuple romain, qui dévore les rois »?

§. 44. Sénèque parvint au consulat sous Néron,
s'il faut s'en rapporter à un sénatus-consulte daté
des calendes de septembre, sous le consulat d'Annæus Sénèque et de Trebellius Maximus. On prétend qu'ils ne furent l'un et l'autre que subrogés

aux consuls ordinaires : mais qu'importe ce fait à la gloire de Sénèque, plus honoré dans la mémoire des hommes par une page choisie de ses ouvrages, que par l'exercice des premières dignités de l'empire, sur-tout sous un Tibère, un Caligula, un Claude, un Néron ; dans un temps et dans une cour, où les grandes places confondant les honnêtes gens avec les fripons, les noms les plus distingués avec la vile populace, les ineptes et les gens instruits ; il y avoit moins de courage à les dédaigner qu'à les accepter ; et où ce que l'on pouvoit s'en promettre de plus avantageux dépendoit de quelque circonstance, qui vous en délivrât par un exil honorable ou par une mort glorieuse ?

Que Sénèque ait ou n'ait pas obtenu le consulat, il est constant qu'au retour de son exil, il parut avec l'éclat de la haute faveur, et bientôt après avec celui de la grande opulence.

§. 45. « Mais, que faisoient à la cour d'un » Claude, dans le palais d'un Néron, un Bur- » rhus, un Sénèque ? Étoient-ils à leurs places » ?

Hélas ! non : mais c'étoit au temps et à l'expérience, à leur apprendre que l'élève qu'on leur avoit confié n'étoit pas digne de leurs soins ; que l'empereur qu'ils approchoient ne méritoit ni leur attachement, ni leurs leçons, ni leur services, ni leurs conseils.

« Mais pourquoi s'enfoncer dans l'antre de la
» bête » ?

J'observerai d'abord que Néron régna douze ans;
et qu'il fut, pendant les cinq premières années,
un excellent empereur. Ensuite je demanderai si
le philosophe n'avoit pas bien mérité du peuple
romain, en lui épargnant cinq années de cala-
mités ; et si un prodige aussi étonnant ne suffisoit
pas pour soutenir son espoir et prolonger sa patience. Puis j'inviterai le petit nombre de lecteurs,
qui se piquent d'impartialité, de peser mûrement
la réponse qui me reste à faire à ce reproche
et à quelques autres tant de fois répétés.

§. 46. Sénèque fut appelé à la cour de Néron
sur l'éclat de ses talens et de ses vertus, par
une femme ambitieuse qui avoit à se reconcilier
avec la nation, et à qui toute la rigidité des principes du philosophe étoit mal connue, ou qui
s'étoit promis de la briser. Lorsqu'il cessa d'être
l'instituteur du souverain, il en devint le ministre.
Ce sont deux rôles qu'il est important de distinguer.
Il ne se hâta point de désespérer d'un jeune prince
qu'il avoit placé, et qu'il se promettoit de ramener
au rang des grands souverains. Qui est-ce qui
ignore que le véritable attachement a sa source dans
les soins qu'on a pris et dans les services qu'on a rendus ? Qui est-ce qui ne connoît pas la longue persé-
vérance avec laquelle un père attend le retour d'un

enfant égaré ? Le cœur d'un instituteur vertueux pour son élève est le même que celui d'un père pour son enfant : et si l'élève est empereur, s'il tient en ses mains le bonheur et le malheur de l'univers, un crime, j'ose en faire la question, le plus grand des crimes, amené par un fatal enchaînement de circonstances où il faut qu'une mère périsse par son fils, ou le fils par sa mère, suffira-t-il pour affranchir l'instituteur de ses fonctions, le ministre de ses devoirs ? Je vois l'homme honnête et sensible se désoler, s'éloigner, tourner ses regards en arrière, s'arrêter, revenir sur ses pas, et craindre de se retirer trop tôt. L'homme pénétrant sent l'importunité de sa présence et de ses conseils ; l'homme ferme garde son poste, voit approcher sa perte et la brave : il n'a recouvré sa liberté qu'au moment d'une disgrace évidente, la veille de sa mort. C'est ce que fit Sénèque. Mettez-vous à la place du philosophe, de l'instituteur, et du ministre ; et tâchez de vous conduire mieux que lui.

« Comme il est aisé à ceux qui sont au rivage,
» d'où ils contemplent oisivement quelque maître
» pilote combattant la fureur des vents et des
» flots, de dire : Cet homme-là devroit gouverner
» sa barque d'autre façon ; tandis que, s'ils avoient
» en main le timon, ils se trouveroient sans com-
» paraison plus empêchés, ou même feroient un

» triste naufrage : ainsi arrive-t-il que plusieurs
» pensent que Sénèque n'a philosophé que par
» livres. Pour moi je l'estime autant plus philoso-
» phe d'effet que de nom... ». Et ce n'est pas
Montaigne qui s'exprime ainsi, comme on pourroit
en avoir le soupçon.

« La retraite ou la vérité pouvoit, certes, lui
» coûter la vie ; mais à quoi sert donc la phi-
» losophie, si ce n'est dans les momens périlleux »?

Elle sert à se soustraire au péril, selon que
le bien général, le bien particulier, et même
quelquefois son propre bien l'exigeront ; et c'est là
ce qui distingue le sage de l'insensé.

« La philosophie consiste-t-elle à prêcher aux
» autres l'inflexibilité de la vertu, le mépris de
» la vie, et à s'en dispenser soi-même » ?

Le philosophe qui donne le précepte sans l'exemple ne remplit que la moitié de sa tâche. Sénèque
écrivit, vécut et mourut comme un sage. Ce n'est
pas le sentiment de Suilius et de ses disciples,
mais c'est celui de Tacite.

« Il ne faut pas prêcher aux autres ce qu'on
» est incapable de faire ».

J'ai dit assez d'absurdités en ma vie pour m'y
connoître ; et j'aurois bien perdu le seul fruit
que j'en pouvois tirer, si cette maxime ne m'en

paroissoit pas une bien conditionnée. Il faut prêcher aux autres tout ce qui est bon et louable, qu'on en soit incapable ou capable.

Ne nous prêche-t-on pas d'être grands penseurs, grands écrivains, hommes excellens ? Et nos prédicateurs ont-ils ces qualités ? Si, par hasard, ils ne les avoient pas, faudroit-il pour cela leur attacher des cadenas aux lèvres ? On instruit par le précepte, on instruit par l'exemple ; chacune de ces leçons a son avantage. Heureux celui qui peut nous les présenter toutes deux ; et qui, doué du talent d'Horace, ajoute avec sa modestie : « Si je ne suis pas l'instrument qui coupe, » je serai du-moins la pierre qui l'aiguise ».

L'homme sensé auroit dit à Sénèque : Quand tu désespérerois de corriger Néron, vis et reste pour le bonheur des contrées dont il t'a confié l'administration. Plus un prince est inappliqué, ignorant, dissolu, foible ou féroce, plus le sage en place est un homme précieux. Parce que tu risques de n'être qu'un moniteur incommode, faut-il que tu cesses d'être un ministre utile ?

J'ai dit, et je continuerai de dire aux hommes publics, lorsqu'ils seront excédés de dégoûts : « Il ne faut pas s'en aller ; il faut être chassé ».

On ne pouvoit abandonner trop tôt Néron à sa

perversité, sans commettre une faute grave ; il n'y en avoit aucune à l'abandonner trop tard, à ne lui dire, qu'à la dernière extrémité : « Je me » lasse de faire des efforts superflus. Sois méchant, » puisque tu veux l'être ; je ne m'y opposerai » pas davantage ». Oui, si Sénèque eût attendu la mort à côté de son élève, près de son souverain ; si son sang eût arrosé les pieds de Tigellin et de Poppée, je ne l'en admirerois que davantage. L'homme de bien n'est jamais parfaitement inutile ; il meurt toujours trop tôt.

» Mais les amis de Sénèque lui auroient-ils » conseillé de rester, au hasard de périr » ?

Je ne doute nullement qu'ils n'eussent été, et que Sénèque ne les crût assez généreux pour lui donner ce conseil. Que s'ensuit-il ? Précisément le contraire de ce qu'on en infère : qu'ils n'en étoient que plus dignes qu'il se conservât pour eux.

» Sénèque, tu n'obtiendras rien de Néron, ni » pour les autres, ni pour toi ».

Pour faire le bien, un ministre des provinces a mille occasions par jour où le consentement de César lui est inutile ; tout autant pour prévenir ou réparer le mal ; c'est la prérogative inséparable de son poste. Les amis, les parens, les bons citoyens qui avoient été attachés au philosophe ne furent persécutés qu'après sa mort.

On s'écriera : « Combien Sénèque est heureux !
» Ses yeux n'ont pas vu ce forfait ».

Et pourquoi ne se seroit-on pas écrié : Quel malheur que Sénèque ne soit plus ! Hélas ! peut-être que ce forfait n'eût pas été commis !

« S'il se commet un forfait, on dira : Sénèque
» ne l'a-t-il point approuvé » ?

Sénèque ! un homme célèbre par ses talens, ses mœurs, sa famille, ses dignités, ses liaisons ! D'ailleurs, que lui auroient importé les propos du vulgaire ? C'étoit à sa conscience à le conseiller, à l'accuser, ou à l'absoudre.

« Mais il ne fut jamais permis de mépriser une
» accusation ignominieuse ».

Il y eut autrefois à Tarente un petit génie, une espèce de philosophe, appelé Pythagore ; à Utique, un certain Caton ; dans l'église, je ne sais quel apôtre nommé Paul, qui prononcent exactement le contraire.

Mettons-nous un moment à la place de Novius Priscus, de Pauline, de Méla, de Gallion, d'un parent, d'un ami, d'un client, de quelques-uns de ceux que le ministre exposoit par sa mort ou par sa retraite ; et demandons-nous, s'il nous arriveroit d'appeler du nom de bassesse la ferme

résolution de garder son poste et de songer à notre salut. Quelle que soit notre réponse, voici la pensée de Sénèque, à qui je ne prête point ici des sentimens qu'il n'eut pas ; il dit : « Je crois
» avoir plus fait pour mes amis d'alonger ma
» vie, que si je fusse mort pour eux ».

Je n'ai pas considéré combien résolument je
» pouvois mourir, mais combien irrésolument ils
» le pouvoient souffrir ».

« Je me suis contraint à vivre ; et c'est quel-
» quefois magnanimité, que de vivre ».

Tel est le langage de sa philosophie et de son cœur; telle fut la règle de sa conduite.

Lorsqu'à travers le prestige de quelques signes de vertu, Sénèque et Burrhus eurent démêlé, dans Néron, un germe de cruauté et d'autres vices, prêt à éclore, ils s'occupèrent, si-non à l'étouffer, du-moins à en retarder le développement.

« Mais cette funeste découverte, ils ne tardè-
» rent pas à la faire. On lit, dans le vieux scho-
» liaste de Juvénal (*), que Sénèque disoit en

___

(*) Les paroles de cet ancien commentateur sont très-remarquables, et méritent d'être rapportées,

» confidence à ses amis, que le lion revien-
» droit promptement à sa férocité naturelle, s'il
» lui arrivoit une fois de tremper sa langue dans
» le sang. Ils se déterminèrent donc à élever, à
» rester à côté d'une bête féroce ».

Que prouve évidemment ce passage ? C'est, qu'au moment du prognostic, la langue du tigre n'étoit pas encore ensanglantée. Seroit-ce donc un reproche à faire à Sénèque et à Burrhus, que de l'avoir enchaînée pendant cinq ans ? Interrogeons le philosophe, avant de le juger : Sénèque, qu'as-tu fait de Néron ? = J'en ai fait tout ce qu'il étoit possible d'en faire. J'ai emmuselé l'animal féroce ; sans moi, il eût dévoré cinq ans plus-tôt.

Mais, qui est-ce qui sera assez hardi pour marquer aux instituteurs d'un souverain, au mi-

---

Elles prouvent que Sénèque connut bientôt le caractère féroce du prince dont on lui avoit confié l'éducation, et qu'il n'épargna rien pour corriger par ses préceptes et ses exemples les dispositions vicieuses qu'il tenoit de la nature. « Sævum immanemque natum, *dit-il*, » et sensit citò et indicavit ; inter familiares solitus » dicere : Non fore sævo illi leoni, quin, gustato semel » hominis cruore, ingenita redeat sævitia... ». Vetus Scholiast. in Juvenal. Satyr. 5, vers. 109.

NOTE DE L'ÉDITEUR.

nistre d'un grand empire, à un Sénèque, à un Burrhus, le moment où il leur convient de quitter leur poste ; au sage, le moment où il lui convient de mourir (*) ?

Pélopidas disoit à ses amis, à ses soldats, désolés autour de son lit funéraire : La vraie gloire ne consiste ni à mourir, ni à vivre ; mais à bien faire l'un et l'autre.

« Mais, puisque Sénèque reste à la cour après » les beaux jours de Néron, donc il a eu quelque » complaisance pour le vice et pour le crime » ?

Puisque Burrhus reste à la cour après les beaux jours de Néron ; donc il a eu quelque complaisance pour le vice et pour le crime. Puisque Thraséas a pris et gardé la robe sénatoriale pendant le long avilissement de la magistrature ; donc il en a partagé la bassesse et les vices. Fénélon, Montausier, Bossuet, ont fait un long séjour dans une cour voluptueuse et dissolue ; donc ils ont approuvé les mauvaises mœurs ; donc ils ont eu quelque complaisance pour la dépravation. Avec cette logique, combien on outrageroit d'hommes

---

(*) C'est M. Sautereau de Marsy, éditeur de l'*Almanach des Muses*.

NOTE DE DIDEROT.

vertueux et d'honnêtes femmes, qui habitoient la cour, sous le règne suivant!

Après avoir lu ce qui précède, un citoyen, aussi justement révéré par ses talens qui l'ont conduit aux grandes places, que par les vertus qui l'y désignoient (*), me disoit : « Avec tout cela, » ne vous promettez pas de justifier Sénèque aux » yeux de tout le monde.... ». Je suis bien loin de cette prétention, lui répondis-je. Lorsque j'exhumois le philosophe, j'entendois les cris que j'allois exciter. C'est dans une cinquantaine d'années, c'est lorsque je ne serai plus, qu'on rendra justice à Sénèque, si mon apologie me survit.

Sénèque et Burrhus sont deux soldats en sentinelle, qui doivent garder leur poste jusqu'à ce que la mort viennent les en relever ; ce qu'ils firent. Et ce qui me confond, c'est la légéreté avec laquelle des hommes frivoles prescrivent des règles de conduite à des personnages d'une prudence consommée et placés dans la plus orageuse des cours ; et cela, sans en connoître les intrigues secrètes, les brigues, les mouvemens, les caractères, les vues, les intérêts, les craintes, les espérances, les projets qui changent avec les circonstances, les circonstances qui changent d'un jour à l'autre,

---

(*) M. Turgot.

sans que leurs fausses conjectures, sur ce qui se passe à deux lieues des bords de la Seine, leur inspirent la moindre incertitude sur ce qui s'est passé il y a deux mille ans, sur les rives du Tibre. Ils parlent, non comme s'ils étoient sous le vestibule de la maison dorée, mais dans le boudoir de Poppée. Qu'ils parlent donc, puisqu'ils trouvent des auditeurs assez patiens pour les écouter, et un apologiste assez imbécille pour leur répondre.

§. 47. Dans l'impossibilité d'inspirer au prince dissolu l'austérité des mœurs qu'ils professoient, ses instituteurs essayèrent (*) de substituer à la fureur des voluptés illicites et grossières le goût des plaisirs délicats et permis. Mais quel pouvoit être le fruit de leur exemple, et l'effet de leurs discours, sur un prince mal né; et d'ailleurs, environné d'esclaves corrompus et de femmes perdues, qui, en applaudissant à ses penchans, lui peignoient Sénèque et Burrhus comme deux pédagogues importans; l'un, plus fait pour pérorer dans l'ombre d'une école, que pour être admis à l'intimité d'un empereur; l'autre, plus propre à commander dans un camp, à la soldatesque, qu'à représenter dans un palais?

(*) « Juvantes invicem, quò faciliùs lubricam principis ætatem, si virtutem adspernaretur, voluptatibus concessis retinerent ».... Tacit. *Annal.* lib. 13, cap. 2.

Pline l'ancien dit qu'il eût été moins affligeant de voir Néron consulter les esprits infernaux, que les favorites. Ce qu'il y a d'hommes pervers dans une cour, se pressent autour d'elles, fléchissent le genou devant elles; et elles avilissent tout ce qui les approche. Elles sont protectrices nées des scélérats, persécutrices infatigables des honnêtes gens. Assises sur le trône, à côté du maître, il y a deux autorités; elles ont leur parti, leur conseil, leurs audiences; l'empire du souverain est moins tyrannique, moins capricieux que le leur : elles plient, à leur gré, la volonté de leur amant; elles déposent les ministres; elles donnent des généraux aux armées; elles en tracent la marche sur une carte, avec des mouches; et vingt mille hommes sont égorgés.

Dans un état purement monarchique, tel que la France, une maîtresse avare ou dissipatrice ruine le peuple. Dans une monarchie limitée, où l'autorité du peuple tempère celle du roi, une maîtresse avare ou dissipatrice, qui le ruine, le rend esclave de ses sujets.

Soit par curiosité, par esprit d'intrigue, par intérêt ou par vanité, en tout temps, mais surtout dans les circonstances orageuses, les femmes cherchent à captiver les chefs de parti. Le cardinal de Retz n'étoit pas beau; cependant il n'y eut presque pas une femme, qui ne cherchât à lui plaire; et la reine même disoit de lui, qu'on n'étoit jamais laid quand on avoit les dents belles.

§. 48. Octavie, avec toutes ses qualités estimables, les conseils de Sénèque et de Burrhus, et l'appui d'Agrippine, ne put, ou fixer l'inconstance, ou vaincre la répugnance et échapper au dégoût de Néron. Il accorde sa confiance (*) à deux jeunes infâmes d'une rare beauté, Othon et Sénécion, liés entre eux d'une amitié suspecte. Il se prend de fantaisie pour une affranchie nommée Acté. Agrippine est instruite de cette intrigue : elle éclate; elle crie qu'une vile créature est devenue son égale; une esclave, sa belle-fille : par ses fureurs déplacées, elle aliène l'esprit de son fils; et Sénèque, à qui le prince semble se livrer dans cette conjoncture, jouit d'une confiance et d'une autorité qu'il partageoit avec elle. Sa position n'en devint que plus difficile : ramener l'empereur à Octavie, la tentative étoit honnête, mais inutile; approuver sa passion pour Acté, cela ne convenoit ni à son caractère, ni à ses fonctions : cependant l'instituteur, plus prudent que la mère, la regarda comme un frein

---

(*) Tacit. *Annal.* lib. 13, cap. 12.

E *

qui modéreroit, du-moins pour un temps, la fougueuse intempérance du jeune homme, et sauveroit du trouble et de l'ignominie les plus illustres familles (1).

Mais il falloit dérober, soit à Agrippine, soit à Octavie, soit au peuple, cette basse inclination : en conséquence, Annæus Sérénus (2) se prêta à un rôle singulier : ce fut de feindre du goût pour Acté, et de prendre sur lui la profusion du souverain.

« Sérénus, ami de Sénèque » !

Oui, ami de Sénèque. Qu'en concluez-vous ? Que Sénèque eut des liaisons d'amitié avec un homme de cour. J'en conviens. Mais le philosophe approuvera-t-il la condescendance du courtisan ? Tacite l'en accuse-t-il ? Non.

« Sérénus, intime ami de Sénèque » !

Oui, intime ami de Sénèque. Ce seroit user d'une dialectique assez commode, pour nous impliquer dans toutes les fausses démarches de nos

---

(1). « Metuebaturque ne in stuprâ fœminarum illustrium prorumperet, si illâ libidine prohiberetur... ». Tacit. *Annal.* lib. 13, cap. 12.

(2) Tacit. *Annal.* lib. 13, cap. 13.

amis, et pour déshonorer les hommes, les uns par les autres, d'accuser Sénèque par Sérénus.

« Et comment supposer que Sénèque n'ait pas approuvé la passion du prince » ?

Et pourquoi joindre deux rôles qui peuvent être séparés ? Dans cette circonstance, chacun fit le sien : le courtisan, en trompant l'œil jaloux d'Agrippine, et l'œil curieux du peuple romain ; le philosophe, en prévenant un inceste, par l'entremise de la favorite.

Il y a des circonstances où la conduite du courtisan et du philosophe peut être la même ; alors le courtisan est sage, et le philosophe est prudent ; le motif seul distingue leurs procédés. Quel qu'il soit, le courtisan ne devient pas philosophe, non plus que le philosophe ne devient courtisan. Mais voyons s'il seroit si difficile de justifier Sérénus.

§. 49. Est-ce par nos mœurs ou par celles du temps, qu'il convient d'apprécier les actions ? N'y a-t-il aucune différence entre la vertu d'un siècle et celle d'un autre, entre la vertu de la cour et celle d'un cloître ?

La philosophie se ressent plus ou moins des circonstances. Le duel, qui n'est qu'un atroce assassinat, a-t-il, aux yeux de nos moralistes les plus sévères, cet abominable caractère dans une contrée où, pour un geste, pour un mot, des idées bizarres d'honneur commandent, sous peine d'ignominie, d'égorger ou d'être égorgé?

Un homme instruit et véridique racontoit qu'un pieux fondateur d'ordre, un saint personnage que l'église a canonisé, consulté par son frère, homme d'épée, sur la conduite qu'il avoit à tenir avec un ennemi violent qui l'avoit gravement insulté, ne lui dit point: « Tu ne tueras pas ; si l'on t'a » frappé sur une joue, tends l'autre »; mais qu'il se mit à genoux, et que, levant les mains au ciel, il adressa cette prière à Dieu : « Dieu miséri- » cordieux, je te rends grace de m'avoir conduit » dans cet asyle, où je n'ai point d'injure à craindre » ni à venger; sans cela, l'insolent qui m'auroit » outragé seroit déjà mort ».

Lecteur, je vous entends ; vous condamnez le moine, à prendre l'habit du militaire; et le militaire, à prendre l'habit de moine : mais blâmez-vous celui-ci?

Et comment la philosophie ne fléchiroit-elle pas un peu, lorsque la religion et la loi se relâchent de leur roideur? La discipline ecclésiastique n'arrête plus la femme adultère, la tête échevelée, la face collée contre terre, à la porte du temple ; et le ministre de la justice ose prendre sur lui de tempérer la sévérité de la loi contre les duellistes.

Si l'esprit de galanterie devient national, et si la légéreté forme le caractère d'un peuple; la constance de certains engagemens également proscrits par la morale austère, la loi civile et la loi religieuse, les rend respectables; et le délit est affoibli par l'influence des mœurs générales.

Mes raisonnemens et la conduite de Sérénus déplairont sans-doute à des personnages sévères, ou qui, affectant la sévérité, pèsent les actions dans la balance du cloître, qui confondent le vice avec le crime, et qui s'imaginent que des instituteurs gouvernent un élève empereur, comme un gardien de capucins dispose d'un frère lai.

Dans un temps où le souverain pouvoit, sans scandale, renfermer dans un serrail sept cents concubines, je doute que nous eussions eu les idées que nous avons de l'adultère et de la fornication.

Vous n'êtes pas un prêtre chrétien, mais un bramine; et je vous dis: Vous croyez peut-être que vous rougiriez de vous promener dans les rues avec une clochette pendue où vous savez; que vous repousseriez la femme dévote qui s'agenouilleroit pour la baiser; et que, si vous étiez invité par quelque jeune et pieuse indienne à lui faire l'honneur d'entrer dans sa maison, vous balanceriez à laisser vos sandales à la porte. Erreur, M. l'abbé; vous les laisseriez tout comme un autre; et là, vous édifieriez à la mode du pays, comme vous édifiez ici à la mode du vôtre.

Ce n'est plus en France, c'est à Cochin que je vous place; et je vous dis: Dans ce pays, les prêtres ont persuadé au peuple et au souverain, qu'une de leurs prérogatives est de faire goûter aux jeunes mariées les premiers plaisirs douloureux de l'hymen; et vous vous persuadez peut-être que vous vous refuseriez à cette œuvre pie. Erreur, M. l'abbé; à Cochin, comme à Paris, vous auriez toute la ferveur de votre état.

Dans Athènes, je ne me serois pas fait eumolpide, parce que je ne me suis jamais senti un attrait bien puissant pour le service des autels; mais j'aurois pris la robe d'Aristote, celle de Platon, ou endossé le froc de Diogène.

Il faut convenir qu'à côté d'un Tibère, un plaisant personnage à supposer c'est un casuiste de Sorbonne.

J'ignore votre âge; je n'ai aucune répugnance à vous accorder des mœurs pures : mais si vous étiez jeune et un peu libertin, et qu'un de nos graves citoyens vous surprît à la chûte du jour,

la tête enveloppée dans votre manteau, entrant
dans un lieu suspect ou en sortant, vous adres-
seroit-il le divin propos de Caton : « C'est bien
» fait, mon enfant, persistez dans la sagesse,
» *macte virtute esto*. Au-lieu de vous précipiter
» sur la femme d'autrui, c'est-là qu'il faut aller
» éteindre la chaleur qui vous tourmente.... ».

Nam simul ac venas inflavit tetra libido,
Hùc juvenes æquum est descendere, non alienas
Permolere uxores.

A Rome, aujourd'hui, du-moins je m'en suis
laissé faire le conte, une jeune fille va à l'église,
se confesse, entend la messe, communie; et au
sortir de la sainte table, sa mère l'accompagne
dans l'attelier d'un artiste de vingt-deux ans, à
qui elle sert de modèle ? *Toute nue ?* Oui, M.
l'abbé, toute nue.

« Sénèque et Burrhus ne sont-ils pas plutôt
» deux honnêtes gens que deux vertueux philo-
» sophes, lorsqu'ils se prêtent au vice, et qu'ils
» le condamnent sans oser l'empêcher » ?

Ils ne se prêtèrent point au vice; Sénèque ne
donna point à Néron la courtisanne Acté; mais
il opposa la jalousie de cette femme à la passion
d'un fils pour sa mère : c'est un fait qu'il n'est
permis ni d'ignorer ni de travestir. Et quand il
en seroit autrement, quel mal y auroit-il à pré-

venir un forfait par de l'indulgence pour une foiblesse ? Si Sénèque et Burrhus n'empêchèrent point Néron de répudier Octavie, c'est qu'ils n'en eurent point le pouvoir ; on n'ordonne pas la sagesse à son souverain comme à son enfant.

Il me semble voir un de nos pudiques censeurs arracher la jeune esclave du lit de son maître ; il me semble entendre la mère de celui-ci lui applaudir, l'encourager, et lui dire : « Fort bien, » chassez cette petite courtisanne ; et envoyez-» moi mon fils que j'aime tendrement, comme » vous savez, afin que je le console et lui par-» donne un goût qui me choquoit, et qui croisoit » mes desseins honnêtes ».

§. 50. Mais je suppose que, par le plus absurde usage de son éloquence, Sénèque eût fait renvoyer la courtisanne, et jeté le fils entre les bras de sa mère ; alors que n'eût-on pas dit ? et je demande quel est l'homme d'une assez étonnante pénétration pour soupçonner qu'en prévenant un inceste, il accéléreroit un parricide ? S'il falloit que Néron couchât avec sa mère ou qu'il la tuât, je demande de ces deux crimes quel est celui qu'il falloit préférer ? Mais, censeurs, ne vous tourmentez pas autour de ce cas de conscience ; ce sont les imprudences d'Agrippine, ce fut son ambition, et non le dégoût de Néron, qui la perdirent.

Le fruit de l'innocent artifice de Sénèque est évident; et j'ignore encore, je l'avoue, quel eût été celui d'une conduite opposée, si ce n'est peut-être qu'après avoir couché avec la femme impudique, Néron eût ensuite assassiné la mère ambitieuse : celui qui promena ses regards lascifs sur le cadavre d'Agrippine, étoit capable de ces deux crimes.

Dans cette circonstance, s'il y avoit eu quelques reproches à faire à Sénèque et à Burrhus, la furibonde Agrippine les leur auroit-elle épargnés ?

Mais d'où naissent toutes ces puériles difficultés ? De ce que *le censeur ne croit pas facilement aux vertus philosophiques.* C'est la méfiance intéressée d'un augure. Un autre dira : Ni moi, trop aisément aux vertus sacerdotales; et ce sera la méfiance d'un philosophe. Pour moi, qui n'ai l'honneur d'être ni philosophe ni augure, je crois facilement aux vertus; et il me faut des preuves bien nettes pour me faire croire aux crimes. Que le censeur soit bon ou méchant, je gagerois bien qu'il s'accommodera de ce tour d'esprit : il convient, et à l'homme vertueux qui cherche son semblable, et à l'hypocrite qui cherche une dupe.

L'effronterie, ajoutera-t-il peut-être, *est l'apanage d'une certaine profession; et Sénèque étoit philosophe.*

Vie de Sénèque.

Et Démocrite, et Socrate, et Platon, et Cicéron, et Marc-Aurèle l'étoient aussi ; et, d'après la réflexion du critique, il est à présumer qu'il ne l'est pas.

Celui qui dîne et soupe du mensonge, n'aime pas celui qui prêche la vérité.

Il graveroit volontiers sur la tombe de Sénèque les lignes énergiques avec lesquelles l'historien Tacite peint un stoïcien hypocrite. « Il affectoit » la gravité de la secte stoïcienne ; il avoit le » manteau et la physionomie d'une école honn-» nête : mais il étoit perfide ; mais il étoit fourbe ; » mais cet extérieur imposant masquoit l'avarice » et la débauche ».

Et voilà l'homme qu'on va reconnoître pour le héros de Tacite ! A-t-on jamais dit plus expressément que cet historien étoit ou un imposteur ou un sot ? Voilà le personnage, que Tertullien et d'anciens pères de l'église ont rangé dans la classe des chrétiens de préférence à celle des philosophes, traité d'hypocrite, d'ame insidieuse, de vil usurier et de voluptueux libertin, et cela avec une intrépidité plus injurieuse encore pour Tertullien et d'anciens docteurs, que pour Sénèque et Tacite. Cela seroit propre à faire penser que les gens de cette robe détestent plus cordialement encore ceux qu'ils comptent au nombre de leurs ennemis, qu'ils ne s'estiment et se respectent entre eux; et qu'ils tiennent moins à l'honneur de leurs chefs qu'au déshonneur d'un philosophe. Il avoit raison, l'honnête incrédule qui répondoit à son prélat, qui lui disoit : « Je donnerois bien » vingt mille écus pour vous voir au pied de nos » autels.... »; *Monseigneur en donneroit bien quarante mille pour me savoir en mauvais lieu.*

Si le vice se couvrit quelquefois dans Rome de l'habit du philosophe, il y fut souvent enveloppé du vêtement sacerdotal. En France, ce ne fut ni dans la magistrature, ni dans l'art militaire, ni dans les académies, ni parmi le peuple, que Molière alla chercher le modèle de l'hypocrite. De son temps, le janséniste reconnoissoit le jésuite dans Tartufe, et le jésuite y reconnoissoit le janséniste; mais en le montrant sur la scène, le cou oblique, les yeux radoucis, le chapeau rabattu, avec le petit collet et le manteau, le poëte ne laissa point de doute sur l'état du personnage.

Si l'épitaphe que le critique destine à Sénèque ne lui convenoit pas, nous lui trouverions encore une place. L'hypocrisie est de toutes les conditions; mais où ce vice doit-il être le plus commun, si ce n'est dans celle où les mauvaises mœurs seroient le plus scandaleuses ? Si l'on demandoit quel étoit l'uniforme de celui qui disoit de l'hypocrisie, que *c'étoit un vice dont il ne seroit pas difficile de faire l'apologie,* s'y tromperoit-on ? Quelles étoient les fonctions de ceux que le Christ appeloit des *sépulchres blanchis ?* En nommeroit-on d'autres que certains docteurs de la loi ?

Semblable aux séminaires des augures, entre toutes les écoles des philosophes, celle de Zénon devoit être la mieux pourvue d'hypocrites ; et semblable encore à nos séminaires, c'est de là que devoient sortir les hommes de la vertu la plus haute et de la méchanceté la plus raffinée.

L'hypocrisie est l'attribut distinctif de la classe, sans être le vice commun de tous les individus qui la composent. Socrate étoit philosophe, Charles-Boromée étoit prêtre ; et Socrate ne fut point un effronté, ni Charles-Boromée un hypocrite.

Mais voulez-vous exposer Socrate à des invectives atroces, à des imputations mille fois réfutées, ressusciter des Anites et des Mélites ? écrivez l'apologie de Socrate. Ceci n'est point une conjecture ; c'est un fait. Un pieux et savant ecclésiastique prussien publia, il y a quelques années, la vie de ce philosophe ; aussi-tôt des cris s'élevèrent ; l'on persuada aux peuples que leur pasteur étoit payen ; et le pauvre curé n'eut plus un enfant à baptiser.

Que conclure de tout ce qui précède ? Qu'il

falloit exister à Rome, vivre à la cour de Néron, connoître et partager les préjugés populaires, être mêlé dans les intrigues du palais, pour juger sainement une action de l'espèce dont il s'agit. Un philosophe payen n'a pu voir la conduite de Sérénus de l'œil d'un prêtre chrétien.

« Mais je n'existois pas à Rome, et je n'habitai
» jamais le palais des empereurs ».

Il est vrai ; mais je ne suis point accusateur, je suis apologiste.

« Accusateur ou apologiste, suis-je dispensé
» d'être juste » ?

Non ; mais, tout étant égal d'ailleurs, voit-on les mêmes inconvéniens à défendre un accusé qu'à condamner un innocent ?

Cette circonstance de la vie de Sénèque n'est pas la seule où je me sois apperçu que, quelque parti que le philosophe, l'instituteur et le ministre eût pris, il n'auroit pas échappé à la censure de la malignité. Pour moi, qui ne m'estime ni plus vertueux, ni mieux instruit, ni plus circonspect que Sénèque et Burrhus, je présume qu'ils ont fait l'un et l'autre ce qu'il y avoit de mieux à faire ; et je laisse aux détracteurs le courage et le soin de leur donner des leçons de prudence.

« Mais sous prétexte de sauver l'honneur des
» familles, ils se déshonorèrent eux-mêmes ».

Lisez Tacite; et vous serez convaincu que ce ne fut point un prétexte, mais une terreur que l'avenir ne justifia que trop. Lisez Tacite; et vous verrez une femme honnête mise à mort, pour n'avoir pas voulu accepter la main et partager le lit de Néron.

« Sénèque est le héros de Tacite ».

Voilà un singulier reproche. Oui; le héros de Tacite contemporain, de Tacite le plus sévère des juges.

Il faut être l'ami d'un Tacite; c'est par un Tacite qu'il faut être loué. Il ne faut point être loué par les calomniateurs des grands hommes; et il est au-moins indifférent d'en être blâmé.

Dans la suite, il ne dépendit pas de cette fière Agrippine, mieux conseillée, de descendre à des complaisances, de recevoir Acté, et de rendre son palais l'asyle obscur des vices de son fils.

§. 51. Parmi les vêtemens les plus somptueux des mères et des femmes des empereurs, parmi leurs plus riches ornemens, Néron (*) ordonne

---

(*) Tacit. *Annal.* lib 13, cap. 13 et 14.

le choix d'une parure qu'on présentera de sa part à Agrippine. Le présent est reçu de mauvaise grace par cette femme, que la possession du sceptre n'auroit pas dédommagée de l'ambition de gouverner. On impute aux mauvais conseils de Pallas le peu de succès de la parure ; et Néron dit de cet affranchi disgracié : *Pallas vient d'abdiquer* (1).

Pallas étoit l'amant et le confident d'Agrippine (2). Alors cette femme ne se connoît plus : elle se répand en invectives, en menaces qui retentissent jusqu'aux oreilles du prince : « Britan» nicus (3) est en âge de régner : c'est le vrai
» sang de Claude, c'est l'héritier légitime du
» trône occupé par un intrus à la faveur d'une
» adoption, qui n'y est assis que pour outrager sa
» mère. Je veux, ajoute-t-elle, qu'on divulgue tous
» les désastres d'une maison infortunée, et mon ma» riage incestueux, et mes empoisonnemens. Grace
» à la justice des immortels et à ma prudence, il me

___

(1) *Id. ibid.* « Non absurdè dixisse : Ire Pallantem, » ut ejuraret ».

(2) *Voyez* Dion *in Nerone*, lib. 61, cap. 3, pag. 981, et Tacit. *Annal.* lib. 14, cap. 2.

(3) *Voyez* Tacit. *Annal.* lib. 13, cap. 14, d'où tout ceci est tiré. Diderot ne fait souvent que le traduire ; et il auroit dû en avertir aussi souvent.

NOTE DE L'ÉDITEUR.

» reste une ressource : le fils de Claude est vivant; je
» le montrerai à l'armée : on entendra d'un côté la
» fille de Germanicus; de l'autre, l'estropié Bur-
» rhus, l'exilé Sénèque; celui-là avec son bras
» mutilé, celui-ci avec son ton de rhéteur, am-
» bitionnant le gouvernement de l'univers... ».
En parlant ainsi, elle menace du geste, elle accumule imprécation sur imprécation; elle atteste Claude entre les dieux, elle évoque les mânes infernaux de Silanus, elle tire des ténèbres tant de forfaits inutilement commis, elle en appelle la vengeance.

A ce discours, le trouble s'empare de Néron. Britannicus touchoit à sa quatorzième année : le nommer le véritable successeur de Claude, c'étoit le proscrire; et bientôt il est empoisonné (1) à table, au milieu des jeunes convives de son âge, qui se dispersent d'effroi; sous les yeux étonnés d'Agrippine et d'Octavie, sous les yeux immobiles des courtisans. (2).

Sous Claude, les délateurs ont un salaire fixé par la loi Papia.

---

(1) Tacit. *Annal.* lib. 13, cap. 16.
(2) « At quibus altior intellectus, resistunt defixi
» et Neronem intuentes... ». Tacit *Annal.* lib. 13, cap. 16.

Lorsqu'on a fait une condition publique et avouée de la délation, où est le maître en sûreté contre son esclave, le grand en sûreté contre son souverain ? Il y a des fonctions infâmes, malheureusement nécessaires au bon ordre de la société : elles doivent entrer dans le plan de la police, mais non dans celui de la législation ; et la police bien entendue ne remplira pas les maisons et les rues de scélérats, pour garantir les citoyens de quelques-uns.

Sous Néron, une empoisonneuse, Locuste (*) est protégée, récompensée, tient école, et fait des élèves dans son art.

§. 52. Mais comment les détracteurs de Sénèque l'impliqueront-ils dans cet horrible événement ? Diront-ils qu'il le conseilla ? non. Qu'il l'approuva ? non : mais qu'il composa avec une froideur stoïque l'édit hypocrite, qui excusoit la précipitation des obsèques du prince : comme si cet édit n'étoit pas plutôt de la fonction du ministre au département de la ville, que du ministre au département des provinces ; comme s'il s'agissoit d'une pièce d'éloquence ; et comme si Néron, que nous entendrons bientôt répondre à Sénèque avec tant de finesse, n'en savoit pas assez pour

_____
(*) Sueton. *in Nerone,* cap. 33, *sub fin.*

dicter lui-même quelques lignes aussi simples. Mais qu'on lise Tacite (*Annal. lib.* 13, *cap.* 17.), et qu'on juge.

« Pour excuser la précipitation des funérailles
» de Britannicus, l'*empereur* déclara par un édit
» que, suivant le réglement de nos ancêtres, il
» faut soustraire les morts du premier âge aux
» regards du peuple, au-lieu d'attirer une foule
» de spectateurs par une pompe et des éloges
» funèbres : que pour lui, privé du secours de
» son frère, il n'avoit d'espérance que dans la
» république ; et que le sénat et le peuple romain
» devoient redoubler d'attention en faveur d'un
» prince resté seul d'une maison destinée à gou-
» verner l'univers ».

Une chose qui me surprend toujours également, c'est l'infatigable et cruel acharnement à tourmenter Tacite pour trouver des torts à Sénèque.

§. 53. La mort de Britannicus annonce à Agrippine ce qu'on peut attenter sur elle.

Dans cette déplorable conjoncture, des personnages qui affectoient une probité scrupuleuse (*), partageant entre eux des palais, des

---

(*) Tacit. *Annal.* lib. 13, cap. 18.

maisons de campagne, ne manquèrent pas de censeurs. Peut-être Burrhus et Sénèque furent-ils du nombre des gratifiés ; et je m'étonne que les ennemis du philosophe, parmi tant de reproches, aient omis celui-ci. Mais l'historien l'avoit prévenu, en nous dévoilant la politique de Néron, qui détournoit de sa personne les regards publics, en attachant les yeux de l'envie sur ceux qu'il lui exposoit décorés des dépouilles odieuses dont il les forçoit de se couvrir (1).

« Mais Sénèque faisoit peut-être allusion à
» cette triste circonstance, lorsqu'il disoit : Il ne
» m'est pas toujours permis de refuser ; quelquefois
» je serai forcé de recevoir un bienfait ; un tyran
» cruel, ombrageux, prompt à s'irriter, regar-
» deroit mon refus comme une injure. = Non,
» Sénèque, non ; le philosophe a dû refuser les dons
» du tyran. Plus les dons sont illégitimes, plus le
» refus doit être opiniâtre ; il n'y a point de force
» majeure contre la probité (2) ».

―――――

(1) « Alii necessitatem adhibitam credebant à principe, sceleris sibi conscio, et veniam sperante, si largitionibus validissimum quemque obstrinxisset.... ». Tacit. Annal. lib. 13, cap. 18.

NOTE DE L'ÉDITEUR.

(2) Je suis un magistrat, un ministre, un général d'armée, un homme essentiel à l'état ; et tout-à-coup

§. 54. Agrippine demeure inflexible (*); elle serre Octavie dans ses bras, tient des assemblées secrètes avec ses confidens, entasse des sommes

---

je deviens un malhonnête homme, si je ne me fais pas égorger par un voleur qui, le poignard à la main, me force d'accepter la bourse qu'il vient d'enlever à un passant.

Voilà de la morale, de la grande morale, et surtout débitée bien à propos. Sénèque établit une maxime générale, et tout-de-suite on la rapproche d'un fait particulier auquel peut-être n'a-t-elle aucun rapport. Mais qui est le délicat et scrupuleux casuiste qui crie à Sénèque : « N'acceptez pas ; il vaut mieux » que vous vous fassiez égorger ». — C'est un augure. — Et cet augure, où vivoit-il ? — dans une contrée où il pouvoit entendre tous les jours des augures mentir au pied des autels, en refusant une richesse sollicitée, des honneurs ambitionnés et poursuivis par toutes sortes d'intrigues ; et où il étoit entouré d'augures surchargés de revenus illégitimes : c'est là qu'il invoquoit à tort et à travers les loix rigoureuses de la parcimonie contre un philosophe payen, à côté d'augures qui affichoient sous une multitude de titres différens le plus parfait mépris du collége augural et de ses canons sacrés. Mais ces augures-là faisoient apparemment de leur opulence un meilleur emploi que le philosophe ; il n'y a pas de doute là-dessus.

NOTE DE DIDEROT.

(*) Diderot ne fait encore ici que traduire et abréger. Tacit. *Annal.* lib. 13, cap 18.

NOTE DE L'ÉDITEUR.

sur les sommes que son avarice avoit accumulées, accueille les tribuns et les centurions, vante les vertus des nobles, les désigne par leurs noms, et semble former un parti et chercher un chef. Néron en est instruit : il casse la garde militaire attachée, suivant l'usage, à la femme de l'empereur, et la garde de Germanie qu'il y avoit ajoutée par honneur pour sa mère ; il l'éloigne pour la séparer des courtisans ; il la relègue dans un palais précédemment occupé par Antonia ; il ne la visite qu'entouré de centurions, l'embrasse froidement et la quitte.

Quels étoient donc les projets d'Agrippine ? Ne vouloit-elle qu'intimider son fils ? Mais alors pourquoi tenir ses démarches secrètes, et se conduire précisément comme si elle se fût proposé de lui ôter le trône et la vie ?

§. 55. Après la disgrace de l'impératrice (1), sa demeure est déserte : elle n'est visitée que de quelques femmes amenées par la pitié, par la curiosité, par le plaisir cruel de jouir de son humiliation, par la haine ; Julia Silana est du nombre de ces dernières (2).

---

(1) « Statim relictum Agrippinæ limen : nemo solari, nemo adire præter paucas fæminas, amore an odio, incertum, etc. »... Tacit. *Annal.* lib. 13, cap. 19.

(2) Tacit. *Annal.* lib. 13, cap. 19.

C'étoit une femme célèbre par sa beauté, sa naissance et ses galanteries. Elle avoit autrefois vécu dans l'intimité avec Agrippine; mais elle s'en étoit séparée, emportant avec elle un ressentiment profond d'une injure toujours grave entre les femmes (1).

Silana auroit peut-être pardonné à Agrippine la rupture de son mariage avec Sextius Africanus; mais non d'avoir réussi dans ce projet, en répétant sans cesse au jeune homme qu'elle n'étoit plus qu'une vieille débauchée.

Elle suscite contre Agrippine (2) deux délateurs : à des accusations surannées on en ajoute une nouvelle, le projet d'une révolution en faveur de Rubellius Plautus, issu d'Auguste. Cette imposture est mystérieusement confiée à un affranchi de Domitia, tante de l'empereur et l'ennemie d'Agrippine; un autre affranchi court pendant la nuit au palais qui lui étoit ouvert en

---

(1) « Mox occultis inter eas offensionibus, quia Sextium Africanum, nobilem juvenem, à nuptiis Silanæ deterruerat Agrippina, impudicam et vergentem annis dictitans ».... Tacit. *Annal* lib. 13, cap. 19.

NOTE DE L'ÉDITEUR.

(2) *Id. ibid.* cap. 19 et 20.

qualité de bouffon (1), et y porte l'alarme. Le tyran, dont l'inquiétude est irritée par la chaleur du vin, crie : « Qu'elle périsse ; et que son Bur- » rhus soit dépouillé sur-le-champ du comman- » dement de la garde prétorienne ». Burrhus devoit ce poste à Agrippine ; moins sa reconnoissance étoit douteuse, plus sa personne étoit suspecte. Sénèque ne balance pas à prendre la défense de son collègue, et lui sauve l'affront de cette disgrace. (2)

Telle est la condition malheureuse des tyrans : ils ne peuvent se confier ni dans les gens de bien qu'ils éloignent, ni dans les méchans qui leur restent.

§. 56. Néron, tremblant et pressé de se délivrer de sa mère (3), ne fait grace à Burrhus, et ne consent au délai de sa vengeance, qu'à la condition qu'on en fera justice sur-le-champ, si le

---

(1) « Quum ingreditur Paris, solitus alioquin id » temporis lusus principis intendere »...... Tacit. *Annal.* lib. 13, cap. 20.

(2) « *Id. ibid.* cap. 20. Fabius Rusticus auctor est.... » ope Senecæ dignationem Burrho retentam ». Pline et Cluvius assurent, au contraire, que la fidélité de Burrhus ne parut pas suspecte. *Voyez* Tacite, là-même.

NOTE DE L'ÉDITEUR.

(3) Tacit. *Annal.* lib. 13, cap. 20.

crime est constaté : ils iront au point du jour l'instruire et l'interroger ; ils auront des affranchis pour témoins. Qu'elle se justifie, ou qu'elle meure.

On ne peut non plus louer ou blâmer ces deux personnages dans cette circonstance où ils obéissent aux ordres du souverain, qu'on ne pourroit louer ou blâmer aujourd'hui des commissaires du roi dans une affaire de haute trahison. Sénèque et Burrhus auroient mis la tête d'Agrippine en péril, s'ils s'étoient récusés. Il seroit horrible de dire de Sénèque que, *s'il n'est pas le bourreau de sa souveraine, il en veut être le juge* : il seroit d'une injustice criante de ne pas adresser la même insulte à Burrhus ; cependant on a fait l'un et l'autre.

S'il y a de quoi s'étonner, ce n'est pas qu'ils aient accepté la commission que César leur a donnée ; c'est qu'entre tant de scélérats qui l'environnoient, qui connoissoient le désir de son ame sanguinaire, et qui n'auroient pas mieux demandé que de le servir à son gré, il ait choisi deux personnages intègres que le souvenir des bienfaits reçus ne pouvoit manquer d'incliner à l'indulgence.

Le refus, en pareil cas, ne peut naître que de la certitude du crime d'un ami, qu'on répugneroit à condamner, ou de la crainte politique de nuire à son propre avancement, à sa propre fortune, si l'on osoit prendre sa défense.

Sénèque et Burrhus paroissent devant Agrippine. Cette femme conservant toute sa fierté, répond (*): « Je ne m'étonne pas que la tendresse
» maternelle soit inconnue à une Silana, qui n'a
» jamais eu d'enfant ; une mère ne change pas
» de fils comme une vile créature sans mœurs
» change d'amans : qu'un Iturius, un Calvisius
» ne voient à la dissipation de leur fortune que
» la ressource de se vendre à une femme décrépite, il ne s'ensuit pas qu'on puisse me
» noircir, ni moi, ni mon fils, de l'exécrable
» projet d'un parricide. Si Domitia ne me le disputoit que de tendresse pour Néron, je l'en
» remercierois ; mais c'est un plan de tragédie
» qu'elle concerte avec son amant Atimétus et
» son histrion Paris. Tandis que, par ma politique, Néron est adopté, revêtu de l'autorité
» consulaire, désigné consul, conduit au trône;
» que faisoit cette femme à Baïes ? Des viviers
» pour l'amusement de mon fils. Qu'on me convainque d'avoir sollicité les cohortes de la ville,
» ébranlé la fidélité des provinces, corrompu des
» esclaves, proposé le meurtre à des affranchis.
» Quoi donc, pourrois-je vivre, et Britannicus

(*) Tacit. *Annal*. lib. 13, cap. 21.

F *

» régner ? Que Plautus, que tout autre devienne
» le maître, manquerai-je d'ennemis qui m'ac-
» cusent, non de paroles échappées dans la co-
» lère d'une mère, au délire de sa tendresse, mais
» de crimes dont on n'obtient le pardon que d'un
» fils » ?

Ce discours émeut tous les assistans (1) : on s'occupe à la calmer ; elle demande à voir son fils ; elle le voit : il n'est question, dans cette entrevue, ni de son innocence, qu'une apologie indécente pouvoit rendre suspecte, ni de ses bienfaits, dont elle ne pouvoit parler sans paroître les reprocher : les délateurs sont châtiés, ses amis sont récompensés.

§. 57. Burrhus et Pallas sont accusés de conspiration. Burrhus conspirer avec l'affranchi Pallas ! Ils sont absous (2). On fut moins satisfait de l'innocence de Pallas, que blessé de son orgueil : on lui objecte le témoignage de ses affranchis, ses complices ; il répond (3) : « Je ne fais jamais entendre
» mes volontés chez moi, que de l'œil et du geste ;
» s'il faut que je m'explique, je ne converse pas
» avec mes gens, j'écris ».

---

(1) Tacit. *Annal.* lib. 13, cap. 21.
(2) Tacit. *Annal.* lib. 13, cap. 23.
(3) *Id. ibid.*

§. 58. Néron erre la nuit dans les rues de la ville, court les lieux de débauche, force les magasins des marchands, frappe, insulte, est insulté, frappé. L'exemple du souverain accroît la licence : des inconnnus s'attroupent, et mettent Rome au pillage. Néron est vigoureusement repoussé par un jeune sénateur, assez étourdi pour reconnoître son souverain, et assez lâche pour se tuer ensuite (1). Il étoit nuit, il n'y avoit point de témoin ; la belle occasion perdue !

§. 59. Voici le moment de faire connoître le seul détracteur de Sénèque, l'homme dont ses ennemis, tant anciens que modernes, n'ont été que les échos.

Un délateur vénal et formidable, un scélérat, justement exécré de la multitude des citoyens, un prévaricateur, un concussionnaire qui ne pardonnoit pas à Sénèque le châtiment de ses extorsions, Suilius, autrefois questeur de Germanicus (2), chassé de l'Italie par le sénat, et re-

―――――――――

(1) Tacit. *Annal.* lib. 13, cap. 25. « Congressus
» forte per tenebras cum principe, quia vi attentantem acriter repulerat, deinde agnitum oraverat,
» quasi exprobrasset mori adactus est. »

NOTE DE L'ÉDITEUR.

(2) Voici les propres paroles de Tacite ; l'idée affreuse qu'elles donnent de cet infâme calomniateur

légué dans une île par l'ordre de Tibère, punition qui parut sévère dans le moment, mais qu'on regarda comme un trait de sagesse de l'empereur, après le rappel du coupable; un homme que le siècle suivant vit également vénal, plus puissant, et jouissant de l'amitié du prince, dont il fit, sans revers, un long, et jamais un bon usage.

Suilius avoit été humilié, mais ne l'avoit pas été au gré (*) de ses ennemis. Pour achever de

---

de Sénèque suffit pour faire l'apologie de ce philosophe. Quand on n'a pour accusateurs et pour ennemis que des hommes de cette trempe, on peut être sûr de trouver sa justification au fond du cœur de tous les gens de bien. « At P. Suilium, questorem quon-
» dam Germanici, cùm Italiâ arceretur, convictus
» pecuniam ob rem judicandam cepisse, amovendum
» in insulam censuit (Tiberius) tantâ contentione
» animi, ut et jurando obstringeret è repub. id esse.
» Quod asperè acceptum ad præsens, mox in laudem
» vertit regresso Suilio, quem vidit sequens ætas
» præpotentem, venalem et Claudii principis ami-
» citiâ diù prosperè, nunquam benè usum.... » Tacit. *Annal.* lib. 4, cap. 31.

NOTE DE L'ÉDITEUR.

(*) « Variis deindè casibus jactatus, et multorum
» odia meritus reus, haud tamen sine invidiâ Senecæ
» damnatur. Is fuit P. Suilius, imperitante Claudio,
» terribilis ac venalis, et mutatione temporum, non

l'écraser, on renouvela le sénatus-consulte et la loi Cincia, contre la rapacité des avocats. Il se présenta devant les juges; là, se livrant à une audace naturelle, que le grand âge affranchissoit de toute retenue, il se déchaîna contre Sénèque (*) : « Il hait, disoit-il, les amis de Claude,
» sous lequel il a souffert un exil bien mérité :
» auteur d'écrits frivoles, qu'il fait admirer à de
» jeunes ignorans, il est jaloux de quiconque em-
» ploie une véritable et saine éloquence à la dé-
» fense des citoyens; Suilius a été questeur de
» Germanicus; Sénèque, corrupteur de la mai-
» son de ce prince : recevoir de la gratitude d'un
» cliant la récompense d'un service honorable,
» seroit-ce donc un plus grand crime que de sé-
» duire les filles de nos empereurs? Par quelle
» espèce de philosophie, suivant quelles maximes
» des sages, a-t-il amassé trois cent millions de
» sesterces en quatre ans? A Rome, il enveloppe
» dans ses filets et les testamens et les biens de
» ceux qui n'ont pas d'héritiers; ses usures exor-
» bitantes épuisent l'Italie et ses provinces. Sui-
» lius jouit d'un bien modique, acquis par son
» travail; il bravera l'accusateur, le péril, tout,

» quantum inimici cuperent, demissus, ect...... ».
Tacit. *Annal.* lib. 13, cap. 42.
       NOTE DE L'ÉDITEUR.
(*) *Apud Tacit. Annal.* lib. 13, cap. 42.

» plutôt que d'aller flétrir une gloire ancienne et
» légitime, aux pieds de ce parvenu ».

Quel est celui qui parle ainsi ? Qui le croiroit ? Un impudent enrichi par la délation, le plus infâme des métiers (1); l'auteur de la mort violente d'une foule de citoyens de l'un et de l'autre sexe; un scélérat dont les crimes appeloient la hache, ou qu'ils envoyoient au roc Tarpéien, et que les loix trop indulgentes reléguèrent aux îles Baléares.

Outre ses prévarications au barreau, il étoit encore accusé de concussion et de péculat dans son gouvernement d'Asie. Ces délits exigeant de longues informations, et dans des contrées éloignées, on revint sur des forfaits dont les témoins étoient présens (2).

C'est ce même Suilius, que Messaline, sous le règne de Claude, déchaîna contre Valérius (3) et Poppée.

C'est le discours qui précède, que les Dion Cas-

---

(1) *Voyez* Tacit. *Annal.* lib. 11, cap. 4, 5, 6, et lib. 13, cap. 43.

(2) « Brevius visum, suburbana crimina incipi, quo-
» rum obvii testes erant... ». Tacit. *Annal.* lib. 13, cap. 43. *Voyez* la suite.

(3) « Suilium accusandis utrisque, immittit... ».
Tacit. *Annal.* lib. 11, cap. 1 et 2.

sius, les Xiphilin, et la nuée des détracteurs de Sénèque, depuis son siècle, jusqu'au nôtre, ont (*) successivement paraphrasé. Il faut, ce me semble, être tourmenté d'une cruelle répugnance à croire aux gens de bien, pour s'en rapporter aux imputations d'un Suilius, d'un délateur par état, d'un furieux, souillé, accusé, et puni de mille forfaits.

§. 60. Mais instruisons en règle le procès de Suilius.

Suilius est accusé de concussion et de péculat, pendant son gouvernement en Asie. Que répond-il ? Rien.

Par ses délations, Suilius a réduit Pomponius à s'engager dans une émeute civile; Julie, fille de Drusus, et Poppéa Sabina, à se tuer; il a fait périr Valérius Asiaticus, Lusius Saturninus, Cornélius Lupus, et une multitude de chevaliers romains; on lui impute toutes les atrocités du règne de Claude. Que répond-il ? Il répond qu'il n'a fait qu'obéir aux volontés de l'empereur.

Néron lui coupe la parole, et lui réplique que Claude ne fit jamais accuser personne.

(*) *Voyez* ce que j'ai dit à ce sujet dans l'*Avertissement* imprimé à la tête du premier volume des Œuvres de Sénèque, pages 23, 24 et 25.

NOTE DE L'ÉDITEUR.

Suilius se rejette sur les ordres de Messaline ; et on lui demande pourquoi sa voix seule a-t-elle été employée à servir les fureurs d'une femme impudique ; et s'il n'est pas juste que le ministre de sa cruauté soit puni des crimes dont il a reçu le salaire ?

D'un côté, un Suilius, un délateur par état, un furieux souillé, accusé, puni de mille crimes, un malfaiteur dont le témoignage n'auroit pas été admis au tribunal des loix ! De l'autre côté, un Sénèque ! Quoi ! les actions, le caractère, la teneur de la vie d'un scélérat, laisseroient son accusation dans toute sa force ? Quoi ! les actions, le caractère, la teneur de la vie d'un homme de bien, malheureusement accusé, ne formeroient aucune présomption en faveur de son innocence ? La méchanceté notoire et la probité reconnue péseroient également dans les balances de la justice et dans les nôtres ? Cela ne sera point, cela ne se peut, cela n'est point en notre pouvoir ; il faut qu'une légitime et nécessaire prépondérance devienne la première récompense de la vertu, et le premier châtiment du vice.

« Mais Suilius articulant, en présence du prince,
» du sénat et du peuple, des faits calomnieux,
» n'eût-il pas été le plus fou des hommes » ?

Et pourquoi ne l'eût-il pas été ? C'étoit un des

plus méchans. Personne ne doutoit de l'innocence des liaisons du philosophe avec Julie ; cependant, lorsque ce Suilius le traduisoit comme corrupteur de la famille impériale, le peuple, le sénat, le prince entendirent une fausse accusation qui diffamoit, au-moins également, et César, et le philosophe. La faute de Sénèque auroit été avérée, que l'accusateur n'en auroit pas été moins impudent; et l'on sera surpris que celui qui osa le plus, ait osé le moins (*) !

___

(*) Les critiques se laissent emporter par une telle manie d'absoudre ou d'accuser, que la face des choses qui prête à leur dessein est la seule qui les frappe.

« Quoi ! Dion n'eût-il pas été le plus impudent » des historiens, si ce qu'il a écrit de Sénèque est faux » ?

Quoi ! Dion aura déchiré sans mesure Pompée, Brutus, Cassius, les plus illustres personnages de Rome; et il auroit rougi d'attaquer Sénèque? N'est-ce pas comme si l'on disoit : Quoi ! ce censeur aura bravé effrontément l'indignation de la ville, de la cour, de toute l'Europe, et mis en pièces ou Voltaire, ou d'Alembert, ou Montesquieu; et il auroit eu honte de maltraiter un méchant petit philosophe obscur !

» Le témoignage de Dion (postérieur à Sénèque » de plus d'un siècle) est imposant et positif ».

Et le témoignage de Tacite, presque le contem-

§. 61. C'est ici que j'ai dit dans la première édition de cet Essai : « Si, par une bizarrerie » qui n'est pas sans exemple, il paroissoit jamais

porain de Sénèque, sera moins imposant et moins positif ? Et le jugement de Crévier sur Dion, qu'en diront les censeurs ?

« L'amitié est suspecte dans ses éloges »... Et la haine ne l'est pas dans ses invectives ?

Tout ce qu'on apperçoit bien clairement ici, c'est qu'il plait aux ennemis de Sénèque de faire cause commune avec un Suilius, qu'il plait à Tacite de peindre comme un scélérat ; avec un Dion, qu'il plaît à Crévier de peindre comme un calomniateur éternel de la grandeur et de la vertu ; avec l'abréviateur Xiphilin, qu'il plait à la Mothe-le-Vayer, à Juste-Lipse, et à Bayle, de peindre comme une mauvaise tête. A-la-bonne heure. Le jugement qu'on porte d'autrui tient de près à l'opinion qu'on a de soi.

Il est à remarquer que Dion-Cassius n'est que le paraphraste de Suilius ; Xiphilin, qu'un écho incomplet de Dion-Cassius ; et que ces trois témoignages qu'il importe d'apprécier, se réduisent à celui de Suilius, dont Tacite nous dit que ce fut un délateur vénal et formidable, un infâme justement abhorré de la multitude des citoyens, un voleur, un concussionnaire et un criminel expulsé du barreau et chassé de l'Italie.

« Mais ce châtiment de Suilius parut sévère dans

» un ouvrage où d'honnêtes gens fussent impitoya-
» blement déchirés par un artificieux scélérat, qui,
» pour donner quelque vraisemblance à ses in-

» le moment ; et il en rejaillit un peu de haine
» contre Sénèque ».

Claude exile Suilius ; et l'on murmure contre Claude et contre Sénèque : Claude rappelle Suilius ; et toutes les voix se réunissent pour louer la justice de Claude lorsqu'il l'exila. Voilà le peuple : toujours violent à outrance, au moment du crime ; toujours compatissant avec sottise, au moment de la punition. Suilius revenoit pour s'emparer de la faveur du prince. Eh ! pourquoi ne pas laisser l'infâme dans son asyle où il étoit si bien ? Voilà les grands.

Mais en quel lieu du monde un fameux criminel fut-il si méchant, si détesté, si généralement abandonné, qu'il ne se trouvât personne, soit à la cour, soit à la ville, qui le plaignît, qui l'excusât, qui le défendît ? Combien d'exemples de ce phénomène, qui ne fut rare dans aucun temps !

Le déshonneur d'un particulier est-il annoncé par des placards ? aussi-tôt sa maison est déserte. Mais il est riche ; il a de bons vins, une table excellente, des concerts délicieux ; il a de l'esprit, il est poli, on est bien reçu dans sa maison ; il a des parasites ; de jour en jour, le nombre de ses convives s'accroit ; il est moins coupable qu'on ne croit ; on a mal vu son affaire ; ses juges étoient prévenus ; il est innocent ; et il ne lui en coûte qu'une dot un peu plus forte pour marier ses filles.

» justes et cruelles imputations, se peindroit
» lui-même de couleurs odieuses ; anticipez sur
» le moment, et demandez-vous à vous-même
» si un impudent, un Cardan, qui s'avoueroit
» coupable de mille méchancetés, seroit un ga-
» rant bien digne de foi ; ce que la calomnie
» auroit dû lui coûter, et ce qu'un forfait de plus
» ou de moins ajouteroit à la turpitude secrète d'une
» vie cachée pendant plus de cinquante ans sous le
» masque le plus épais de l'hypocrisie ? Jettez

Suilius, un de ces malheureux jouets des circonstances et du sort, étoit avocat : il avoit volé un client qui n'étoit pas, à-la-vérité, son ami ; il reparoit dans Rome ; il y jouit de la faveur des grands, contre lesquels il n'avoit pas, je crois, publié de libelles. Aujourd'hui, sous nos yeux, ne s'est-il rien passé de plus extraordinaire ?

De tout temps, le riche fut envié. Combien il faut de vices pour décrier une grande fortune ! Combien il faut de vertus pour l'excuser ! Soyez modeste, on vous taxera d'avarice ; cachez votre bienfaisance, vous passerez pour un homme dur ; vient-elle à transpirer, vous encourrez le reproche d'orgueil. Resserrez, multipliez vos jouissances, vous n'en serez pas plus à l'abri de la malignité. Et la sagesse est-elle moins exposée à des haines secrètes ? Hélas ! non. Soyez opulent et sage, si vous voulez entendre la sagesse calomniée par l'opulence.

NOTE DE DIDEROT.

» loin de vous son infâme libelle ; et craignez que,
» séduit par une éloquence perfide, et entraîn:
» par les exclamations aussi puériles qu'insensées
» de ses enthousiastes, vous ne finissiez par de-
» venir ses complices. Détestez l'ingrat qui dit
» du mal de ses bienfaiteurs; détestez l'homme
» atroce qui ne balance pas à noircir ses anciens
» amis; détestez le lâche qui laisse sur sa tombe
» la révélation des secrets qui lui ont été confiés,
» ou qu'il a surpris de son vivant. Pour moi,
» je jure que mes yeux ne seroient jamais souillés
» de la lecture de son écrit; je proteste que je
» préférerois ses invectives à ses éloges. Mais ce
» monstre a-t-il jamais existé ? Je ne le pense pas ».

Ce paragraphe de mon ouvrage a fait un grand bruit ; et j'espère qu'on me pardonnera de quitter un moment mon sujet, pour me livrer à une justification qu'on se croit en droit de me demander.

« On a dit que ma sortie s'adressoit à Jean-
» Jacques Rousseau ».

Ce Jean-Jacques, a-t-il fait un ouvrage tel que celui que je désigne ? A-t-il calomnié ses anciens amis? A-t-il décélé l'ingratitude la plus noire envers ses bienfaiteurs ? A-t-il déposé sur sa tombe la révélation de secrets confiés ou surpris ? Cette lâche et cruelle indiscrétion peut-elle semer le trouble dans des familles unies ;

et allumer de longues haines entre des gens qui s'aiment ? Je dirai, j'écrirai sur son monument : *Ce Jean-Jacques, que vous voyez, fut un pervers:* Censeurs, j'en appelle à vous-mêmes, interrogez ceux qui vous entourent ; bons ou méchans, je n'en récuse aucun.

Jean-Jacques n'a-t-il rien fait de pareil ? Ce n'est plus de lui, que j'ai parlé.

Existe-t-il, a-t-il jamais existé un méchant assez artificieux, pour donner de la consistance aux horreurs qu'il débite d'autrui par les horreurs qu'il confesse de lui-même ? J'ai protesté que je n'en croyois rien. Censeurs, à qui donc en voulez-vous ? S'il y a quelqu'un à blâmer, c'est vous : j'ai ébauché une tête hideuse ; et vous avez écrit le nom du modèle au-dessous.

Ceux d'entre les gens du monde, qui jugent sans partialité, ont dit : Les mémoires secrets dont il est question n'existent-ils pas ? La querelle est finie. Existent-ils ? Il faut convenir qu'il est fou, qu'il est atroce d'immoler en mourant, ses amis, ses ennemis, pour servir de cortège à son ombre ; de sacrifier la reconnoissance, la discrétion, la fidélité, la décence, la tranquillité domestique à la rage orgueilleuse de faire parler de soi dans l'avenir ; en un mot, de vouloir entraîner tout son siècle dans son tombeau, pour grossir sa poussière.

Ils ont ajouté : Ce morceau de l'auteur sur Jean-Jacques, si c'est à lui qu'il s'adresse, est violent. Mais que penser d'un homme qui laisse, après sa mort, des mémoires où certainement plusieurs personnes sont maltraitées, et qui y joint la précaution odieuse de n'en permettre la publicité que quand il n'y sera plus ; lui, pour être attaqué ; celui qu'il attaque, pour se défendre ? Que Jean-Jacques dédaigne tant qu'il lui plaira le jugement de la postérité ; mais qu'il ne suppose pas ce mépris dans les autres. On veut laisser une mémoire honorée ; on le veut pour les siens, pour ses amis, et même peut-être pour les indifférens. Jean-Jacques écrit bien ; mais par son caractère ombrageux, il étoit sujet à voir mal ; témoin sa haine contre M. d'Alembert, contre Voltaire, et ses procédés avec mylord Maréchal, M. Dusaulx, et une infinité d'autres, entre lesquels on pourroit citer l'auteur de l'*Essai sur la vie et les écrits de Sénèque*. C'est ainsi qu'il a perdu vingt respectables amis. Trop d'honnêtes gens auroient tort, s'il avoit eu raison.... Nous désirerions qu'on fixât notre opinion sur un homme, que ses plus ardens défenseurs n'absoudroient de méchanceté qu'en l'accusant de folie.... Que les *confessions* de Jean-Jacques paroissent ou ne paroissent pas ; l'auteur n'en aura pas moins employé un temps considérable de sa vie à composer de sang-froid un ouvrage diffamatoire, que l'honnêtelé d'un dépositaire ou la honte tardive de l'auteur aura lacéré ; il n'en aura pas moins appelé la malédiction du ciel sur le téméraire qui oseroit le supprimer. Nous louerons son repentir ; mais sa faute n'en sera que plus évidente, et n'en déposera qu'avec plus de force contre le caractère moral du libelliste.... Si l'on eût imprimé dans les papiers publics : Jean-Jacques, en mourant, a reconnu l'injustice cruelle qu'il avoit commise envers un ami qui lui écrivoit : « Et vous croyez en Dieu, » et vous porterez ce crime à son tribunal »!... Si l'on eût publié qu'en présence d'un nombre de témoins, il avoit mis en cendres ses indignes *Confessions*, ses ennemis se seroient tus ; les admirateurs de son talent l'auroient placé parmi les premiers écrivains de la nation ; et les fanatiques de ses vertus, rangé même sur la ligne des saints, sans que personne eût réclamé, si ce n'est peut-être des envieux de toute vertu par état, et des détracteurs de tout mérite par métier.... Si l'auteur de l'*Essai sur la vie et les écrits de Sénèque* a peu ménagé Jean-Jacques, s'il y a de la véhémence dans son apostrophe, du-moins on n'y remarquera pas une présomption plus révoltante que la sévérité, plus insultante que l'injure.

Non, censeurs, non ; ce n'est pas la crainte d'être maltraité dans l'écrit posthume de Jean-Jacques, qui m'a fait parler. Je vous suis mal connu. Je savois par un des hommes les plus véridiques, M. Dusaulx, de l'académie des inscriptions, et par d'autres personnes à qui Rousseau n'avoit pas dédaigné de lire ses *Confessions*, que j'étois malheureusement épargné entre un grand nombre de personnes qu'il y déchiroit. Cette fois, je n'étois que le vengeur d'autrui.

Pour m'assurer de la sublime vertu de Jean-Jacques, on me renvoie à ses écrits; c'est me renvoyer aux sermons d'un prédicateur, pour m'assurer de ses mœurs et de sa croyance. Cependant j'y consens; mais à la condition que, pour s'assurer de la vertu de Sénèque, les censeurs me permettront de renvoyer tout autre que le fanatique de Jean-Jacques aux écrits de Sénèque et aux annales de Tacite. Je ne suis pas trop exigeant, ce me semble.

Nous avons chacun notre saint. Jean-Jacques est celui du censeur; Sénèque est le mien : avec cette différence entre nos saints, que celui du censeur s'est plus d'une fois prosterné secrètement aux pieds du mien; avec cette différence entre le censeur et moi, que le censeur n'a pas vécu à côté de saint Sénèque, et qu'après avoir fréquenté dix-sept ans dans la cellule de saint Jean-Jacques, à égalité de sens, je dois le connoître un peu mieux que lui. Nous sommes peut-être deux fanatiques ; mais le plus ridicule, si je ne me trompe, est celui qui se moque de son semblable.

§. 62. Qu'un homme (1) qui n'auroit vécu avec Jean-Jacques qu'un instant, se rendît le garant public, soit du blâme, soit de l'éloge que le disert atrabilaire auroit distribué sur une classe de citoyens que cet homme n'auroit guère fréquentée davantage ; si ce procédé n'étoit pas une noirceur, ce seroit du-moins une légéreté de cervelle, une intempérance de langue difficiles à pardonner.

§. 63. Qu'un autre (2), dominé par son enthousiasme, rende un pompeux hommage à la cendre d'un mort, sans s'appercevoir que son oraison funèbre devient là satyre de ses propres amis vivans, de citoyens qu'il estime tous, et parmi lesquels il en est quelques-uns qu'il honore ; sa faute seroit grave, sans-doute ; mais la noblesse du sentiment qui l'animoit sollicitera de l'indulgence ; et on lui en accordera.

§. 64. « Il est lâche d'attaquer Rousseau, parce » qu'il est mort ».

---

(1) Dorat, *Voyez* le *Journal de Paris*.
(2) M. Delaire.

Sur quoi on demandera si Sénèque est moins mort que Rousseau; et s'il est plus facile au premier de répondre.

« On a fait une lâche injure aux mânes de » Rousseau ».

On n'a point fait insulte aux mânes de Rousseau; on n'a pu souffrir que ses mânes insultâssent aux vivans. Je ne me reprocherai jamais d'avoir prévenu les effets d'une grande calomnie, au moment où la rumeur générale en annonçoit le prochain éclat.

« Jean-Jacques fut le plus éloquent de nos » écrivains ».

Je préférerois un petit volume qui contiendroit l'*Eloge de Descartes*, celui *de Marc-Aurele*, et quelques pages à choix de l'*Histoire naturelle*, à tous les ouvrages de Rousseau. S'il fut éloquent, il faut avouer que personne ne fit un plus mauvais usage de l'éloquence.

« Il en fut le plus vertueux ».

Il y en a très-peu d'entre eux, que je ne crusse insulter, en pensant ainsi.

§. 65. J'en demande pardon à mon premier éditeur; je fais très-grand cas des ouvrages du citoyen de Genève. Il m'objectera ici ce qu'il m'a dit plusieurs fois ; qu'il n'y a peut-être pas une idée principale, folle ou sage, qui lui appartienne : que la préférence de l'état sauvage sur l'état civilisé, n'est qu'une vieille querelle réchauffée : qu'on avoit fait cent fois avant lui l'apologie de l'ignorance contre les progrès des sciences et des arts : qu'on retrouve par-tout la base et les détails de son *Contrat Social :* qu'un homme d'un peu de goût ne s'avisera jamais de comparer son *Héloïse* avec les romans de Richardson, qu'il a pris pour modèles : que son *Devin du village* n'est aujourd'hui que de la très-petite musique : que si l'on avoit un enfant à élever, on laisseroit les idées fausses ou exagérées d'*Emile*, pour se conformer aux sages préceptes de Locke : que l'on ne douta jamais que les langes où nous emprisonnons les nouveaux-nés, ne les fissent pâtir et ne les déformassent : qu'on lit, dans la plupart des moralistes et des médecins (*), que les mères

―――――――――――――

(*) *Voyez*, dans les *Nuits Attiques* d'Aulu-Gelle, le discours de Favorin, qui exerçoit la médecine sous le règne d'Adrien, à une nouvelle accouchée, femme d'un sénateur son ami. En présence d'une mère allarmée sur la santé de sa fille, et sans égards pour ses réclamations, il l'exhorte à nourrir son enfant. Des gens de l'art, parmi les anciens et les modernes, ont prétendu que le devoir conjugal n'étoit rien moins qu'incompatible avec les fonctions maternelles ; et

exposoient leur santé, et manquoient à leurs devoirs, en refusant à leurs enfans la nourriture qui

---

qu'il s'en falloit beaucoup que l'état de grossesse fût nuisible, soit à l'abondance, soit à la qualité du lait. Ce seroit à des expériences réitérées à détruire le préjugé contraire; et cette recherche si importante pour la population et pour les bonnes mœurs, mériteroit bien d'être proposée par quelqu'une de nos sociétés savantes. Entre les différentes espèces d'animaux, il est certain qu'il y en a plusieurs dont les femelles sollicitent l'approche du mâle peu de jours après avoir mis bas, conçoivent et nourrissent en même-temps, sans le moindre inconvénient ni pour les petits qu'elles portent, ni pour les petits qui les tettent. On lit dans Martianus, commentateur d'Hippocrate, *sect.* 250 : « Quæ si vera sunt, non rectè
» sentire videntur illi qui coitum nutricibus pro-
» hibent, lac indè vitiari existimantes; coitu enim
» mediante, motus concitatur in utero, à quo lactis
» generatio dependet; et ex coitu alacritas indu-
» citur mulieri, undè venulæ laxantur (ut dicebat
» Hippocrates, de mulierum morbis, lib. 1), quæ
» ad lactis ubertatem ac bonitatem plurimùm con-
» ferre indubitatum est; imò, si veneri assuetas abs-
» tinentia tantoperè lædit, quod viro orbatæ quotidiè
» experientur; quæ variis morborum generibus fiunt
» subjectæ, nutrices à proprio viro penitùs segregare
» non tutum est... ». *Ramazzini*, de morbis artificum, *est du même sentiment.*

Voyez l'Histoire de la médecine et de la chirurgie anciennes, par M. le docteur Peyrilhe, tom II.

NOTE DE DIDEROT.

gonfloit leurs mamelles ; et que c'est autant la fréquence des accidens, que l'éloquence de Rousseau, qui les a persuadées. Que ces observations soient fausses ou vraies, Jean-Jacques aura toujours entre les littérateurs le mérite des grands coloristes en peinture, dont les productions ne sont pas moins recherchées des amateurs, malgré les incorrections du dessin et les négligences du costume.

Jean-Jacques eût été chef de secte, il y a deux cents ans; en tout temps, démagogue dans sa patrie. Le séjour et la solitude des forêts l'ont perdu : on ne s'améliore pas dans les bois avec le caractère qu'il y portoit et le motif qui l'y conduisoit. Ce qui lui est arrivé, je l'avois prédit.

§. 66. Mais par quel prodige celui qui a écrit la profession de foi du vicaire Savoyard, qui a tourné le Dieu du pays en dérision, en le peignant comme un agréable qui aimoit le bon vin, qui ne haïssoit pas les courtisannes, et qui fréquentoit volontiers chez les fermiers-généraux ; celui qui traitoit les mystères de la religion de logogryphes absurdes et puérils, et ses miracles de contes de Peau-d'Ane, a-t-il, après sa mort, tant de zélés partisans dans les classes de citoyens les plus opposées d'intérêt, de sentimens et de caractères ?

La réponse est facile : c'est qu'il s'étoit fait anti-philosophe ; c'est qu'entre ses fanatiques, ceux qui traîneroient au bûcher l'indiscret qui auroit proféré la moitié de ses blasphêmes, haïssent plus leurs ennemis qu'ils n'aiment leur Dieu ; c'est qu'entre ses fanatiques, ceux qui n'accordent aux opinions religieuses ni grande certitude, ni grande importance, haïssent encore moins les prêtres que les philosophes ; c'est que nombre de vieilles dévotes ont été, comme de raison, de l'avis de leurs directeurs ; c'est que nombre de jeunes femmes ont été séduites par la chaleur de ses peintures voluptueuses ; c'est qu'entre les gens du monde, la plupart ont oublié son traité de l'inégalité des conditions, ou le lui ont pardonné en faveur de son aversion pour des moralistes sévères qu'ils redoutent, pour d'insolens et tristes penseurs qui osent préférer les talens et la vertu à l'opulence et aux dignités ; c'est qu'entre les hommes de lettres, quelques-uns, par esprit de religion politique, d'autres par adulation, ont dû faire cause commune avec des protecteurs puissans dont ils attendent des graces ; et que ceux à qui le caractère et la morale-pratique de Jean-Jacques étoient le mieux connus, n'en prisoient pas moins son talent, et se confondoient avec ses admirateurs.

« Mais après avoir vécu vingt années avec des
» philosophes, comment Jean-Jacques devint-il
» anti-philosophe » ?

Précisément, comme il se fit catholique parmi les protestans, protestant parmi les catholiques; et qu'au milieu des catholiques et des protestans, il professa le déisme ou le socinianisme;

Comme il écrivoit dans la même semaine deux lettres à Genève, par l'une desquelles il exhortoit ses concitoyens à la paix, et par l'autre il souffloit dans leurs esprits la vengeance et la révolte;

Comme il plaida la cause des Iroquois à Paris, et comme il eût plaidé la nôtre dans les forêts du Canada;

Comme il écrivit contre les spectacles, après avoir fait des comédies;

Comme il prétendit que nous n'avions point, que nous n'aurions jamais de musique, lorsque nous croyions en avoir une, et que nous en avions une, lorsqu'il étoit presque décidé que nous n'en aurions jamais;

Comme il se déchaîna contre les lettres, qu'il avoit cultivées toute sa vie;

Comme il calomnia l'homme qu'il estimoit le plus, après avoir avoué son innocence, et comme l le rechercha après l'avoir calomnié.

Comme en prêchant contre la licence des mœurs, il composa un roman licencieux;

Comme après avoir mis les jésuites à la tête des moines les plus dangereux, il fut sur-le-point de prendre leur défense, lorsque l'autorité civile les eut bannis du royaume, et l'autorité ecclésiastique retranchés du corps religieux.

Il me protestoit un jour qu'il étoit chrétien. « Je le croirois volontiers, lui répondis-je; » vous êtes chrétien comme Jésus-Christ étoit » Juif ». = Que peu s'en falloit qu'il ne crût à la résurrection. = « Vous y croyez comme » Pilate, lorsqu'il demandoit si Jésus-Christ étoit » mort ».

Lorsque le programme de l'académie de Dijon parut, il vint me consulter sur le parti qu'il prendroit. Le parti que vous prendrez, lui dis-je, c'est celui que personne ne prendra. Vous avez raison, me repliqua-t-il.

Ce qu'il a écrit à M. de Malesherbes, il me l'a dit vingt fois : « Je me sens le cœur ingrat; » je hais les bienfaiteurs, parce que le bienfait » exige de la reconnoissance, que la reconnois- » sance est un devoir, et que le devoir m'est » insupportable ».

« Mais pourquoi cette habitude de dix-sept

G *

» ans, dans la cellule d'un moine qu'on méprise »?

Demandez à un amant trompé la raison de son opiniâtre attachement pour une infidelle ; et vous apprendrez le motif de l'opiniâtre attachement d'un homme de lettres pour un homme de lettres d'un talent distingué.

Demandez à un bienfaiteur la raison de son attachement ou de ses regrets sur un ingrat ; et vous apprendrez qu'entre tous les liens qui serrent les hommes, un des plus difficiles à rompre est celui du bienfait dont l'amour-propre est flatté.

« Mais est-il bien d'attendre la mort de » l'ingrat, du méchant, pour s'expliquer sur sa » méchanceté »?

Sans-doute, lorsque sa méchanceté lui survit : et que *morto il serpente, non è morto il veleno*. Sans-doute, lorsque la plainte eût entraîné, de son vivant, des éclaircissemens nuisibles à la réputation et au repos d'un nombre de gens de bien.

« Et qui est-ce qui nous garantira ce que » vous avancez, à-présent que le vrai contradicteur » ne subsiste plus »?

Vingt, trente témoins honnêtes et non récusables, dont les voix se sont élevées au moment où elles ont pu se faire entendre sans fâcheuses conséquences; au moment où il falloit s'opposer à la méchanceté la plus raffinée, si l'on ne vouloit pas en partager la noirceur.

§. 67. Rousseau n'est plus. Quoiqu'il eût accepté de la plupart d'entre nous, pendant de longues années, tous les secours de la bienfaisance et tous les services de l'amitié; et qu'après avoir reconnu et confessé mon innocence, il m'ait perfidement et lâchement insulté, je ne l'ai ni persécuté ni haï. J'estimois l'écrivain, mais je n'estimois pas l'homme; et le mépris est un sentiment froid qui ne pousse à aucun procédé violent. Tout mon ressentiment s'est réduit à repousser les avances réitérées qu'il a faites pour se rapprocher de moi: la confiance n'y étoit plus.

Je n'en veux point à sa mémoire; mais si Jean-Jacques fut un homme de bien, on en pourroit conclure, et les méchans en ont conclu, qu'il avoit été long-temps entouré de pervers. Lui-même, en plusieurs endroits de ses ouvrages, a suggéré cette conséquence à la malice de son lecteur; et plus il est devenu célèbre par son talent et l'austérité prétendue de ses mœurs, plus il me sembloit important de rompre le silence.

Ce n'est point une satyre que j'écris, c'est mon apologie; c'est celle d'un assez grand nombre de citoyens qui me sont chers; c'est un devoir sacré que je remplis. Si je ne m'en suis pas acquitté plus-tôt, si je n'entre pas ici dans un détail de faits sans replique, plusieurs d'entre ses défenseurs connoissent mes raisons, les approuvent ; et je les nommerois sans balancer, s'il leur étoit permis de s'expliquer avec franchise, sans tomber dans une criminelle indiscrétion. Mais Rousseau lui-même, dans un ouvrage posthume où il vient de se déclarer fou, orgueilleux, hypocrite et menteur, a levé un coin du voile : le temps achèvera ; et justice sera faite du mort, lorsqu'on le pourra sans affliger les vivans. Pour moi, j'ai dit tout ce que je pouvois dire sans m'exposer à des reproches ; et je n'y reviendrai plus. Je rentre dans Rome, et je reprends le journal de *mes lectures*.

§. 68. La paix règne entre l'empereur et sa mère, jusqu'au moment de l'intrigue de Néron avec Poppée. « De tous les avantages qu'une femme peut avoir (*), il ne manquoit à celle-ci que la vertu. Sa mère, la plus belle des Romaines de son temps, lui avoit transmis ses attraits avec sa noblesse. Sa fortune étoit assortie à sa naissance ; sa conversation, aimable et polie ; son esprit, agréable et même juste ; elle cachoit sous un

---

(*) « Huic mulieri cuncta alia fuère, præter hones-
» tum animum, etc... ». Tacit. *Annal.* lib. 13, cap.
45. Voyez la suite.

front modeste le goût effréné du plaisir. Elle se montroit rarement en public, mais toujours le visage à demi-voilé, et laissant un aiguillon à la curiosité du désir. Sans aucune distinction des personnes, le seul intérêt disposoit de ses faveurs ». Je n'aurois point parlé de cette femme, née pour le malheur de son siècle, la seule maîtresse aimée de Néron, et la plus redoutable ennemie d'Agrippine, sans les excès auxquels se porta celle-ci pour soutenir son crédit et ruiner celui de sa rivale, et sans le rôle difficile de Sénèque dans ces conjonctures critiques.

Je ne me persuaderai jamais que ni Burrhus ni Sénèque aient approuvé le renvoi d'Octavie; mais un soupçon dont j'aurai peine à me défendre, c'est qu'ils n'aient ressenti une satisfaction secrète à trouver dans la faveur de Poppée un contrepoids (*) à l'autorité d'Agrippine. Avec tout le mépris possible pour le vice, l'indignation la plus vraie contre le crime, on ne s'en dissimule pas les avantages passagers.

Poppée étoit mariée à un chevalier romain;

(*) Il paroît que c'étoit le vœu général. *Cupientibus cunctis infringi matris potentiam*, dit Tacite, *Annal.* lib. 14, cap. I.

NOTE DE L'ÉDITEUR.

Rufus Crispinus. Othon, las de ne la posséder que par un commerce de galanterie, l'enleva à Crispinus, et devint son époux. Soit imprudence, soit ambition, il vante à Néron les graces et l'esprit de sa femme (1). S'il eût eu le projet de l'en rendre amoureux, il ne s'y seroit pas pris autrement. L'empereur est introduit auprès de Poppée; elle feint d'être éprise des charmes du prince (2); elle n'y sauroit résister. Lorsqu'elle s'en est assuré la conquête, elle devient capricieuse; elle met en jeu toutes les ruses, toute la coquetterie d'une courtisanne consommée. Après une ou deux nuits (3), si Néron veut la retenir, elle se répand en éloges de son mari; elle tient à son état. C'est Othon qui sait allier l'élévation des sentimens à la magnificence; c'est dans Othon qu'on est frappé de la dignité d'un souverain: Néron, passionné pour une esclave, a contracté dans la familiarité d'une Acté un petit esprit, les sentimens vils et intéressés d'une créature de cet état.

Son projet étoit d'amener le divorce d'Octavie,

---

(1) Tacit. *Annal.* lib. 13, cap. 46.

(2) « Imparem cupidini se, et formâ Neronis captam simulans... ». Tacit. *Annal.* lib. 13, cap. 46.

(3) Diderot ne fait encore ici que traduire. Tacit. lib. 13, cap. 49.

et d'épouser Néron ; mais quel espoir de succès du vivant d'Agrippine ? Elle s'occupe à lui rendre sa mère odieuse et suspecte ; et joint la raillerie aux accusations (1). « Vous êtes un empereur,
» vous ? vous n'êtes qu'un enfant qu'on mène à la
» lisière.... Si Agrippine ne veut pour belle-
» fille qu'une ennemie de son fils, qu'on rende
» Poppée à son époux ; qu'on les exile tous deux :
» il me sera moins fâcheux d'apprendre au bout
» de l'univers la honte dont on couvre le sou-
» verain, que d'en être témoin (2) ». Ce discours artificieux est suivi de larmes plus artificieuses encore.

§. 69. Les extorsions et l'avidité des publicains excitent des cris (3) ; Néron est tenté de supprimer tout impôt. A Rome, cette seule action eût balancé bien des crimes aux yeux de ses sujets, aux yeux même de la postérité ; les énormes revenus des provinces, sagement économisés, auroient satisfait aux dépenses publiques.

Mais, au moment où il se propose de soulager

---

(1) Tacit. *Annal*. lib. 14, cap. 1.

(2) « Hæc atque talia lacrymis et arte adulteræ
» penetrantia nemo prohibebat, etc.... ». Tacit. *Annal*. lib. 14, cap. 1.

(3) Tacit. *Annal*. lib. 13, cap. 50 et 51.

le peuple écrasé, il fait déclarer, par une loi, qu'il suffira d'être accusé dans ses paroles ou dans ses actions, pour subir la poursuite du crime de lèze-majesté (1); et la vie des personnes n'est plus en sûreté; et il n'y a plus de fortune qu'on ne puisse envahir.

On a dit qu'il n'y avoit point de grand génie sans une nuance de folie (2) : cela me paroît, du-moins, aussi vrai de toute grande scélératesse; et sans quelques exemples subsistans du contraire, j'en dirois autant de la puissance illimitée.

S'il n'est point de gouvernement où des circonstances urgentes n'exigent l'infraction des loix naturelles, la violation des droits de l'homme, et l'oubli des prérogatives des sujets, il n'y en a point où certaines conjonctures n'autorisent la résistance de ceux-ci; d'où naît l'extrême difficulté de définir et de circonscrire avec exactitude le crime de haute trahison. Qui est-ce qui se rendit coupable du crime de lèze-majesté ? fussent-ce les Romains, ou Néron ?

---

(1) Sueton. *in Neron.* cap. 32.

(2) " Nullum magnum ingenium sine mixturâ dementiæ fuit... ". Aristotel. *apud* Senec. *de Tranquil. animi*, cap. 15, *non procul à fine.*

NOTE DE L'ÉDITEUR.

A chaque ligne de ses sages instructions aux députés, pour la confection des loix, l'habile et grande souveraine du Nord dit, du crime de lèze-majesté, qu'elle n'y croit pas. Il faut montrer de la sécurité, quand on en jouit; il en faudroit montrer bien davantage, si l'on n'en jouissoit pas. C'est la conscience du despote, qui lui inspire; c'est sa terreur, qui lui dicte ces édits qui n'apprennent à la nation qu'une chose : c'est que son oppresseur connoît le sort qu'il mérite, et qu'il a peur. Si le prince est bon, ses édits sont inutiles; s'il est méchant, ils sont dangereux : la vraie cuirasse du tyran, c'est l'audace.

§. 70. On lit, dans Suétone (*), que Néron conçut de la passion pour sa mère; et qu'il n'alloit pas en litière avec elle, sans que ses désirs incestueux ne laissassent des traces indiscretes sur ses vêtemens : « *Quoties lecticâ cum matre* » *veheretur, libidinatum incestè, ac maculis* » *vestis proditum adfirmant* ». On y lit encore qu'il admit, entre ses courtisannes, une femme dont tout le mérite étoit de ressembler à l'impératrice. Si ces faits sont avérés, la démarche d'Agrippine se conçoit.

(*) Sueton. *in Neron.* cap. 28. *Confer quæ* Tacit. *Annal.* lib. 14, cap. 2.

Vie de Sénèque.

Cette femme, en qui, d'ailleurs, l'ambition et l'habitude du crime (1) avoient étouffé ce reste de pudeur, le dernier sacrifice des femmes perdues, et presque toujours la consommation de leur perversité, projette de captiver le cœur de son fils (2); elle se pare, elle sort la nuit de son palais, elle se montre au milieu de la joie tumultueuse d'un festin et de l'ivresse du prince et de ses convives. Elle se jette entre les bras de Néron; des baisers lascifs on passe à d'autres caresses, les préludes du crime (3). Sénèque est informé de cette scène scandaleuse; aux artifices d'une femme, il oppose la jalousie et les frayeurs d'une autre. Acté, à sa première entrevue avec l'empereur, lui dira: « Y pensez-vous? Vôtre » mère y pense-t-elle? Savez-vous, seigneur, » qu'elle fait trophée de sa passion? Prenez-y » garde, vous allez passer pour un incestueux;

―――――――――――――――――

(1) « Quæ puellaribus annis stuprum cum Lepido » spe dominationis, admiserat, pari cupidine usque » ad libita Pallantis provoluta, et exercita ad omne » flagitium patrui nuptiis.... ». Tacit. *Annal.* lib. 14, cap. 2.

(2) *Voyez* Tacit. *Annal.* lib. 14, cap. 2.

(3) « Jamque lasciva oscula, et prænuntias flagitii » blanditias, adnotantibus proximis..... ». Tacit. *Annal.* lib. 14, cap. 2.

NOTE DE L'ÉDITEUR.

» et il est à craindre, et Agrippine ne l'ignore
» pas, que les armées refusent d'obéir à un sa-
» crilège abhorré des dieux ».

§. 71. Ce discours, suggéré par Sénèque et appuyé de ses remontrances, eut son effet. De ce jour, Néron évita toute entrevue secrète avec sa mère (1); et, ce que Sénèque n'avoit pas prévu (2), de ce jour, le projet de s'en délivrer fut arrêté dans son esprit. Il ne fut plus question que de savoir si ce seroit par le poison, par le fer, ou d'une autre manière. Le poison étoit incertain; le fer, évident. L'affranchi Anicet, préfet de la flotte de Misène, haïssant Agrippine, qui le détestoit, propose la construction d'un vaisseau où le plafond de la chambre de l'impératrice, surchargé de plomb, tomberoit sur sa tête, en-même-temps que la cale s'ouvriroit sous ses pieds. L'expédient fut approuvé. La circonstance étoit favorable; la cour devoit passer à Baies les cinq jours consacrés à Cérès. Pour y attirer Agrippine, Néron (3) lui écrit les lettres les plus tendres et les plus séduisantes : il dit, avec une franchise qui en impose même aux courtisans, « que les

_____

(1) Tacit. *Annal.* lib. 14, cap. 3.

(2) « Credente nullo usquè ad cædem ejus duratura filii odia... ». Tacit. *Annal.* lib. 14, cap. 1.

(3) Tacit. *Annal.* lib. 14, cap. 4.

» pères et mères ont des droits; que les enfans
» doivent supporter leurs vivacités (1), et qu'il
» faut en étouffer le ressentiment ». Ces discours
sont rendus à Agrippine : elle oublie, et les affaires désagréables que son fils lui a suscitées
depuis son exil de la cour, et les insultes des passans de terre et de mer, aux environs de sa retraite : elle vient (2). Néron s'avance au-devant
d'elle, sur le rivage, à la descente d'Antium; il
lui présente la main; il l'embrasse et la conduit
à Baules, maison de campagne baignée par les
eaux qui forment un coude entre le promontoire
de Misène et le lac de Baies. Mais le projet du
vaisseau avoit transpiré; et Agrippine se fait porter en litière, de Baule jusqu'à Baies, où elle
soupe. A table, Néron se place au-dessous d'elle;
l'entretient tantôt avec familiarité, tantôt avec
dignité; joint aux caresses des confidences importantes, prolonge le repas, l'accompagne jusqu'au fatal bâtiment qui doit la recevoir, lui baise
les yeux, et semble ne s'en séparer qu'à regret (3);

___

(1) « Ferendas parentum iracundias, et placandum
» animum... ». Tacit. *Annal.* lib. 14, cap. 4.

NOTE DE L'ÉDITEUR.

(2) *Id. ibid.*

(3) « Prosequitur abeuntem arctius oculis et pectori
» hærens, sive explendâ simulatione, seu periturae
» matris supremus adspectus, quamvis ferum ani-

soit, dit Tacite, pour que rien ne manquât à sa dissimulation, soit que les derniers regards de sa mère sur lui, ses derniers regards sur sa mère, suspendissent sa férocité. Ce dernier sentiment fait trop d'honneur à Néron, et n'en fait pas assez à la pénétration de Tacite.

Agrippine rassurée, (et comment ne l'eût-elle pas été ?) entre dans le vaisseau, suivie de deux seules personnes de sa cour, Crépéréius Gallus, et Acéronia, une de ses femmes. La mer étoit calme et la nuit brillante, comme si les dieux vouloient rendre le forfait évident (1). Crépéréius étoit debout à côté du gouvernail ; Acéronia, penchée au pied du lit d'Agrippine, s'attendrissoit en entretenant sa maîtresse du repentir de Néron, et la félicitoit sur son retour en faveur, lorsque le plafond de la chambre où Agrippine étoit couchée tombe et écrase Crépéréius ; Agrippine fut garantie par le dais solide de son lit : le mécanisme inférieur manque son effet. Le vaisseau ne s'entr'ouvre pas, on travaille à le submerger; mais la mal-adresse, le trouble et la mésintelli-

---

" mum retinebat... ". Tacit. *Annal.* lib. 14, cap. 4. *sub fine.*

NOTE DE L'ÉDITEUR.

(*) C'est la réflexion de Tacite, *loc. cit.* cap. 5.

NOTE DE L'ÉDITEUR.

gence laissent à Agrippine et à Acéronia le temps de se jeter à la mer. Soit d'imprudence, selon Tacite (1), soit de générosité, la suivante crie du milieu des flots : « Sauvez-moi, je suis la » mère de l'empereur.... »; et à l'instant elle est assommée sous des coups de rames et de crocs. Agrippine, plus circonspecte, ne reçoit qu'une légère blessure à l'épaule; tandis qu'elle nage, des barques vont à sa rencontre, la reçoivent et la déposent à sa maison de campagne, par la voie du lac Lucrin (2).

Là, elle réfléchit. L'horrible projet de son fils est manifesté; elle dissimule; elle fait instruire Néron de son péril et de son salut; elle le doit sans-doute à la bonté des dieux et à la fortune du prince; qu'il se tranquillisât et qu'il ne vînt point; son état actuel demandoit du repos. (3).

§. 73. A cette nouvelle inattendue, la terreur s'empare de Néron (4) : il voit Agrippine trans-

---

(1) *Annal.* lib. 14, cap. 5. « Verùm Acéronia im-
» prudens, dum se Agrippinam esse, utque subve-
» niretur matri principis, clamitat, contis et remis...
» conficitur. »
NOTE DE L'ÉDITEUR.
(2) Tacit. *ubi supr.* cap. 5, *sub fin.*
(3) Tacit. *ibid.* cap. 6.
(4) *Voyez* Tacit. *Annal.* lib. 14, cap. 7. *sub init.*

portée de fureur ameuter les esclaves, animer le peuple, soulever les troupes, faire retentir de ses cris le sénat, les places publiques, raconter son naufrage, montrer sa blessure, et révéler les meurtres de ses amis. Si elle paroît en sa présence, que lui répondra-t-il ?

Il fait appeler Sénèque et Burrhus (*). Etoient-ils, n'étoient-ils pas instruits du projet de la nuit précédente? Après cet attentat, jugeront-ils l'affaire tellement engagée, qu'il falloit que Néron pérît, si l'on ne prévenoit Agrippine ? Ce qu'il y a de certain, c'est que le monstre s'expliqua nettement avec ses instituteurs. L'horreur les saisit. « Parlez, leur dit Néron, et songez que vous » répondrez de l'événement sur vos têtes ». Sénèque regarde Burrhus, et lui demande s'il faut ordonner aux soldats d'égorger la mère de l'empereur. Burrhus répond que les prétoriens, dévoués à la famille de Césars, et à qui la mémoire de Germanicus est présente, ne porteront jamais des mains meurtrières sur sa fille ; puis s'adressant

---

(*) » Quos statim acciverat, incertum an et ante » ignaros. Igitur longum utriùsque silentium, ne irriti » dissuaderent; an eo descensum credebant, ut nisi » præveniretur Agrippina, pereundum Neroni es- » set... ». Tacit. *Annal.* lib. 14, cap. 7.

NOTE DE L'ÉDITEUR.

à Néron, il ajoute : « Je commande à de braves
» soldats ; si vous avez besoin d'assassins, cherchez-
» les ailleurs ; et que votre Anicet n'achève-t-il
» ce qu'il vous a promis (1) » ? Anicet y consent ; et Néron dit avec indignation : « Je règne
» d'aujourd'hui ; et c'est à un affranchi que je
» le dois (2) ».

Et c'est à un affranchi que je le dois. Je
m'arrête sur ces mots ; ils ont plus de force que
tout ce que je pourrois ajouter pour la justification
de Sénèque et de Burrhus ; et je sens qu'il faut
abandonner ceux qu'ils ne convaincront pas de

---

(1) « Perpetraret Anicetus promissa... » Tacit.
Annal. lib. 14, cap. 7. Diderot ajoute au texte de
Tacite.

(2) « Ad eam vocem, Nero, illo sibi die dari im-
» perium ; auctoremque tanti muneris libertum pro-
» fitetur. Iret properè, duceretque promptissimos
» ad jussa... ». Tacit. *Annal.* lib. 14, cap. 7. Ce
passage est très-important : il prouve clairement deux
choses, auxquelles on n'a pas fait assez d'attention ;
la première, que Sénèque et Burrhus refusèrent cou-
rageusement de se rendre complices du crime médité
par Néron ; et la seconde, que ce refus excita dans
le cœur de ce parricide un mouvement de colère et
de rage qu'il ne put contenir, et qui éclata même
très-vivement, comme on le voit par l'esprit du
passage de Tacite. NOTE DE L'ÉDITEUR.

leur innocence, à l'invincible et barbare opiniâtreté avec laquelle ils cherchent des crimes.

§. 73. Le seul parti qui restoit à prendre dans ces horribles circonstances, c'est, dit un homme de grand sens, celui qu'on prit plus tard, de délivrer le monde d'un monstre : mais, ajoute-t-il, les seuls hommes de la terre à qui il n'étoit pas permis de tuer Néron, c'étoient Sénèque et Burrhus.

En effet, ébauchons la rumeur populaire sur cet assassinat, s'il avoit eu lieu. == *Ils l'ont tué, comme leur propre sécurité et nos maux leur en donnoient le conseil.* == De qui parlez-vous ? == *Je parle de Sénèque, de Burrhus et de Néron.* Quoi ! Néron n'est plus ! Est-il bien vrai ? == *Il n'est plus ; graces en soient rendues aux dieux, et aux deux hommes courageux qui nous en ont délivrés.* == Mais, ses instituteurs, ses ministres ! == *Oui, mais de vertueux personnages qu'il osoit consulter sur un parricide. Ils ont bien fait, vous dis-je.* == Leur élève ! == *Un fils dénaturé.* == Leur souverain ! == *Une bête féroce.* == Pour qui sauver ? une Agrippine ! == *Une femme qui saura régner, une mère à qui il devoit le trône qu'il occupoit.* == Un trône usurpé sur l'héritier légitime, par une longue suite de forfaits ! == *Et pour récompense de ces forfaits dont il avoit recueilli le fruit, l'exil dans un vieux* château, où des centurions s'avançoient pour la poignarder. = Mais un fils menacé par sa mère, ne doit-il pas savoir mourir ? = Une mère; dites-vous ? dites un assassin qui avoit déjà rompu le lien qui pouvoit arrêter la main vengeresse d'un fils. La conservation personnelle n'est-elle pas la première des loix dans l'ordre de la nature ? Ce cri cesse-t-il de retentir un moment au fond du cœur de tout être vivant ? quand une mère nous donne le jour, n'en recevons-nous pas et l'amour de la vie et l'horreur de notre destruction ? Existe-t-il, a-t-il jamais existé sur le trône un prince qui eut balancé dans cette conjoncture ? = Vous ne me persuadez pas. = Tant pis pour vous, si le bien général vous touche si peu.

Un souverain placé sur le trône, ou par des conjurés, ou par des rebelles, se trouve sans cesse entre l'injustice, s'il leur accorde tout, et l'ingratitude, s'il leur refuse quelque chose. Fatigué de cette longue et pénible contrainte, il ne s'en affranchit communément que par la disgrace, l'exil, ou même la mort de ceux qui semblent ne l'avoir servi qu'à la condition de le subjuguer, et dont le mécontentement et la puissance le menaceroient du sort fatal de son prédécesseur. Alors, il encourt, et le blâme général de la nation qui ignore quel est le prix de la sécurité pour un prince, combien il est jaloux de son autorité, et les reproches de l'historien qui n'est souvent qu'un écho lointain de la rumeur populaire.

Il y auroit trois grands plaidoyers à faire : l'un pour Sénèque et Burrhus, un second pour Néron, un troisième pour Agrippine. Hommes sensés, imaginez tout ce qu'il vous seroit possible d'alléguer pour et contre les accusés ; et dites-moi quelle seroit votre pensée. Vous presserez-vous d'absoudre, ou de condamner, ou de gémir sur la destinée des gens de bien jetés entre des scélérats puissans ?

Si Sénèque et Burrhus avoient tué Néron ; est-on bien certain qu'une Agrippine, une mère politique n'auroit pas envoyé au supplice deux hommes qui auroient eu la témérité de la venger sans son aveu ?

§. 74. « Mais les choses en étoient-elles venues au point, qu'il falloit que le fils pérît par sa mère, ou la mère par son fils ? C'est une chose invraisemblable ».

Pour vous, censeurs, mais non pour Tacite. Si nous nous permettons d'ajouter ou de retrancher au récit de l'historien, il n'y a plus rien de vrai ni de faux.

Le discours de Burrhus semble prouver que

l'attentat du vaisseau lui étoit connu ; le savoit-il avant, ou l'apprit-il après l'exécution ? L'étonnement, qui ôte à Sénèque sa promptitude à parler, prouve son ignorance.

Quoi qu'il en soit, il ne faut accuser ni Burrhus ni Sénèque d'une foible résistance, sur-tout lorsqu'on avouera que la brusque réponse de Burrhus amena sa fin tragique.

On jugera mal la position et la conduite des honnêtes gens que leur mauvais destin avoit approchés de Néron, si l'on oublie à quel prince ils avoient à faire, qu'on ne s'explique pas avec son prince comme avec son ami, ni avec un Néron comme avec un autre prince.

Burrhus et Sénèque en dirent assez pour marquer leur profonde horreur, exciter la fureur, les menaces, les reproches de Néron, et exposer leur vie.

Il y a des circonstances, telles que celles-ci, où le discours perdra toute sa force, si l'on ne se peint pas le ton, le regard, le maintien de celui qui parle : il faut voir la consternation sur le visage de Sénèque ; l'indignation sur celui de Burrhus.

Il est un silence qui peut déconcerter le plus déterminé scélérat, sur-tout lorsqu'il est soutenu du regard imposant d'un père, d'un ami, d'un instituteur, d'un ministre, d'un personnage de grande autorité, à l'aspect duquel le cœur a pris l'habitude de tressaillir : mais ce symptôme muet de la plus forte indignation aura-t-il quelque effet ? On l'ignore ; on n'y pense pas.

Ce n'est point pour disculper ces deux vertueux personnages, que Tacite a dit que leurs remontrances auroient été inutiles : il me fait entendre qu'elles furent aussi énergiques qu'elles pouvoient l'être ; et que, plus fortement prononcées, elles auroient occasionné trois meurtres au lieu d'un.

« Mais il est triste de voir Sénèque à côté de » Néron, après le meurtre d'Agrippine ».

Mais Burrhus, qu'on n'a jamais accusé, ne se retira pas.

« Il est triste de l'y voir occupé à appaiser » les remords d'un parricide ».

C'est ce que fit Burrhus, et ce que Sénèque ne fit point.

« Peut-être n'étoit-il pas sûr de sortir du » palais ».

Mais il étoit utile d'y rester pour l'empire ;

pour la famille de Sénèque, pour ses amis, pour nombre de bons citoyens. Quoi donc! après l'assassinat d'Agrippine, n'y avoit-il plus de bien à faire pour un homme éclairé, ferme, juste, chargé d'un détail immense d'affaires, et capable par son autorité, ses lumières, son courage, sa bienfaisance, de porter des secours, d'accorder des graces, de réparer des malheurs, d'arrêter ou de prévenir des vexations, d'empêcher des déprédations, d'éloigner les ineptes, d'élever aux places les hommes distingués par leurs connoissances et leurs vertus ? L'enceinte du palais ne circonscrivoit pas le district du philosophe ; ce n'est point un précepteur qui a pris son élève au sortir des mains des femmes, et qu'on garde par reconnoissance ; c'est un instituteur qui est devenu ministre.

Sénèque se dit à lui-même: La providence m'a placé dans ce poste; je le garderai malgré la haine de Poppée, les intrigues des affranchis, l'importunité de ma présence pour César. S'ils ont à m'égorger, c'est dans le palais qu'ils m'égorgeront.

§. 75. Burrhus meurt; la vertu est privée d'un de ses chefs. Néron se livre aux partisans du vice; et les secours, dit l'historien, diminuent à-mesure que les maux s'accroissent. J'invite le lecteur à méditer ces lignes, et à nous apprendre

si, consulté par le philosophe incertain s'il s'éloignera ou s'il restera, il ne lui dira pas: « Vous
» éloigner après la mort de votre collègue ! c'est
» donc afin que la vertu demeure sans pro-
» tecteur, et que la scélératesse s'exerce sans
» obstacle »?

« Mais Sénèque fit-il quelque bien; empêcha-
» t-il quelque mal »?

Fit-il quelque bien ? On lui attribuoit tout le bien qui se faisoit dans l'empire ; et c'est ainsi qu'on irritoit la jalousie de César : mais n'eût-il que sauvé l'honneur à une seule honnête femme, conservé un fils à son père, une fille à sa mère, la vie ou la fortune à un bon citoyen, tranquillisé les provinces, protégé un innocent, montré un front sévère aux scélérats dont l'empereur étoit entouré, croisé les vues sanguinaires d'une favorite, d'un esclave, hâté la disgrace d'un affranchi, secondé les efforts de Burrhus et prévenu les reproches qu'on n'auroit pas manqué de lui adresser s'il s'en étoit séparé, et d'adresser à Burrhus s'il eût abandonné son collègue dans une conjoncture pareille (reproches que nous avons entendus de nos jours, tant cette énorme bête qu'on appelle le peuple, s'est toujours ressemblé); Sénèque et Burrhus auroient été blâmables et blâmés d'avoir quitté la cour ou renoncé à la vie. Je ne doute point qu'ils n'aient long-temps persévéré dans leurs fonctions, l'un par égard pour l'autre ; et que Burrhus n'ait souvent arrêté Sénèque, et Sénèque arrêté Burrhus.

Quelque parti que prenne Sénèque, le même grief se présente: reste-t-il? c'est par la crainte de mourir: s'éloigne-t-il? c'est encore par la crainte de mourir.

« D'accord, ils auroient occasionné deux meur-
» tres, et n'auroient pas empêché le premier ;
» mais la vertu songe au devoir, et oublie la vie ».

La vertu songe à la vie, lorsque le devoir l'ordonne.

Oui, je conviens que Sénèque et Burrhus se sont trouvés plusieurs fois entre une mort prochaine et une obéissance déshonorante.

« Quoi ! l'obéissance est déshonorante; et vous
» consentez qu'on obéisse » ?

Assurément ; le déshonneur est dans l'opinion des hommes, l'innocence est en nous. Ferai-je le mal qu'on approuvera, ou le bien qui sera désapprouvé? Sera-ce la voix du peuple ou celle de ma conscience que j'écouterai ? Sages Catons, conseillez-moi.

Les hommes ordinaires peuvent s'en imposer

sur le motif qui les détermine? Mais Sénèque fut-il un homme ordinaire? Craignit-il de perdre la vie? Le stoïcien en faisoit si peu de cas! La richesse? Ce n'étoit guère à ses yeux que la vaine décoration de sa dignité. En s'éloignant, en se cachant dans la retraite, il étoit possible que le tyran cruel l'oubliât : en restant à la cour où sa présence gênoit, où l'on étoit blessé de ses discours, où il laissoit échapper le plus souverain mépris pour les courtisannes, le péril étoit imminent.

« Mais l'instituteur ne devoit-il pas la vérité » à son élève »?

Sénèque n'étoit plus un instituteur; son élève étoit un empereur. Il y a peut-être encore des princes dissolus et méchans; je voudrois bien savoir quel est celui d'entre les ministres du Très-Haut qui oseroit leur porter des remontrances qu'ils n'auroient point appelées; comment ce zèle déplacé, cette indiscrète audace seroit reçue du souverain et jugée par les peuples? Comment ces respectables et sages personnages se conduisent-ils dans ces conjonctures? Malgré l'imposante autorité de leur caractère, ils prient, ils gémissent, et se taisent. Exigera-t-on plus du philosophe payen que du prélat chrétien? Et osera-t-il impunément ce qu'on blâmeroit dans un pasteur avec une ouaille de son troupeau?

H*

§. 76. Sénèque et Burrhus ont parlé, ont parlé fortement ; et il leur en a coûté la vie : mais je supposerai qu'ils se sont tus. Entre le conseil, l'approbation et le silence, n'est-il point de distinction à faire ? Quand je me tairois sur l'art indigne de noircir, de calomnier, de diffamer les grands hommes par des doutes ingénieux, des soupçons mal fondés, un bizarre commentaire des historiens ; le conseillerois-je, l'approuverois-je, en serois-je moins profondément affligé ? Dieu me garde d'avoir à mes côtés d'aussi dangereux interprètes de nos sentimens secrets !

« Comparons Sénèque à Papinien, chargé par
» l'empereur Sévère de l'éducation de ses deux
» fils. L'un de ses élèves, Caracalla, a poignardé
» son frère sur le sein même de leur mère Julie.
» Ce monstre, déjà revêtu de tout le pouvoir
» d'un empereur, presse Papinien de persuader
» au peuple que Géta, son frère, étoit coupable,
» et avoit mérité la mort. Papinien lui répond :
» Accuser une victime innocente, c'est ajouter
» un second fratricide au premier. Caracalla,
» indigné de cette résistance, fait environner Pa-
» pinien de soldats qui tiennent la hache levée
» sur sa tête, et lui dit : Si tu ne veux pas ac-
» cuser mon frère, du-moins justifie-moi, et

» trouve quelque excuse à mon action. = *Pa-*
» *pinien* : Et tu crois qu'il m'est aussi facile de
» pallier un forfait, qu'à toi de le commettre ?
» = *Caracalla* : Meurs donc. = *Papinien* :
» Me voilà prêt ; frappe, soldat.... = La tête
» de Papinien tombe ; et le censeur ajoute : Voilà
» le courage de la vertu, et Sénèque n'en a que
» l'amour ; il ressemble dans ce moment au com-
» mun des hommes ».

Censeur, ajustez cette scène au théâtre, et soyez sûr d'un grand effet ; mais si vous eussiez lu les observations de mon éditeur sur cet événement, vous vous fussiez bien gardé d'en faire une page historique, et nous n'eussions point entendu Papinien parler très-éloquemment quelques années après sa mort. Mais quand on conviendroit de la vérité de l'entretien de Caracalla avec Papinien ; il resteroit toujours à examiner si la résolution de celui-ci convenoit également à Burrhus ministre de la ville et du palais, et et à Sénèque ministre des provinces.

« Veut-on que Sénèque ait composé l'apo-
» logie du meurtre d'Agrippine ? S'il l'a écrite,
» le poignard sur la gorge ou le poignard sur les
» lèvres, on pourra, dit-on, l'excuser, mais non
» lui pardonner : car la vertu qui brave la mort
» n'est peut-être pas un devoir de l'homme ».

Et comment décoreroit-on de ce nom sacré, dont la véritable notion est fondée sur l'utilité publique, un indiscret enthousiasme qui n'entraîneroit qu'une longue suite de forfaits ?

« Y avoit-il à craindre que le peuple romain
» ne se révoltât, et ne renversât du trône l'as-
» sassin de sa mère ? Et quand cette révolution
» seroit arrivée, auroit-ce donc été un si grand
» malheur » ?

Très-grand; si la révolution ne pouvoit guère s'exécuter qu'en faisant couler des flots de sang. Le plus détestable des tyrans a toujours un puissant parti; et certes, ce n'étoit pas sans raison que Pison balança si long-temps, qu'il prit tant de précautions funestes, et qu'il s'assura d'un si grand nombre de conjurés, lui qui avoit tous les jours sa victime sous ses mains, lui qui fut tenté plusieurs fois de l'immoler en plein théâtre.

« Si cet événement pouvoit renverser l'état,
» n'étoit-il pas plus certain que Néron le ren-
» verseroit » ?

Je ne le pense pas. Le sénat avili restoit sans autorité; les troupes prétoriennes, sans discipline; le peuple, sans énergie. La concurrence de deux prétendans au trône impérial pouvoit, ainsi que l'expérience le confirma dans la suite, allumer une guerre civile. Peu s'en fallut que les magistrats ne fussent tous massacrés par les cohortes, et les cohortes par le peuple, après le meurtre de Caligula. Il importoit beaucoup que le prince qui tenoit le sceptre le gardât, sur-tout dans l'incertitude où l'on étoit de le déposer en de moins mauvaises mains ; et avec l'espoir, fondé sur cinq années de prospérité, que la lassitude du crime et le dégoût de la débauche amèneroient des jours plus heureux.

A-la-vérité, rien ne prouve mieux la haine générale qu'on portoit à Néron, que les cris de joie qui s'élevèrent au moment de sa chûte : mais ce concert des volontés se seroit évanoui plus promptement qu'il ne s'étoit formé, si le plus méchant des princes n'avoit pas été en-même-temps le plus lâche des hommes. Il ne s'agissoit dans ce moment que de faire tomber une ou deux têtes, pour voir ce troupeau d'esclaves rebelles se disperser, les magistrats se prosterner, les prêtres faire fumer l'encens et couler le sang dans les temples, et le reste renfermé et tremblant dans ses maisons.

Sénèque et Burrhus étoient deux hommes que les bienfaits d'Agrippine rendoient suspects à un tyran ombrageux, et que leurs vertus rendoient odieux à un prince dissolu.

Lorsqu'on ajoute : *Et que ne persuadoient-ils à Néron d'exiler ou de renfermer Agrippine* (1) : on perd de vue le caractère violent du fils, l'ambition et la puissance de la mère, la haine que tous les citoyens portoient à l'un, le vif intérêt qu'ils avoient pris au péril de l'autre, et la politique de princes moins féroces qui ont sacrifié leur propre sang à leur sécurité dans des circonstances moins critiques. Lisez ce qui suit, et accusez encore Sénèque et Burrhus, si vous l'osez.

Les yeux du tigre étinceloient de fureur, lorsqu'Agérinus se présente de la part d'Agrippine. Anicet jette furtivement un poignard à ses pieds, crie que c'est un assassin dépêché par Agrippine, et le fait charger de chaînes (2).

§. 77. Cependant (3) le bruit du péril d'Agrippine s'étoit répandu ; on l'attribuoit au hasard : le peuple accourt en tumulte sur le rivage ; ici l'on monte sur les jetées ; là, sur les barques ; les uns s'avancent dans les flots autant que la

---

(1) C'est l'objection que fait l'auteur anonyme d'une *Vie de Sénèque*, publiée à Paris l'an 1776, et imprimée chez Barbou. *Voyez* les pag. 57 et 58, note 3.

NOTE DE L'ÉDITEUR.

(2) Tacit. *loc. cit.* cap. 7.
(3) Tacit. *Annal.* lib. 14, cap. 8, toto cap.

profondeur des eaux le permet; les autres ont les bras étendus vers la mer: la côte retentit de plaintes, de vœux, de questions diverses, de réponses vagues; elle brille de flambeaux sur toute sa longueur. On apprend que l'impératrice est sauvée; et l'on se disposoit à l'aller féliciter, lorsqu'à la vue d'un bataillon armé et menaçant la foule se disperse. Anicet investit la maison; les portes en sont brisées; on se saisit des esclaves qui se présentent, on pénètre à l'appartement de l'impératrice; il y avoit peu de monde; la terreur de l'irruption en avoit écarté le concours; il étoit éclairé d'une foible lumière; Agrippine n'avoit à ses côtés qu'une de ses femmes: personne ne se présentant de la part de son fils, pas même Agérinus, son effroi s'accroît de moment en moment; le rivage avoit changé de face; il étoit désert; des crits subits s'y faisoient entendre par intervalle; tout annonçoit le malheur extrême. La suivante d'Agrippine s'éloignant, *et toi, tu m'abandonnes aussi!* lui dit sa maîtresse (*). A l'instant elle apperçoit Anicet accompagné du triérarque Herculéus et du centurion de flotte Oloaritus. « Si vous me visitez de la part de » Néron, leur dit-elle, allez lui apprendre que » je suis guérie: si vous venez m'assassiner,

---

(*) "Tu quoque me deseris..." *Apud*. Tacit. *Annal.* lib. 14, cap. 8. *Voyez* tout ce chapitre.

» je ne croirai point que mon fils ait ordonné un
» parricide ».

Elle étoit dans son lit; les meurtriers l'environnent; le triérarque lui décharge un coup de bâton sur la tête. Agrippine, le milieu du corps avancé vers le centurion, qui tiroit son glaive, lui dit : *Frappe mon ventre....* et elle expire, percée de plusieurs coups (1). On dit que des Chaldéens qu'elle avoit consultés sur son fils, lui avoient prédit qu'il régneroit, et qu'il tueroit sa mère. *Qu'il me tue*, avoit-elle répondu, *pourvu qu'il règne* (2).

Croiroit-on qu'il y eût une circonstance capable d'ajouter à l'horreur de ce forfait? Qui l'auroit imaginée, si l'histoire ne nous l'avoit transmise? C'est que sa mère assassinée, Néron court (3) assouvir son impure curiosité sur son

___

(1) « Protendens uterum, ventrem feri, exclamavit... ». Tacit. *Annal.* lib. 14, cap. 8, toto cap.

(2) « Occidat, inquit, dum imperet... ». Tacit. *loc. cit.* cap. 9.

(3) *Voyez* Sueton. *in Nerone*, cap. 34. Tacite ne révèle point cette dernière horreur; il rapporte seulement comme un fait, sur lequel les auteurs ne s'accordoient point entre eux, que Néron considéra curieusement le corps d'Agrippine après sa mort, et qu'il en loua la beauté. « Adspexeritne matrem

cadavre ; il le contemple, il y porte les mains, il en loue certaines parties, il en blâme d'autres, et demande à boire.

§. 78. Cependant ce crime plonge le scélérat et superstitieux Néron dans un silence stupide ; la terreur le saisit, sa conscience se révolte ; tandis qu'il fait courir le bruit que sa mère, convaincue d'un attentat sur sa personne sacrée, s'est défaite elle-même, il voit son image ; il en est poursuivi (1) ; il voit les Euménides avec leurs serpens et leurs torches ; il essaye en vain de fléchir ses mânes par un sacrifice magique. Son supplice duroit encore, lors de son voyage en Grèce ; il n'ose se présenter à l'initiation des mystères d'Eleusine, effrayé et retenu par la voix du crieur, qui ordonnoit aux impies et aux scélérats de s'éloigner.

Dans les premiers jours, il s'agite (2), il se lève : la nuit, il croit que le jour amènera son châtiment et la fin de sa vie. Les centurions et

---

» exanimem Nero, et formam corporis ejus laudaverit, sunt qui tradiderint, sunt qui abnuant.... ».
Annal. lib. 14, cap. 9.

NOTE DE L'ÉDITEUR.

(1) Sueton. *in Neron.* cap. 34, et Tacit. *Annal.* lib. 14, 992. cap. 10.
(2) Tacit. *Annal.* lib. 14, cap. 10.

Vie de Sénèque.   I

les tribuns sont les premiers, dont la basse flatterie le rassure. Invités par Burrhus, ils lui prennent la main et le félicitent. Invités par Burrhus!... Ses amis vont aux temples rendre graces aux dieux. Pendant toute sa vie, autant de forfaits, autant de sacrifices; les maisons regorgeoient du sang des hommes; le sang des animaux ruisseloit aux autels des dieux. Les villes de la Campanie lui marquent leur allégresse par des députations et par des sacrifices; cependant il jouoit l'affliction; il regrettoit le péril dont il étoit délivré; il pleuroit.

§. 79. Le sénat et les grands de Rome avoient donné l'exemple aux peuples de la Campanie (1). On immoloit de tout côté des victimes : on ordonnoit des jeux annuels aux fêtes de Cérès, jours où la prétendue conspiration d'Agrippine avoit été découverte : on décernoit une statue d'or à Minerve dans le palais, en face de celle du parricide. Le jour de la naissance d'Agrippine étoit inscrit dans les fastes entre les jours funestes.

Mais les lieux ne changent pas comme les visages (2). Le crime étoit fixé devant les yeux du

---

(1) Tacit. *Annal.* lib. 14, cap. 12.

(2) « Quià tamen non, ut hominum vultus, ita
» locorum facies mutantur, observabaturque maris

parricide par le redoutable aspect de la mer et des collines. Il se retire à Naples, d'où il écrit au sénat (*):

« Que l'assassin Agérinus, affranchi d'Agrippine
» et son confident le plus intime, a été surpris
» avec un poignard;

» Qu'Agrippine est morte par la même fureur,
» qui lui avoit inspiré le crime ;

» Qu'elle prétendoit s'associer à l'empire, exiger
» le serment des prétoriens, et soumettre le sénat
» et le peuple aux ordres d'une femme.

» Que, son projet manqué, de ressentiment
» contre les soldats, les sénateurs et le peuple,
» elle s'est opposée à toutes gratifications ; et
» qu'elle a suscité des délateurs contre les personnes
» les plus distinguées.

» Avec quelle difficulté ne l'a-t-on pas empêchée
» de forcer les portes du sénat, et de dicter ses
» volontés aux nations étrangères!

» illius et littorum gravis adspectus, etc... » Tacit. *Annal.* lib. 14, cap. 10.

NOTE DE L'ÉDITEUR.

(*) *Apud* Tacit. *Annal.* lib. 14, cap. 10.

» Agrippine a causé tous les désordres du règne
» de Claude.

» Sa mort est un coup de la fortune de Rome :
» son naufrage le prouve ».

Cette lettre, devenue publique, détourna les yeux de dessus le cruel Néron; et l'on ne s'entretint plus que de *l'indiscrétion* de Sénèque, qui l'avoit dictée (*).

« La lettre adressée au sénat, une indiscré-
» tion »!

C'est l'expression de Tacite. Il n'est question dans l'historien, que d'un bruit populaire qu'il n'approuve ni ne désapprouve, et par lequel Sénèque est taxé d'une faute qu'il n'a pas même commise : car il n'y a nulle indiscrétion dans la lettre de Sénèque; et la rumeur ne l'accuse ni de crime, ni de lâcheté, ni de bassesse. Pourquoi faut-il que nous nous montrions pires que la canaille, dont le caractère est de tout envenimer ?

Il me semble, pour moi, qu'on ne mit ni à la conduite de Sénèque, ni à la mort d'Agrip-

---

(*) « Sed adverso rumore Seneca erat, quod ora-
» tione tali confessionem scripsisset... ». Tacit. *Annal.* lib. 14, cap. 11, in fine.

NOTE DE L'ÉDITEUR.

pine, l'importance que nous y mettons ; et je n'en suis pas surpris.

Avancez ou reculez la date d'un événement qui causa l'allégresse publique ; et vous produirez la consternation. Voulez-vous entendre les gémissemens de la France ? Abrégez de quatre à cinq lustres le règne de Louis XIV. Que ne m'est-il permis de montrer par des exemples moins éloignés, combien les esprits sont diversement affectés selon les momens ! Néron meurt exécré ; quelques années plus-tôt, Néron mouroit regretté.

Agrippine étoit odieuse aux Romains ; mais la présence du péril suspendit la haine. Sénèque ne colora point un forfait ; il le nia. Il est à présumer que le peuple n'avoit point lu l'écrit dont il parloit ; et lorsque nous affectons tant de sévérité, nous allons au-delà du récit de l'histoire, et du jugement des contemporains. Les détracteurs du philosophe (*) lui reprochent, sur le témoignage de Dion Cassius, d'avoir conseillé à Néron l'assassinat de sa mère, calomnie aussi invraisemblable qu'atroce, et d'ailleurs réfutée par le silence de Tacite, historien d'un tout autre poids que Dion, mieux instruit que lui sur les

---

(*) *Voyez* Dion *in Neron.* lib. 61, cap. 12, pag. 991, 992, tome II, *edit.* Reimar.

faits, et assez voisin des temps où ils sont arrivés, pour avoir pu les savoir de ceux même qui en avoient été les témoins. Il est également faux que Sénèque consentit au meurtre d'Agrippine : la question qu'il se hâte de faire à Burrhus (1), eût inspiré de l'horreur à tout autre qu'un Néron (2). A l'égard de cette lettre que le parricide écrivit

---

(1) « Post Seneca hactenùs promptior, respicere Burrhum, ac sciscitari an militi imperanda cædes esset... ». Tacit. *Annal.* lib. 14, cap. 7.

NOTE DE L'ÉDITEUR.

(2) Pour faire sentir l'absurdité de ces imputations si injurieuses à la mémoire de Sénèque, il suffit de renvoyer le lecteur au passage de Tacite, rapporté ci-dessus page 176, note 2. C'est une réponse sans replique à la calomnie de Dion ; et je m'étonne que Diderot, qui cite, quelque pages plus haut, ce passage si décisif, n'en ait pas fait la remarque.

Je n'ajouterai qu'un mot à ce que j'ai déjà dit sur le même sujet dans la note 2, page 176 : c'est que ces deux seules lignes de Tacite prouvent plus en faveur de Sénèque contre Dion et ses copistes, tant anciens que modernes, que tout ce qu'on pourroit dire, même avec beaucoup d'éloquence, pour réfuter en détail les invectives et les impostures de ces ennemis déclarés de toute vertu ; et j'ose croire que les gens sensés, qui jugent comme Tacite a écrit, *sine irâ in studio*, n'auront pas, à cet égard, une autre manière de voir et de penser.

NOTE DE L'ÉDITEUR.

à ce méprisable sénat qu'on amusoit par des momeries, auxquelles il répondoit par d'autres momeries ; je pense que ce ne fut point à ce corps sans autorité, sans ame, sans pudeur, sans dignité, qui avoit déjà présenté au meurtrier sa félicitation, et aux immortels ses actions de graces ; mais que ce fut aux citoyens, parmi lesquels il y avoit encore quelques braves gens à redouter, que cet écrit, dont le peuple connut l'existence et non le contenu, fut réellement adressé. Après un exécrable forfait auquel il n'y avoit plus de remède, que restoit-il à faire, si-non d'en prévenir, s'il étoit possible, d'autres que des troubles et des conspirations auroient amenés ? Sénèque a-t-il accusé Agrippine d'une seule action dont elle ne fût coupable ? Après l'attentat du vaisseau, que ne devoit-on pas craindre du ressentiment de cette femme ? Cette question n'est pas de moi, elle est de Tacite (*).

§. 80. Au-reste, les accusations précédentes sont si graves, que je me propose d'y revenir.

(*) Ou plutôt de Néron, qui, lorsqu'on lui annonça que l'événement du vaisseau se réduisoit à ne laisser aucun doute sur l'auteur de l'attentat, s'écria, transporté d'effroi : « Que sa mère alloit reve-
» nir ardente à se venger, armer les esclaves, sou-
» lever les troupes, ou lui reprocher, devant le

En attendant, je vais rapporter un passage de Montaigne qui se présente sous ma plume, et que j'aime mieux déplacé qu'omis (*) : ce que l'auteur des *Essais* dit de Dion, est indistinctement applicable aux censeurs de Sénèque. « Je
» ne crois aucunement le témoignage de Dion :
» car, outre qu'il est inconstant, qui, après avoir
» appelé Sénèque très-sage tantôt, et tantôt en-
» nemi mortel des vices de Néron, le fait ail-
» leurs avaricieux, usurier, ambitieux, lâche,
» voluptueux, et contre-faisant le philosophe à
» fausses enseignes ; sa vertu paroît si vive et
» vigoureuse en ses écrits, et la défense y est
» si claire à aucune de ces imputations, comme de
» sa richesse et dépense excessive, que n'en
» croirai aucun témoignage au contraire ; et da-
» vantage, il est bien plus raisonnable de croire
» en telle chose les historiens Romains que les
» Grecs et étrangers : or, Tacitus et les autres

» sénat et le peuple, son naufrage, sa blessure et le
» meurtre de ses amis ». *Tum pavore exanimis, et jamjamque adfore obtestans, vindictæ properam, sive servitia armaret, vel militem accenderet, sive ad senatum et populum pervaderet, naufragium et vulnus et interfectos amicos objiciendo*, etc. *Apud* Tacit. *Annal.* lib. 14, cap. 7.   NOTE DE L'ÉDITEUR.

(*) *Essais*, liv. 2, chap. 32, pag. 233, 234, tom. III, *édit.* de la Haie, 1727.

» parlent très-honorablement et de sa vie et de
» sa mort, et nous le peignent en *toutes choses*,
» personnage très-excellent et très-vertueux; et je
» ne veux alléguer autre reproche contre le ju-
» gement de Dion que celui-ci, qui est inévitable;
» c'est qu'il a le sentiment si malade aux affaires
» romaines, qu'il ose soutenir la cause de Julius
» César contre Pompéius, et d'Antonius contre
» Cicéro ».

§. 81. Cependant Néron s'inquiète (*) sur l'accueil qui l'attend dans Rome, à son retour de la Campanie. Restera-t-il au peuple quelque affection pour lui ? Retrouvera-t-il quelque soumission dans le sénat ? Les scélérats qui l'environnoient, et jamais il n'y en eut tant à la cour, lui répondoient : « Le nom d'Agrippine est détesté; sa mort » fait qu'on redouble de zèle pour vous; venez, » reconnoissez par vous-même combien vous êtes » adoré ». Ils demandent à précéder sa marche; et en effet, les hommages du peuple vont surpasser leurs promesses. Les sénateurs sont vêtus de soie; ils fendent les flots de la multitude qui les arrête sur leur passage; des femmes, des enfans, sont distribués par grouppes, selon leur sexe; on a élevé des gradins en amphithéâtre, comme on en use aux spectacles et dans les fêtes triom-

---

(*) Tacit. *Annal.* lib. 14, cap. 13.

phales ; et ces gradins sont couverts de citoyens et de citoyennes : telle fut l'entrée de Néron, couvert et fumant du sang de sa mère (1).

Connoissez à-présent, souverains, la valeur de ces acclamations qui vous suivent dans vos capitales, de ce concours d'hommes qui entourent vos superbes équipages : il n'y a que votre conscience, qui puisse vous garantir la sincérité de ces démonstrations. Ce qu'on fait aujourd'hui pour vous, on le fit autrefois pour un parricide : songez combien il faut que vous soyez méprisés ou haïs, lorsque vos sujets sont rares et gardent le silence sur votre passage. Et vous, censeurs, appréciez l'indignation des Romains sur le meurtre d'Agrippine.

§. 82. Néron étoit (2) tourmenté depuis long-temps de la fantaisie de conduire un char et de jouer de la guitare, deux exercices peu séants à la majesté de César. Sénèque et Burrhus (3) jugèrent à propos de se prêter à l'un de ces goûts, de peur d'avoir à condescendre à tous les deux.

---

(1) Tacit. *loc. cit. ubi supr.* cap. 13.
(2) Tacit. *ubi supr.* cap. 14.
(3) « Nec jam sisti poterat, quum Senecæ ac » Burrho visum, ne utraque pervinceret, alterum » concedere, *etc...* ». Tacit. *ubi supr.* cap. 14.
NOTE DE L'ÉDITEUR.

On fit donc construire dans la vallée du Vatican une enceinte où Néron pût se satisfaire sans se donner en spectacle (1).

Dans la suite, se flattant de le corriger par la honte (2), ils brisèrent la clôture, et montrèrent au peuple son empereur cocher. Ce moyen produisit l'effet contraire à celui qu'ils en attendoient : les applaudissemens d'une capitale où il ne restoit pas un sentiment d'honneur, une idée de la dignité, irritèrent et accrurent le mal. Lorsqu'un peuple n'est pas un frondeur dangereux, il est le plus séducteur des courtisans. Quoi ! sage Sénèque, prudent Burrhus, vous vous étiez promis qu'on siffleroit sur son char le parricide devant lequel on venoit de se prosterner ; qu'une chose tout au plus indécente ou ridicule inspireroit du mépris à ceux que le plus exécrable des forfaits n'avoit pas pénétrés d'horreur ?

Il ne tarde pas à instituer les jeux de la jeunesse (3), à monter sur la scène, à chanter, à

---

(1) Tacit. *loco citato*. cap. 14.

(2) « Mox ultrò vocari populus Romanus...... » cæterum evulgatis pudor, non satietatem, ut rebantur, sed incitamentum attulit..... ». Tacit. *loc. cit.* cap. 14.

NOTE DE L'ÉDITEUR.

(3) Tacit. *Annal*. lib. 14, cap. 15.

jouer de la guitare en public. Il appelle le musicien Terpnus (1), il l'entend, il prend ses leçons, il s'assujettit à tous les préceptes de l'art, il se range parmi les concurrens aux prix; il se conforme aux loix prescrites aux musiciens de profession, de ne se point asseoir malgré la lassitude, de n'essuyer la sueur du visage qu'avec un pan de sa robe, de ne point cracher, de ne se point moucher en présence du peuple. Il capte la bienveillance des auditeurs, il fléchit le genou devant eux, il joint les mains, et demande de l'indulgence. Il est jaloux de la prééminence, au point de faire traîner dans les égoûts les statues érigées aux grands maîtres qui l'avoient précédé. Il corrompt par des largesses, il entraîne par son exemple les descendans des familles les plus illustres (2); ni l'âge, ni la dignité, ni la naissance, ni le sexe, ne dispensent d'apprendre et d'exercer l'art des histrions.

Il est entouré de poëtes; il jette des hémistiches; ils s'écrient : Beau ! merveilleux ! sublime ! et se fatiguent (2) à enchâsser les mots de l'empereur dans des vers dénués de naturel, vides d'enthousiasme, et bigarrés de différens styles.

---

(1) Sueton. *in Nerone*, cap. 20, 21, 23 et 24.
(2) Tacit. *Annal.* lib. 14, cap. 15.
(3) *Id. ibid.* cap. 16.

La bassesse gagne jusqu'aux philosophes : des hommes à longue barbe, d'une morale austère, d'un triste maintien, se montrent, sans pudeur, au milieu des fêtes licencieuses de la cour. Néron leur accorde quelques instans après ses repas : comme ils étoient d'opinions diverses, il s'amuse à les mettre aux prises. Ils disputent tandis qu'il digère (*).

J'ose penser que Tibère, par sa politique, Caligula, par ses extravagances, Claude, par son imbécillité, et Néron, par sa cruauté, ont été moins funestes à la république, en versant à grands flots le sang des plus illustres familles, qu'en souillant celui qu'ils épargnoient. Néron, par ses meurtres, ravit sans-doute de grands hommes à l'état ; mais par la corruption, il le peupla d'hommes sans caractère ; ses prédécesseurs avoient commencé la ruine des mœurs, il la comble. Si l'on convient de la vérité de cette réflexion, combien de princes, moins féroces, ont été d'ailleurs aussi coupables, aussi méprisables que lui ! Le massacre des particuliers pouvoit se réparer avec le temps ; le mal fait à la nation entière dura malgré les exemples, l'administration, les préceptes et les édits des Titus, des Trajan, des Marc-Aurèle et des Julien.

(*) Tacit. Annal. lib. 14, cap. 16.

Les proscriptions de Sylla, celles d'Auguste, font frémir les ames sensibles. Ceux qui pensent, voyent des suites tout autrement fâcheuses à la douce tyrannie de ce dernier. Un prêtre catholique (1), aussi pieux qu'instruit, a dit à cette occasion, que « les gens de lettres avoient mis » leurs bienfaiteurs au rang des grands hommes, » long-temps avant que l'église plaçât les siens » au rang des saints; et que l'une de ces apo- » théoses n'étoit pas moins vile que l'autre (2) ».

§. 83. Dion (3) compte Sénèque et Burrhus

---

(1) On a cru que cette remarque étoit de M. de Fleury; elle est du savant Baillet.

(2) Cette réflexion me rappelle la réponse qui fut faite par un chartreux à Philippe de Comines. « Le » corps de Jean Galéas, un grand et mauvais tyran... » est aux Chartreux à Pavie, près du parc, plus » haut que le grand autel, et le m'ont monstré les » chartreux..... Et un natif de Bourges le m'ap- » pela *Sainct*; et je lui demandai en l'oreille pour- » quoi il l'appeloit *Sainct*, et qu'il pouvoit voir » peinctes à l'entour de lui les armes de plusieurs » cités qu'il avoit usurpées, où il n'avoit nul droict... » Il me répondit tout bas : *Nous appelons*, dit-il, *en* » *ce pays-ci*, Saincts, *tous ceux qui nous font du* » *bien.....* ». *Mémoires de Philippe de Comines*, liv. 7, chap. 7, pag. 558, édit. d'Elzévir, 1648.

NOTE DE L'ÉDITEUR.

(3) *In Nerone*, lib. 61, cap. 20, pag. 999, 1000.

parmi les spectateurs, et impute à Sénèque un rôle indigne, je ne dis pas d'un philosophe, mais de tout honnête homme à sa place. « Ils étoient » là, dit-il, comme deux maîtres, suggérant » je ne sais quoi à leur élève; et lorsqu'il avoit » joué et chanté, ils frappoient des mains, agi- » tant leurs vêtemens et entraînant la multitude » par leur exemple (1) ».

Ce qui est sur-tout remarquable dans cette dernière calomnie de Dion, c'est l'impudence et la mal-adresse avec lesquelles cet homme pervers, aveuglé par la haine qu'il portoit à tous les gens de bien, avance un fait démenti même par les infâmes courtisans du plus infâme des princes, qui, pour perdre Sénèque, l'accusoient du rôle opposé (2). « Il se moque de vous, di-

___

(1) Ce même Dion, qui n'ignoroit rien de ce qui se passoit plus d'un siècle avant lui, auroit dû nous apprendre aussi si Burrhus et Sénèque imitoient la *tuile*, le *pot de terre*, ou le *bourdonnement*.

NOTE DE DIDEROT.

C'est ainsi qu'on désignoit alors les différentes manières d'applaudir, sans doute, comme l'observe M. de la Harpe, par allusion aux différens sons que rendoient les applaudissemens... *Voyez* Sueton. *in Neron*. cap. 20.

ADDITION DE L'ÉDITEUR.

(2) « Nam oblectamentis principis palam iniquum,

» soient-ils à Néron ; il parodie vos vers et votre » chant ». Et à qui parloient-ils ainsi ? A un homme cruel, jaloux de son talent. Lorsque cet historien cherche à diffamer Sénèque, il est un complice de ces courtisans, mais plus cruel qu'eux : ils n'en vouloient qu'à sa vie ; Dion en veut à sa mémoire.

Tacite ne nomme que Burrhus (*). Le philosophe ne descendit point de la dignité de son caractère et de ses fonctions, quoiqu'il ne se dissimulât point le péril auquel son austérité l'exposoit. Si Burrhus, en pliant, et Sénèque, en se roidissant, ne réussirent point, c'est qu'il est une perversité naturelle plus forte que toutes les leçons de la sagesse. L'instituteur peut s'éloigner, lorsque son élève se cache de lui : le ministre est perdu, si son maître rougit ou pâlit à son aspect ; s'il en est évité ; si l'on craint de l'entendre : bientôt il se trouve des ames basses qui lui persuadent de s'en délivrer par l'exil ; des ames sanguinaires, par la mort. Le prince, quand il n'est pas une bête féroce, prend le premier parti ; un Néron trouve le second plus court.

» detrectare vim ejus equos regentis » ; *inludere voces, quotiens caneret...* Tacit. *Annal.* lib. 14, cap. 52.
NOTE DE L'ÉDITEUR.

(*) *Voyez* ci-contre, page 299, note 2.

Le militaire n'eut pas l'inflexibilité du philosophe; au théâtre, où le maître du monde, histrion et joueur de flûte de profession, se prosternoit devant les juges (1), Burrhus joignit son suffrage aux leurs, affligé, mais applaudissant, *mœrens ac laudans* (2).

Malheureuse condition des gens de bien qui vivent à côté d'un prince vicieux! Combien de fois ils sont obligés de faire violence à leur caractère! Cependant il y a cette différence entre le courtisan et le philosophe, que l'un épie l'occasion de flater, et que l'autre la fuit : que l'un souffre de sa dissimulation, en rougit, se la reproche; et que l'autre s'en applaudit.

Les vices des rois encouragent les vicieux, et rendent pusillanimes les gens de bien qui les approchent. Ceux-ci craignent d'offenser, ceux-là redoublent de turpitude pour plaire. La conduite des uns fait l'apologie; celle des autres, la satyre des mœurs du souverain. Telle est à ses yeux l'importance du service de son adulateur, l'importunité des discours, du silence même de l'homme vrai, que le premier arrive à un pouvoir

---

(1) « Domini mei, inquit, audite me æquo ani-» mo... ». Dion, *in Nerone*, lib. 61, cap. 20, page 999, tom. II. *Voyez* la suite.

(2) Tacit. *Annal.* lib. 14, cap. 15.

quelquefois illimité, et le second, toujours à une disgrace plus ou moins prompte. Ce n'est pas sous un Tibère, sous un Néron seulement; c'est de tous les temps et dans toutes les cours, qu'il y a plus de faveur à se promettre du métier de proxénete, que des fonctions de grand ministre; et que l'on peut sans conséquence déshonorer une nation par la perte d'une bataille, mais non adresser un mot ou un geste de mépris à une favorite.

On demandera peut-être pourquoi il n'y a guère qu'une opinion sur le caractère et la conduite de Burrhus, et qu'on est partagé de jugement sur Sénèque. C'est qu'on exige moins apparemment d'un militaire que d'un sage; c'est que le philosophe ne s'occupe point à dénigrer l'homme vertueux de la cour, et que l'homme de cour s'amuse souvent à dénigrer le philosophe.

§. 84. Burrhus meurt (1), sans qu'on pût assurer si ce fut de poison, de maladie, ou de l'une et de l'autre. Le souvenir de ses éminentes qualités le fit long-temps regretter.

Le crédit de Sénèque tombe à la mort de Burrhus (2). Il arriva au philosophe, après la

___

(1) Tacit. *Annal.* lib. 14, cap. 51 et 52.
(2) « Mors Burrhi infregit Senecæ potentiam.... ». Tacit. *Annal.* lib. 14, cap. 52, init.

mort du militaire, ce qui seroit arrivé au militaire après la mort du philosophe. Il perdit son autorité; et l'empereur se tourna vers les partisans du vice.

Tigellin étudie les défiances de son maître (*), et règle ses accusations sur ses découvertes. Plautus, dit-il à Néron, est opulent, actif, et du nombre de ceux qui réunissent à l'affectation des mœurs antiques l'arrogance des stoïciens, gens intrigans et brouillons. Et voilà comment un courtisan artificieux prépare de loin la perte d'un philosophe.

Mais veut-on un exemple terrible de la scélératesse d'un autre courtisan? Sous le règne de Claude, Messaline, jalouse de Poppée, à qui le pantomime Mnester, l'objet de la passion de ces deux femmes, avoit donné la préférence, et pressée de s'emparer des superbes jardins de Valérius, médite sa perte et celle de sa rivale. Poppée est accusée d'adultère avec Valérius; et la puissance de celui-ci rendue suspecte à l'empereur. Valérius se présente devant Claude et

_____

(*) Tacit. *Annal.* lib. 14, cap. 57. « Adsumptâ etiam stoicorum arrogantiâ, sectâque, quæ turbidos, et negotiorum appetentes faciat ».

NOTE DE L'ÉDITEUR.

se défend ; Claude incline à l'absoudre. Messaline en pâlit, elle pleure; et sous prétexte d'aller baigner ses yeux, elle sort et recommande à Vitellius de ne pas lâcher sa proie. Vitellius se jette aux pieds de Claude, se désole, rappelle à l'empereur son ancienne intimité avec Valérius, leur éducation commune à la cour d'Antonia sa mère, les services de l'accusé, ses exploits récents, et conclut.... Je m'arrête d'horreur: qui ne croiroit que Vitellius profite de l'absence de Messaline pour sauver la vie à un homme de bien, sans se compromettre ?... Vitellius conclut à ce que la clémence de l'empereur laisse à Valérius le choix du genre de mort qui lui conviendra : grace qui fut accordée (1).

§. 85. Il est difficile de décider si Néron fut plus cruel qu'impudique, ou plus impudique que cruel. Il épouse l'eunuque Sporus (2); et il est épousé par l'affranchi Doryphore. Après un de ces festins monstrueux, où l'on voyoit réunies et confondues la profusion, la crapule, la joie tumultueuse (3), il se couvre la tête d'un voile

___

(1) « Liberum ei mortis arbitrium permisit, et secuta sunt Claudii verba in eamdem clementiam... ». Tacit. *Annal.* lib. 11, cap. 1, 2 et 3.

(2) Sueton. *in Nerone,* cap. 28, 29.

(3) Tacit. *Annal.* lib. 15, cap. 37.

nuptial; les aruspices sont appelés, la dot est stipulée, le lit préparé, les torches de l'hymen sont allumées; il se marie à Pithagoras, un des infâmes acteurs de la fête; et se soumet, à la clarté des lumières, à ce que la nuit couvre de ses ombres dans l'union légitime des deux sexes (1).

Sa cruauté se délasse dans la débauche. Agrippine n'est plus; pourquoi différeroit-il de répudier Octavie? Qu'importe ses vertus, si le nom de son père et la valeur du peuple la rendent suspecte? Octavie est accusée d'adultère (2), et exilée. Le respect et la pitié élèvent leurs voix. Néron s'effraie : Octavie est rappelée; les statues de Poppée sont renversées, le peuple attroupé porte sur ses épaules les images d'Octavie; elles sont couronnées de fleurs et placées dans les temples; on court au palais, la foule remplit les appartemens de l'empereur; elle crie qu'il se montre; mais des soldats la menacent du glaive, et la dispersent à coups de fouets. Et c'est ainsi que le zèle indiscret du peuple a, dans tous les temps, desservi le mérite et perdu l'innocence.

Cependant Poppée est aux genoux de Néron (3):

---

(1) « Cuncta denique spectata, quæ etiam in fæminâ nox operit... ». Tacit. *ubi supr.* cap. 37, in fine.
(2) Tacit. *Annal.* lib. 14, cap. 60, 61.
(3) *Id. Ibid.* cap. 61.

« Votre main, lui dit-elle, m'est plus chère que
» la vie ; mais je ne la dispute point. Rendez-la
» à Octavie. Songez seulement au danger que
» vous courez vous-même, si l'on peut attenter
» impunément à ma personne. Les cliens et les
» esclaves d'Octavie ont osé pendant la paix ce
» qu'on redouteroit à-peine de la guerre : ils se
» sont armés ; cette fois, il ne leur a manqué qu'un
» chef ; ils le trouveront dans une seconde émeute.
» Que fait cette femme dans la Campanie ? Pour-
» quoi celle qui peut, absente, disposer du peuple
» à son gré, ne marcheroit-elle pas à Rome ?
» Quel mal ai-je fait ? Suis-je donc si coupable
» d'avoir donné naissance à un héritier légitime
» des Césars ? Le fils d'un joueur de flûte égyp-
» tien leur paroît-il plus digne de la puissance
» impériale ? Subissez le joug d'Octavie, si votre
» sécurité l'exige ; mais que ce soit de gré, et
» non de force. Quand on ne sait pas s'affranchir
» et se venger, il faut du-moins savoir sauver la
» bienséance ».

D'après ce discours artificieux, l'accusation d'a-
dultère est reprise (*). Le scélérat par caractère
et par habitude, Anicet, s'avoue lui-même coupable du crime : on y joint celui de la révolte.
On déclare par un édit que celle qu'on avoit

(*) Tacit. *ubi supr.* cap. 62, 63 et 64.

répudiée pour cause de stérilité, s'est livrée au préfet de la flotte et fait avorter; et sur-le-champ on la relègue dans l'île Pandataria; abandonnée, à l'âge de vingt ans, à des soldats et à des centurions; et quelques jours après son exil, elle est condamnée à mourir. Les veines lui sont ouvertes; elle expire, étouffée par la vapeur d'un bain trop chaud; sa tête est séparée de son corps, et présentée à sa rivale.

La débauche et l'artifice sont les moindres défauts de Poppée. La douceur de ses charmes masquoit une ame atroce; c'étoit une Furie, sous le visage des Graces.

§. 86. Sénèque est accusé, dans ces circonstances, de tremper dans une conspiration qui n'existoit pas encore, et à laquelle peut-être l'accusation donna lieu. Romanus le déféra clandestinement comme complice de Pison. Sénèque se justifie, et fait retomber avec force l'accusation sur l'accusateur (1).

Thraséas, qui s'étoit prêté aux premières adulations du sénat (2), se retire de ses assemblées après le meurtre d'Agrippine. Au milieu de tant

---

(1) Tacit. *ubi supr.* cap. 65.
(2) *Id. ibid.* lib. 14, cap. 12; et lib. 16, cap. 21.

d'honnêtes gens disgraciés et mis à mort, il eût été honteux pour un Thraséas de rester en faveur, et d'échapper à la cruauté du tyran. Dans l'intervalle de sa disgrace et de sa mort, Néron se vante (*) en présence de Sénèque de s'être réconcilié avec Thraséas. Le philosophe ne balança pas à l'en féliciter, quoiqu'il vît dans les propos de Néron la proscription de Thraséas décidée, et que, par sa franchise, il risquât de signer la sienne. Y a-t-il beaucoup de courtisans à qui la perfidie de son maître fût aussi bien connue, et qui eût osé lui parler comme Sénèque à Néron ? Dans cette circonstance légère, je le vois se présenter au percusseur; et il ne montre pas moins de courage que lorsqu'il verse son sang dans un bain. Au dernier moment, il accepte la mort qui vient à lui avec le centurion; ici, il s'avance fièrement au-devant d'elle.

Sénèque eut toutes les sortes de courage; celui des principes, celui du caractère, et celui du devoir.

(*) « Secutam dehinc vocem Cæsaris ferunt, quâ reconciliatum se Thraseæ, apud Senecam jactaverit, ac Senecam Cæsari gratulatum. *Undè gloria egregiis viris, et pericula gliscebant...* ». Tacit. *Annal.* lib. 15, cap. 23.   NOTE DE L'ÉDITEUR.

Les réflexions suivantes me répugnent : plusieurs fois j'ai pris la plume pour les effacer : mais elles font sortir d'une manière si forte la partialité des détracteurs de Sénèque ; et elles attaquent si foiblement le grand caractère de Thraséas, que je les ai laissées. On se plaît à opposer le rôle du militaire à celui du philosophe, et l'on oublie que le premier entendit des reproches sur le vif intérêt qu'il prenoit à la police du théâtre de Syracuse, tandis que des objets d'une toute autre conséquence, la guerre, la paix, les loix, les impôts et les mœurs sollicitoient inutilement son attention. Il répondit, « qu'en s'occupant de » petites choses, il montroit assez, pour l'hon- » neur du sénat, qu'on n'auroit pas négligé les » grandes, s'il eût été permis de s'en mêler ». Je demande si cette réponse frivole est bien digne d'un magistrat que les prérogatives de son ordre autorisoient à parler, à ouvrir un avis, et à requérir qu'on en délibérât ? Thraséas reste inutile dans un sénat déshonoré, et personne ne l'en blâme ! Sénèque garde une place dangereuse et pénible, où il peut encore servir le prince et la patrie, et on ne lui pardonne pas ! Quels censeurs de nos actions ! Quels juges !

§. 87. Sénèque vivoit encore à la cour de Néron, lors d'un désastre que les uns attribuent au hasard (*), d'autres à la méchanceté de ce prince ; mais certes, le plus étendu et le plus terrible que la violence des flammes eût causé dans Rome. Ce fut à la partie du cirque adossée d'un côté au mont Palatin, de l'autre au mont Cœlius, que l'incendie se déclara. Le feu prend en un même instant à des magasins de marchandises combustibles, et les embrase tous à-la-fois : rapide à sa naissance, le vent ajoute à son activité ; et le défaut de maisons revêtues de gros murs ou de temples munis de remparts, favorise ses progrès ; il ravage les espaces de niveau ; il monte, il redescend avec plus de force. Sa vîtesse rend les secours impraticables dans une ville telle que l'ancienne Rome, coupée de rues tortueuses, étroites, et d'une énorme longueur. Le gémissement des femmes effrayées, la lenteur des vieillards, la foiblesse des enfans, un concours tumultueux d'hommes qui pensent à leur salut, qui s'occupent de celui des autres, qui entraînent ou qui attendent les impotens, qui se hâtent, qui s'arrêtent, embarrassent tout. Tandis qu'on regarde derrière soi, on est enveloppé par-devant ou par les côtés : échappé à l'embrasement du quartier prochain, on tombe inopinément dans l'embrasement d'un quartier éloigné ; incertain sur ce qu'il faut faire, sur ce qu'il faut éviter, ou l'on

---

(*) Tacit. *Annal.* lib. 15, cap. 38.

s'écrase dans les rues, ou l'on se couche dans les champs, ou l'on se refugie dans les tombeaux : libres de pourvoir à leur sûreté, plusieurs se précipitent dans les flammes, manquant de vivres, et désespérés de la perte de ceux qui leur étoient chers. On n'ose garantir sa propre maison : ce sont de toutes parts des gens qui menacent, si l'on essaie d'arrêter le feu ; d'autres qui lancent, à la vue du peuple, des torches enflammées, et qui crient qu'ils y sont autorisés, soit en conséquence d'ordres réels, soit à dessein d'étendre le pillage.

Il seroit difficile de dénombrer les maisons, les palais et les temples détruits (*), les anciens monumens de la religion, tels que le temple consacré par Servius Tullius, le grand autel et la basilique dédiés par l'Arcadien Evandre à Hercule présent, la chapelle que Romulus voua à Jupiter Stateur, le palais de Numa, le temple de Vesta. Les Pénates du peuple romain, les dépouilles de tant de peuples vaincus, les chefs-d'œuvres des arts de la Grèce, les exemplaires authentiques des premières productions du génie, tout périt ; et au milieu de la splendeur de Rome nouvelle, les vieillards déploroient la perte irréparable d'une infinité de choses précieuses.

(*) Tacit. *loc. cit. ubi supr.* cap. 41.

L'incendie dura six jours et sept nuits. Néron, spectateur du haut de la tour de Mécène, en habit de théâtre, chante l'embrasement de Troye. Il défend de fouiller les décombres : on en tire à son profit les restes de la fortune des incendiés ; et pour la réparation du désastre, il exige des contributions qui ruinent la ville et les provinces (1). Il dit (2) : « Faisons en sorte que tout m'appar-
» tienne ». L'indiscrétion d'un souverain laisse quelquefois échapper la secrète pensée des autres : ils se taisent, mais leurs vexations parlent.

§. 88. Sénèque enfin, révolté de tant de crimes et de sacriléges, demanda sa retraite (3).

Il avoit des envieux, il eut des calomniateurs : et quel est l'homme d'une médiocrité assez ras-

---

(1) Sueton. *in Nerone*, cap. 38. « Collationibusque
» non receptis modò, verùm et efflagitatis, provin-
» cias privatorumque census propè exhausit ».

(2) *Id. in Nerone*, cap. 32. « Nulli delegavit
» officium, ut non adjiceret : Scis quid mihi opus
» sit : et, Hoc agamus, ne quis quidquam habeat ».

(3) Tacit. *Annal.* lib. 15, cap 45. « Ferebatur Se-
» neca, quò invidiam sacrilegii à semet averteret,
» longinqui ruris secessum oravisse ; et postquam non
» conscedebatur, fictâ valetudine, quasi æger nervis,
» cubiculum non egressus ».

NOTES DE L'ÉDITEUR.

surante, pour jouir sans trouble de l'intimité du prince?

On intenta contre lui différentes accusations. L'accroissement d'une fortune immense, et déjà portée au-delà de ce qui convient à un homme privé, l'occupoit sans cesse : il captoit la faveur des citoyens ; peu s'en fallut qu'il ne l'emportât sur le prince par les délices de ses jardins et la magnificence de ses campagnes : il n'accordoit qu'à lui seul le talent de l'éloquence : depuis que Néron avoit pris du goût pour la poésie, il s'exerçoit plus souvent dans ce genre de littérature : son mépris pour les amusemens de l'empereur ne se contraignoit pas même en public : il rabaissoit la force de César à maîtriser un cheval, et se moquoit de sa voix, lorsqu'il chantoit : *Jusques à quand le croira-t-on l'auteur de tout ce qui se fait de bien dans l'état ?* César n'est plus un enfant ; César est à la fleur de l'âge ; il est temps que César se débarrasse de ses maîtres ; pour s'instruire, César n'a-t-il pas d'assez grands exemples dans ses ancêtres (1) ?

§. 89. Ces imputations n'étoient point ignorées de Sénèque (2) ; il en étoit informé par ceux

---

(1) *Apud* Tacit. *Annal.* lib. 14, cap. 52.
(2) *Prudentibus iis quibus aliqua honesti cura*.. *n*. Tacit. *Annal.* lib. 14, cap. 53, *init.*

en qui il restoit quelque intérêt pour la vertu. L'empereur l'éloignant de son intimité avec un dédain qui s'accroissoit de jour en jour, il demanda une audience qui lui fut accordée, et dans laquelle il tint le discours qui suit :

« Seigneur, il y a quatorze ans qu'on m'ap-
» procha de votre personne, et que l'espoir de
» l'empire me fut confié ; il y en a huit que vous
» régnez. Dans cet intervalle, vous m'avez comblé
» de tant d'honneurs et de richesses, qu'il ne
» manque à ma félicité que d'en modérer l'excès.
» Les grands exemples dont je me servirai ne
» seront pas de mon rang, mais du vôtre. Votre
» aïeul, Auguste, permit à Agrippa de se retirer
» à Mytilène ; à Mécène, de jouir, dans la ville
» même, de l'oisiveté d'un asyle éloigné. L'un
» l'avoit suivi dans les camps, l'autre avoit exercé
» sous ses ordres plusieurs fonctions pénibles :
» tous deux avoient été magnifiquement récom-
» pensés, mais pour des services importans. Des
» leçons données, pour ainsi dire, dans l'ombre,
» mais illustrées par l'honneur d'avoir concouru aux
» premiers soins de votre jeunesse, n'étoient que
» trop bien acquittées ; et cependant, seigneur,
» vous avez rassemblé sur moi une faveur sans
» bornes, une richesse immense ; c'est à tel point,
» que je me dis souvent à moi-même : Né dans
» la province et dans l'ordre des chevaliers, on

» te compte parmi les grands de la ville ! Homme
» nouveau, tu brilles entre les nobles parmi les
» citoyens décorés d'une longue illustration ! Cette
» âme, à qui la modicité suffisoit, qu'est-elle
» devenue ? Celui qui plante ces jardins, qui se
» promène dans ces maisons de campagne, qui
» possède tant de terres, qui jouit d'un énorme
» revenu, c'est Sénèque !

» Mon unique défense, c'est qu'il ne m'a pas
» été permis de m'opposer à votre libéralité : mais
» nous avons comblé la mesure ; vous, en m'ac-
» cordant tout ce que le prince peut accorder
» à son ami ; moi, en recevant tout ce qu'un
» ami peut accepter de son prince. L'excès
» irrite l'envie : à la hauteur qui vous place au-
» dessus d'elle et de toutes les choses de la terre,
» vous lui échappez ; mais elle pèse sur moi ;
» et j'ai besoin d'un appui. A la guerre, en voyage,
» si j'étois excédé de fatigue, je solliciterois du
» secours : c'est ainsi que j'en use dans le chemin
» de la vie. Je suis vieux, incapable des moindres
» soins, et dans l'impossibilité de porter plus loin
» le fardeau de mon opulence ; je demande qu'on
» m'en soulage. Ordonnez, seigneur, à vos inten-
» dans de prendre l'administration de mes biens,
» et de les réunir aux vôtres. Je ne me précipite
» point dans l'indigence ; et dépouillé de ces choses
» dont l'éclat m'éblouit, la portion de temps qui

» m'étoit ravie par le soin de ces campagnes et de
» ces jardins, retournera à la culture de mon es-
» prit. Vous êtes dans la vigueur de l'âge; une assez
» longue expérience vous a rendu familier l'art
» de gouverner : souffrez que vos amis se reposent
» dans l'âge avancé; il vous sera même glorieux
» d'avoir élevé à la grandeur celui qui pouvoit
» supporter la médiocrité (*) ».

Voici la réponse de Néron, telle à-peu-près qu'il la fit.

« Si je réplique sur-le-champ à ce discours
» prémédité, c'est une des premières obligations
» que je vous ai : vous m'avez appris à résoudre
» facilement et les difficultés prévues et les ino-
» pinées. Agrippa et Mécène obtinrent de mon
» ancêtre le repos après les travaux; mais Auguste
» étoit dans un âge où son autorité suppléoit à la
» variété de leurs instructions; et il ne dépouilla ni
» l'un ni l'autre de ce qu'ils tenoient de sa ma-
» gnificence. Ils en avoient bien mérité par leurs
» services à la guerre, et dans les périls où il
» avoit passé sa jeunesse; et je crois qu'en pareille
» circonstance, ni votre bras, ni vos armes ne
» m'auroient manqué. Vous avez soutenu mon en-
» fance, prêté à ma jeunesse votre raison, vos

―――――

(*) *Apud* Tacit. *Annal.* lib. 14, cap. 53 et 54.

» conseils et vos préceptes : c'est tout ce que
» ma position exigeoit ; et la mémoire de ces
» services me restera tant que je vivrai. Ces jar-
» dins, ces campagnes que vous tenez de moi
» sont choses casuelles ; et quel que soit le prix
» qu'on y mette, des hommes dont le mérite
» n'étoit pas à comparer au vôtre, auront été
» mieux gratifiés. Je rougirois de nommer les
» affranchis plus riches que vous ; c'est à ma honte
» si celui qui occupe la première place dans mon
» cœur, n'est pas le plus opulent des Romains ».

» Vous avez une santé ferme ; votre âge, pro-
» pre à l'administration des affaires, est encore
» celui des jouissances ; et je ne fais que com-
» mencer à régner. Vous croiriez-vous donc plus
» élevé par moi, que Vitellius trois fois consul
» ne l'a été par Claude ? et ma libéralité ne peut-
» elle accumuler sur vous ce que Volusius sut
» amasser par de longues épargnes (*) ? S'il vous

―――――――――

(*) « Verùm et tibi valida ætas, rebusque et
» fructui rerum sufficiens ; et nos prima imperii
» spatia ingredimur, nisi forte aut te Vitellio ter
» consuli, aut me Claudio postponis ; vel quantum
» Volusio longa parcimonia quæsivit, tantum in te
» mea liberalitas explere non potest... ». Tacit. *Annal. lib. 14, cap. 56.* C'est ainsi qu'il faut lire et
ponctuer ce passage assez difficile à entendre, et plus
encore à traduire. La leçon de l'édition *Varior.* est

» paroît que dans les sentiers glissans je cède à
» la pente de la jeunesse, que ne m'arrêtez-vous ?
» Cette vigueur d'une ame exercée, que ne la
» déployez-vous toute entière à mon secours ?
» Ce ne sera point de votre modération, si vous
» me restituez mes dons, ni de votre repos, si vous
» quittez votre prince ; c'est de mon avarice,
» c'est de l'effroi de ma cruauté que le peuple
» s'entretiendra. L'éloge de votre modestie dût-il
» particulièrement l'occuper, seroit-il séant à
» l'homme sage de s'illustrer en avilissant un
» ami (*) »?

La dignité, l'esprit, le sentiment même, et l'air de vérité qui régnent dans ce discours, font frissonner. J'ai de la peine à croire que Néron se soit aussi franchement avoué avare et cruel, à-moins qu'il ne convînt adroitement d'un vice qu'on ne lui connoissoit pas, pour pallier celui qu'on lui reprochoit, la cruauté.

---

un peu différente ; mais je préfère celle d'Ernesti, qui, au-lieu de *sed quantum* que portent les meilleures éditions, propose de lire, avec le Père Brotier, *vel quantum*, ou *et quantum*, en ôtant le point après *postponis*, comme la clarté et la liaison des idées l'exigent.
NOTE DE L'ÉDITEUR.

(*) Tacit. *Annal.* lib. 14, cap. 55 et 56.

Ensuite ce prince, disposé par caractère (1), et exercé par habitude à voiler sa haine sous de fausses caresses, approche sa joue de la joue de Sénèque, et l'embrasse.

§. 90. Le discours affectueux de Néron n'en imposa point à Sénèque. Sûr de sa disgrace, il persista à demander sa retraite, l'obtint avec peine, et changea tout-à-coup son genre de vie (2). Il se dépouilla des prérogatives d'un pouvoir qui s'éclipsoit. Ce concours de visitans politiques et curieux, qui venoient officieusement épier sa conduite, surprendre ses discours, et qui continuoient à l'obséder, parce qu'ils n'étoient pas encore assurés de sa perte, fut éloigné : sa porte fut fermée; il ne souffrit plus ce cortége de cliens qui l'environnoient au sortir de sa maison. On le voyoit peu dans la ville; sa mauvaise santé et son goût pour l'étude lui servirent de prétextes auprès du souverain, qui se félicitoit, et qui peut-être lui auroit fait un crime de son absence. Sa mort suivit de près cette réforme. La disgrace confirmée trouva le philosophe détaché de toutes ces importantes

---

(1) « His adjicit complexum et oscula, factus, naturâ, et consuetudine exercitus, velare odium fallacibus blanditiis... ». Tacit. *ubi supr.* cap. 56.

NOTE DE L'ÉDITEUR.

(2) *Id. ibid.*

frivolités, dont la privation rend aux hommes ordinaires le moment du repos et de la liberté si fâcheux, et la vie privée si ennuyeuse. La pureté de sa conscience et le souvenir de ses actions adoucissoient l'amertume des journées qu'il passoit dans l'attente de la proscription.

On se proposa d'abord de s'en défaire par la voie secrète du poison (1). Néron auroit préféré sans-doute la ressource d'imputer à Sénèque même sa propre mort, de l'accuser de foiblesse, ou même de rejetter cette grande perte sur la nécessité du châtiment : mais soit que Cléonicus, un des affranchis de Sénèque qu'on avoit corrompu, ressentît à l'aspect de son maître une horreur qu'un parricide ne devoit pas éprouver au souvenir de son instituteur ; soit que le philosophe eût soupçonné l'attentat, il ne fut pas exécuté.

Depuis ce moment il ne se nourrissoit plus que de fruits sauvages, et ne se désaltéroit que de l'eau courante de ruisseaux (2).

---

(1) Tacit. *Annal.* lib. 15, cap. 45.

(2) « Dum persimplici victu, et agrestibus pomis, » ac, si sitis admoneret, profluente aquâ vitam to- » lerat... ». Tacit. *Annal.* lib. 15, cap. 45, *in fine*....
« Seneca, *dit ailleurs le même historien*, quoniam

Quel spectacle pour l'imagination, que le possesseur d'une richesse immense, tourmenté par la soif, par la faim et par la terreur pire que le besoin, errant dans ses magnifiques jardins, et réduit à la condition indigente des animaux ! Disnous toi-même, grand philosophe, homme véridique, quelle fut alors ta consolation et ta force ! La vertu, la vertu qui te restoit, et dont le tyran ne pouvoit te dépouiller; le tyran, qui t'auroit peut-être laissé la vie, s'il eut été en son pouvoir de t'ôter la vertu.

§. 91. Tandis que Néron suit le cours de ses forfaits; qu'il fait mourir sa tante (1) et s'empare de ses biens; que, pour épouser Statilia, il ordonne le meurtre de son mari; celui d'Antonie, fille de Claude (2), qui refuse de prendre dans son lit la place de Poppée; que tous ses amis ou parens subissent le même sort, entre autres le jeune Aulus Plautius, qu'il viole avant de l'envoyer au supplice; qu'on noie Rufinus Crispinus, fils d'Othon et de Poppée, pour s'être amusé à jouer à l'empereur; Tuscus, son frère de lait, pour

» senile corpus, et parco victu tenuatum, lenta
» effugia sanguinis præbebat... ». lib. 15, cap. 63.
NOTE DE L'ÉDITEUR.

(1) Sueton. *in Neron.* cap. 34.
(2) *Id. ibid.* cap. 35.

s'être lavé, pendant son gouvernement en Egypte, dans des bains préparés pour le souverain ; de riches affranchis qui avoient travaillé, sous Claude, à son adoption ; le vieux Pallas (1), qui lui faisoit attendre trop long-temps sa dépouille ; et que, d'après la réponse d'un astrologue (2) consulté sur l'apparition d'une comète, que ces sortes de présages ne se détournent que par des meurtres expiatoires, la proscription de ce qui reste de plus illustres dans Rome est décidée : il se forme deux conjurations; l'une de Pison, à Rome ; l'autre de Vinicius, à Bénévent.

§. 92. Des Sénateurs (3), des chevaliers, des hommes de toutes les conditions, des femmes même entrent à l'envî dans celle de Pison ; les uns, par ambition ; les autres, par amour du bien public ; Lucain, par un petit ressentiment de poëte (4).

___

(1) « Pallantem, quòd immensam pecuniam longâ senectâ detineret », *dit* Tacit. *Annal.* lib. 14, cap. 65.

(2) Sueton. *in Neron.* cap. 36.

(3) Tacit. *Annal.* lib. 15, cap. 48.

(4) « Lucanum propriæ causæ accendebant, quòd famam carminum ejus premebat Nero, prohibe- ratque ostentare, vanus adsimulatione... » Tacit. *Annal.* lib. 15, cap. 49.

NOTE DE L'ÉDITEUR.

Elle échoua par l'indiscrétion d'Épicharis, et les lâches conseils de la femme d'un affranchi (1).

A l'instant, les conjurés sont saisis et confrontés (2). Chose incroyable ! ils meurent presque tous avec courage, après s'être entr'accusés lâchement ; un instant sépare deux rôles aussi opposés. S'ils méprisoient la vie, que ne mouroient-ils en silence ? S'ils craignoient la mort, pourquoi mouroient-ils sans se plaindre ?

Néron, pour conserver l'empire, a fait massacrer sa mère : l'action de Lucain est plus révoltante ; pour conserver sa vie, il dénonce Acilia sa mère (3). O Lucain ! tu l'emporterois sur Homère, que ton ouvrage seroit à jamais fermé pour moi. Je te hais, je te méprise, je ne te lirai plus.

Subrius répond à Néron, qui lui demande comment il a pu trahir son serment (4) : « Je te » haïssois. Nul soldat ne te fut plus fidèle tant » que tu méritas d'être aimé ; j'ai commencé à te » détester, lorsque tu es devenu assassin, em- » poisonneur, parricide, et cocher, et comédien, » et incendiaire ».

---

(1) Tacit. *Annal.* lib. 15, cap. 51, 54 et 55.
(2) *Id. ibid.* cap. 56.
(3) Tacit. *ubi supr.* cap. 56.
(4) Tacit. *Annal.* lib. 15, cap. 67.

Et toi, Sulpicius, pourquoi as-tu conjuré (1) ?
« Pourquoi ? C'est que ta mort étoit l'unique re-
» mède à tes vices ».

Comme on creusoit la fosse de Subrius, et qu'on ne la creusoit ni assez longue, ni assez large, il dit ironiquement : ils n'en savent pas même assez pour cela (2) !

Il dit au tribun Niger, qui lui recommande de présenter sa tête avec courage : *Puisses-tu en montrer autant à la frapper* (3).

Il semble que la cruauté du maître avoit accru celle des bourreaux. Niger, qui n'avoit pu décapiter Subrius en deux coups, disoit gaîment à l'empereur qu'il l'avoit tué une fois et demie (4).

Rome alors étoit pleine d'astrologues et de diseurs de bonne-aventure. Les arts mensongers sur l'avenir, qui se lient également bien avec l'a-

---

(1) Tacit. *ubi supr.* cap. 68.

(2) « Ne hoc quidem, inquit, ex disciplinâ... ». Tacit. *Annal.* lib. 15, cap. 67.

(3) *Id. ibid* « Utinam, ait, ut tam fortiter ferias ».

(4) « Sævitiam apud Neronem jactavit, sesqui-
» plagâ interfectum à se dicendo... ». Tacit. *Annal.* lib. 15, cap. 67, *in fine.*

NOTE DE L'ÉDITEUR.

théisme et la superstition, sont également interrogés, et par le bonheur qu'on attend, et par le malheur qu'on éprouve. Le rôle des fourbes qui les professent, est de rendre suspects ceux qu'on veut perdre; de divulguer des secrets qu'on veut trahir sans se compromettre; de faire échouer des projets; d'en suggérer; de prévenir, de pressentir le peuple; d'inspirer, de calmer des terreurs : plus le peuple est malheureux, le tyran ombrageux, et les grands inquiets; plus on craint l'avenir, plus on supporte impatiemment le présent, moins on a d'énergie en soi; plus on a recours aux dieux, plus les arts divinatoires sont en crédit. On est pieux et crédule dans les allarmes; on a des pressentimens; et il est quelquefois difficile de discerner le pressentiment de l'instinct de la raison, du tact des vraisemblances. Alors l'homme ferme s'exhorte et se résoud; la femme et l'homme foibles courent au devin. Il étoit dangereux de s'adresser à ces imposteurs, qui d'ailleurs vendoient leurs mensonges fort cher : il en coûta à la fille de Soranus son collier, ses présens de noces; et la vie à son père.

§. 93. Au meurtre de Plautius Lateranus, désigné consul, succéda le meurtre le plus agréable à Néron, celui de Sénèque,(*), non qu'il eût acquis

―――――――――――――――――――

(*). « Sequitur cædes Annæi Senecæ, lætissima
» principi, non quia conjurationis manifestum com-

quelque preuve qui l'impliquât manifestement dans la conjuration de Pison ; mais il falloit exécuter par le fer, ce qu'on avoit inutilement tenté par le poison. Jusqu'à ce moment, le seul Natalis avoit déposé que, pendant la maladie de Sénèque, on l'avoit dépêché auprès de lui, pour se plaindre de ce que son accès étoit interdit à Pison ; et lui représenter qu'il seroit mieux de cultiver leur amitié par des entrevues familières : à quoi Sénèque avoit répondu que des visites réciproques et de fréquens entretiens ne convenoient ni à l'un ni à l'autre ; qu'au reste son salut étoit attaché à celui de Pison.

Natalis, qui connoissoit la haine secrète de l'empereur contre Sénèque (1), se promettoit de se sauver en le perdant.

Granius Silvanus, tribun de cohorte, eut ordre de présenter à Sénèque cette délation (2), et

---

» pererat, sed ut ferro grassaretur, quando venenum
» non processerat... ». Tacit. *Annal.* lib. 15, cap. 60.

(1) » Adjicit Annæum Senecam, sive internuncius
» inter eum Pisonemque fuit, sive ut Neronis gratiam pararet ; qui infensus Senecæ, omnes ad
» eum opprimendum artes conquirebat... ». Tacit.
Annal. lib. 15, cap. 56.   NOTE DE L'ÉDITEUR.

(2) Tacit. *Annal.* lib. 15, cap. 60.

de savoir de lui s'il y reconnoissoit le discours de Natalis et sa réponse. Soit de hasard, soit à dessein, ce jour, Sénèque avoit quitté la Campanie, et s'étoit arrêté avec sa femme dans une métairie, à quatre mille de Rome.

Le tribun est arrivé. Il est nuit. Il a entouré la maison de soldats; il a communiqué ses ordres au philosophe, qui prenoit un repas avec sa femme Pauline.

Sénèque répondit que Natalis étoit venu chez lui; qu'il s'étoit plaint, au nom de Pison, que sa maison lui fût fermée, et qu'il s'étoit excusé par sa mauvaise santé et son goût pour le repos; du-reste, qu'il n'avoit aucun motif de préférer le salut d'un homme privé à sa propre sûreté; que son caractère ne l'inclinoit point à la dissimulation; et que personne ne le savoit mieux que Néron, qui avoit plus souvent éprouvé sa franchise que sa complaisance (*).

(*) *Nec sibi promptum in adulatione ingenium; idque nulli magis gnarum quam Neroni, qui saepius libertatem Senecae quam servitium expertus esset...* Apud Tacit. Annal. lib 15, cap. 61. *Voyez* à ce sujet ce que j'ai dit dans une longue note sur le *Traité de la Clémence*, liv. 2, chap. 2, tom. IV, pag. 436 et suivantes.

NOTE DE L'ÉDITEUR.

§. 94. Cependant le tribunal sanguinaire du prince, les conseillers intimes de ses fureurs, Poppée et Tigellin, sont rassemblés (1). Le tribun fait son rapport. Néron demande si Sénèque se dispose à mourir. Le tribun répond (2) qu'il ne lui a remarqué aucun signe d'effroi, rien de triste sur le visage, rien d'altéré dans les paroles. Aussi-tôt il lui fut enjoint de retourner, et d'annoncer à Sénèque sa proscription.

Pourquoi le tyran auroit-il été si satisfait et si pressé de plonger ses mains dans le sang de son instituteur et de son ministre, si celui-ci avoit été le complaisant de ses vices et l'approbateur de ses forfaits ? Jamais Néron n'avoit ordonné de meurtres avec plus de joie : *lœtissima cœdes*.

Fabius Rusticus dit que le tribun prit un autre chemin, s'arrêta chez le préfet Fœnius, lui confia l'ordre de César, et lui demanda s'il obéiroit ;

―――――――――――

(1) « Ubi hæc à tribuno relata sunt Poppæâ et
» Tigellino coram, quod erat sævienti principi in-
» timum consiliorum, etc.... ». Tacit. *Annal.* lib. 15, cap. 51.

NOTE DE L'ÉDITEUR.

(2) « Tum tribunus nulla pavoris signa, nihil
» triste in verbis ejus aut vultu, deprehensum con-
» firmavit... ». Tacit. *Annal.* lib. 15, cap. 61.

NOTE DE L'ÉDITEUR.

et que Fœnius lui conseilla de n'y pas manquer. Telle étoit alors la fatale bassesse de tous ! Il n'y avoit pas jusqu'à Silvanus, conspirateur lui-même, qui ne secondât des forfaits dont il avoit juré la vengeance. Cependant le tribun épargne à Sénèque l'horreur de le voir et de l'entendre, en introduisant un des centurions, qui déclare au philosophe que son dernier instant est venu.

Celui-ci, sans s'émouvoir, demande les tablettes de son testament. Sur le refus du centurion, il se tourne vers ses amis, et leur dit que « puisqu'il ne lui étoit pas permis de reconnoître » leurs bons offices, il lui restoit cependant un » legs, et de tous ceux qu'il avoit à leur faire, » le plus précieux (*), l'image de sa vie, dont » ils ne conserveroient pas le souvenir, sans être » applaudis de leur amour pour les connoissances » honnêtes, et de leur constance en amitié ». En-même-temps il arrête leurs larmes ou par

_____

(*) « Imaginem vitæ suæ relinquere, testatur: » cujus si memores essent bonarum artium, famam » tam constantis amicitiæ laturos.... ». Tacit. *Annal.* lib. 15, cap. 62.... J'aime mieux lire avec l'écrivain philosophe auquel nous devons cet ouvrage: *Cujus si memores essent; bonarum artium famam, tum constantis amicitiæ laturos.* Cette leçon est très-bonne et fait un très-beau sens.   NOTE DE L'ÉDITEUR.

des discours simples, ou d'une manière plus énergique, et les ramène à la fermeté, en leur demandant : « Et ces préceptes de la sagesse, où
» sont-ils ? Et ces méditations assidues sur les
» périls imminens de la vie, à quoi donc ser-
» vent-elles ? A qui la férocité de Néron n'est-
» elle pas connue ? Après le meurtre de sa mère
» (*) et de son frère, il ne lui restoit plus qu'à

(*) Ce passage de Tacite prouve l'horreur que le meurtre d'Agrippine avoit inspirée à Sénèque, et le justifie sur-tout d'en avoir été l'apologiste, comme quelques modernes le répètent tous les jours sur la foi de Dion, ou plutôt du moine Xiphilin. Certes ce n'est pas là le langage d'un homme qui approuve un parricide : c'est celui d'un philosophe vertueux, qui a le courage de reprocher publiquement cet exécrable assassinat à celui qui l'a commis, et de l'en accuser devant une assemblée de personnes graves qui en étoient aussi instruites et aussi indignées que lui. Si Sénèque eût mérité quelque reproche à cet égard, auroit-il osé s'exprimer de la sorte, au moment où Rome entière avoit les yeux sur lui, et rejeter sur Néron seul un crime dont il auroit été lui-même le complice, le confident ou l'apologiste ? N'auroit-il pas craint avec raison la réclamation, ou du-moins le murmure de ceux même qui l'écoutoient ? et doit-on supposer, sans aucune preuve, à un homme qui, dans tous les siècles, a été l'objet de la vénération de tous les gens de bien, une audace, une impudence et une effronterie que des plus vils scélérats n'ont

» tremper ses mains dans le sang d'un homme
» qui s'étoit occupé à lui former le cœur et l'es-
» prit ».

Le silence de Sénèque sur Burrhus, dans ce moment, m'inclineroit à croire que celui-ci ne mourut point d'une mort violente, ou que du-moins Sénèque l'ignoroit, ou ne le pensoit pas. Rien n'étoit plus naturel, dans cette circonstance, que de s'associer celui avec qui l'on avoit partagé les mêmes fonctions, s'il en avoit reçu la même récompense.

Après ce discours et quelques autres qui sembloient s'adresser à tous, il embrassa sa femme;

---

jamais eues ? Tacite lui-même n'auroit pas manqué de remarquer ici la contradiction choquante des discours de Sénèque et de ses actions ; et son silence sur ce point, joint à la teneur de la vie entière de ce philosophe, suffiroit, je ne dis pas seulement pour le disculper d'avoir eu la moindre part à la mort d'Agrippine, mais même pour faire présumer qu'il s'expliqua dès-lors hautement et sans craindre d'exciter contre lui la fureur et le ressentiment de l'empereur, sur un crime dont l'idée seule fait frémir tout homme qui conserve encore quelque étincelle de vertu. *Voyez* ci-dessus ce qu'on a dit sur le même sujet, pag. 176, note 2, et pag. 198, note 2.

NOTE DE L'ÉDITEUR.

et, attendri (1) malgré la résistance actuelle de sa fermeté, il la prie, il la supplie de modérer son affliction, de ne la point éterniser ; et de permettre à des diversions honnêtes (2) et à la contemplation d'une vie consacrée à la vertu, d'adoucir les regrets de la perte de son époux. Pauline proteste que la sentence de mort leur est commune, et appelle la main du percusseur. Sénèque ne s'oppose point à une aussi noble résolution, autant par tendresse pour une femme uniquement chérie, que par crainte des injures auxquelles elle resteroit exposée. « Je vous avois indiqué, lui dit-
» il, (2) les consolations de la vie ; vous préférez
» une mort glorieuse, et je ne vous en envierai

---

(1) *Et paullulum adversus præsentem fortitudinem mollitus* m'a semblé plus juste que, *adversus præsentem formidinem*, qui feroit injure à Sénèque. *Voyez* Tacit. lib. 15, cap. 63.

NOTE DE L'ÉDITEUR.

(2) « *Sed in contemplatione vitæ per virtutem actæ, desiderium mariti solatiis honestis toleraret...* ». Tacit. *Annal.* lib. 15, cap. 63.

NOTE DE L'ÉDITEUR.

(3) « *Vitæ, inquit, delinimenta monstraveram tibi; tu mortis decus mavis : non invidebo exemplo. Sit hujus tam fortis exitûs constantia penes utrosque par, claritudinis plus in tuo fine...* ». Tacit. *ubi supr.* cap. 63.

NOTE DE L'ÉDITEUR,

» point l'exemple. Dans une séparation qui exige
» autant de force, que notre constance soit égale,
» et votre fin plus glorieuse... ». Et à l'instant,
et d'un même coup, le fer leur ouvre les veines
des bras. Sénèque étant avancé en âge, exténué
par l'excès de la diète, et son sang s'échappant
lentement, il se coupe les veines des jambes et
des cuisses. Mais de peur que la vue des cruelles
angoisses qui l'excédoient ne brisât l'ame de son
épouse, et que le spectacle du tourment de cette
femme ne lui arrachât un mouvement d'impa-
tience, il lui persuada de se retirer dans un autre
appartement. Alors il appelle des secrétaires ; et,
inspiré par son éloquence jusqu'au dernier moment,
il dicte plusieurs choses, qu'on a publiées dans
ses propres termes, et auxquelles je m'abstiens
de toucher, dit Tacite (*).

―――――――――――――――――――――

(*) *Et novissimo quoque momento, suppeditante eloquentiâ, advocatis scriptoribus, pleraque tradidit, quæ in vulgus edita ejus verbis, invertere superse- deo....* Tacit. *Annal.* lib. 15, cap. 63, *in fine*. Ce passage est un de ceux dont on peut inférer, avec beaucoup de vraisemblance, que Tacite, ainsi que les meilleurs auteurs de l'antiquité, oubliant la postérité, et concentrant pour ainsi dire l'univers dans Rome ou dans Athènes, écrivoient seulement pour leurs amis, leurs contemporains, et ne pré- voyoient pas sur-tout que leurs ouvrages, franchis- sant l'intervalle des temps et des lieux, feroient,

Vie de Sénèque. L

La mort naturelle, par l'hémorragie des veines, est rare ; elle est lente : elles s'affaissent à mesure qu'elles se vident, et l'effusion du sang est suspendue. Pourquoi les tyrans n'ordonnoient-ils pas la blessure au cœur ou la section des ar-

---

un jour, les délices des hommes les plus instruits parmi les nations les plus éclairées. Il est vrai que, par une de ces contradictions bizarres et assez difficiles à expliquer de l'esprit humain, on les voit, dans d'autres endroits, fortement animés du désir de la gloire, entendre de loin, au milieu de leurs concitoyens ingrats, la voix libre et impartiale des siècles à venir, et se consoler de l'injustice du leur par l'espérance si douce de ne pas mourir tout entiers. Mais je ne sais si cette idée de la postérité, qui d'ailleurs ne paroît pas avoir jamais été aussi étendue dans leur tête que dans la nôtre, n'étoit pas moins une opinion dont ils fussent véritablement convaincus, qu'une de ces illusions flatteuses sur lesquelles leur imagination exaltée et leur amour-propre se plaisoient quelquefois à se reposer. Il semble en effet que, lorsqu'ils écrivoient de sang-froid et d'après leur propre et intime persuasion, ils s'occupoient fort peu de l'avenir. On en voit la preuve dans le passage de Tacite qui fait le sujet de cette note, et sur-tout dans celui où, en s'excusant, pour ainsi dire, d'avoir conservé la réponse hardie de Flavius à Néron, il insiste encore sur la cause de son silence à l'égard des dernières paroles de Sénèque. « J'ai rapporté,
» dit-il, les propres termes de Flavius, parce que
» son discours n'est pas aussi public que celui de

tères, dont on périt si rapidement ? Pourquoi les victimes n'en faisoient-elles pas le choix ? Pourquoi ne s'enfonçoient-elles pas, ou ne se faisoient-elles pas enfoncer le poignard au-dessus de la

---

» Sénèque ; et que l'éloquence un peu sauvage, mais
» énergique et précise de ce guerrier, ne méritoit pas
» moins d'être connue....». *Ipsa rettuli verba, quiá, non ut Senecæ, vulgata erant, nec minus nosci decebat militaris veri sensus incomptos, sed validos.* (*Annal.* lib. 15, cap. 67.) Ces deux passages décèlent évidemment un homme qui ne porte pas ses regards au-delà du moment. Si, en composant cette partie de ses *Annales*, Tacite eût pensé à la postérité, il auroit senti l'impossibilité absolue, pour des faits ou des discours purement traditionnels, d'arriver sans se corrompre et à travers les diverses révolutions que le temps amène, à des époques très-éloignées : et le même motif qui l'a déterminé à rapporter en faveur de ses contemporains la réponse peu connue de Flavius, l'auroit engagé plus fortement encore à consacrer de même, d'une manière durable, par intérêt pour la postérité, et par respect pour la mémoire de Sénèque, le discours de ce philosophe : car on ne peut pas raisonnablement accuser l'historien le plus profond, le plus judicieux et le plus réfléchi de l'antiquité, de n'avoir pas prévu, d'après le cours ordinaire des choses et l'expérience journalière de l'incertitude de la tradition, que si, au moment où il écrivoit, tous les Romains savoient encore par cœur les paroles que Sénèque mourant avoit dictées à ses secrétaires, elles seroient néces-

clavicule gauche, comme elles l'avoient vu cent fois pratiquer aux gladiateurs ? L'homme craint-il de mourir trop vîte, et met-il tant de prix à un instant de plus ?

Le récit qui précède, est traduit des Annales de Tacite. Interprètes fidèles de cet auteur sublime et profond, nous n'aurions pu, sans témérité, j'ai presque dit sans sacrilège, y ajouter ou en retrancher un seul mot. Si nous lui avons ôté quelque chose, c'est son laconisme et son énergie; et l'on imagine bien que c'est malgré nous (*).

---

sairement altérées de mille manières différentes, et peut-être même entièrement effacées de leur esprit, avant que cette génération fût écoulée. Au-reste, c'est sur-tout dans les historiens qu'on peut souvent observer cet oubli de la postérité. Quelle qu'en soit la cause, le fait n'en est ni moins certain ni moins curieux; et l'on sera, je pense, un peu surpris que personne ne l'ait remarqué.

NOTE DE L'ÉDITEUR.

(*) C'est ici que toute la rage anti-philosophique s'est déployée. Elle a dit:

« Sénèque veut mourir théâtralement ».

Censeurs, vous ne vous écoutez pas; et le Suilius n'est qu'un enfant timide en comparaison de vous. Ne venez-vous pas de lire que Sénèque prenoit un repas

Le meurtre de Sénèque suivit de près la conspiration de Pison. Les complices de celui-ci étoient des hommes distingués dans tous les états de la

---

dans l'une de ses campagnes, lorsqu'il fut interrogé ; qu'on ne lui remarqua aucun signe d'effroi, rien de triste sur le visage, aucune altération dans la voix, aucun trouble dans les idées et dans le discours ; qu'il répondit avec vérité, avec fermeté et sans arrogance ; que, lorsqu'il reçoit son arrêt de mort, il n'appelle personne ; qu'il n'est entouré que des siens, de ses amis, de quelques esclaves ; et qu'on ne quitte pas la vie avec moins d'apprêt ? Sa dernière heure est unie, stoïcienne, religieuse ; et les discours qu'il adresse à sa femme et aux autres assistans sont pleins de sensibilité, de raison et de courage.

« Il débite de froides sentences ».

Ces sentences froides ! plut à Dieu qu'on les sût, et qu'on nous les révélât ! Il ne s'en trouve pas une dans l'entretien que Tacite nous a transmis. Quant à celles qu'une éloquence qui ne l'abandonna point lui inspira dans les momens qui précédèrent sa mort, que le peuple Romain avoit retenues, et auxquelles l'historien n'a pas osé toucher par respect pour le philosophe, elles ne nous sont point parvenues ; et l'on ignore si elles étoient froides. Quoi ! pas un mot qui ne décèle la haine, la partialité et la mauvaise foi !

« Il lègue à ses amis le tableau de sa vie ».

Eh ! l'auroit-il fait, s'ils n'avoient été, et lui-

république, et ils ne jettent les yeux ni sur Thraséas, ni sur Burrhus; ils ne pardonnent pas à leur chef, de s'être montré quelquefois sur la scène,

---

même, et les personnages importans auxquels il s'adressoit, convaincus de la pureté de ses mœurs? Jamais un méchant, tourmenté de remords, s'est-il, aux derniers momens, proposé pour modèle?

Censeurs, j'aurois la plus haute opinion de votre constance dans la pratique de la vertu, que je douterois encore que vous osassiez proposer le legs de Sénèque à ceux qui entoureront votre lit funéraire.

« Sa mort ne fit aucune sensation dans Rome ».

Qu'en sait-on? Quel est l'historien dont on a tiré cette anecdote? et par quelle bizarrerie la mort obscure d'un philosophe occupe-t-elle un aussi long espace dans les annales de l'empire? Quoi! il n'arrive pas à un mauvais ministre, à quelque plat personnage de la cour d'être disgracié, de mourir, même naturellement, sans qu'on n'en parle? et Sénèque estimé et peut-être trop estimé comme écrivain, au jugement de Quintilien; Sénèque qui avoit brillé au barreau et dans l'école, qui s'étoit élevé de la condition de philosophe et d'avocat à la préture, de la préture au consulat, du consulat à l'institution du prince, de l'institution du prince à l'administration des provinces; Sénèque que ses ennemis accusoient, pour le perdre, de tout le bien qui se faisoit dans l'état, et que les conspirateurs de Pison projetèrent, dans un moment de crise, de placer sur le trône des Césars qu'il étoit digne d'occuper par ses lumières

avec l'empereur ; et aucun d'eux ne reproche à Sénèque, ni ses vices particuliers, ni son avarice, ni son ambition, ni sa bassesse, ni l'édit

---

et ses vertus: *Insonti claritudine ad virtutum fastigium evecto*, aura été égorgé par les ordres de son élève et de son souverain, sans qu'on s'en entretînt ; et d'autant plus long-temps, que le murmure général devoit être contraint par la terreur que Néron, Tigellin, Poppée ne pouvoient manquer d'inspirer dans un temps où l'on n'avoit pas encore oublié qu'une mère avoit perdu la vie pour avoir pleuré la mort de son fils, et que l'inquiétude ombrageuse du prince avoit proscrit par un édit * les témoignages usuels de l'amitié entre les citoyens.

« Peut-être jugera-t-on qu'il avoit mérité sa disgrace ».

Avec ces *peut-être-là*, il n'y a plus rien de sacré, il n'y a point de criminel qu'on ne justifie, point d'innocent qu'on n'accuse. Comment peut-on se servir d'une arme aussi meurtrière contre soi-même que contre les autres ? Que diroit le censeur, si l'on se livroit sur son compte à ces cruels *peut-être?* si l'on se demandoit pourquoi il se déchaîne contre Sénèque, Voltaire, Raynal, et qu'on se répondît :

---

* Tibère avoit défendu aux citoyens de s'embrasser. « Quotidiana oscula prohibuit edicto ». Sueton.

J'avois regardé cet édit comme un attentat de plus contre la liberté publique, lorsque l'historien de la chirurgie m'apprit que ce n'étoit qu'une ordonnance de police très-sage, pour prévenir la communication d'une maladie contagieuse.

après la mort de Britannicus, ni la lettre au sénat après la mort d'Agrippine, ni son commerce avec Julie, ni ses complaisances pour la lubricité

---

c'est *peut-être* qu'il n'en sait pas assez pour sentir le mérite de ces hommes-là. S'il n'est pas imbécille, c'est *peut-être* qu'il est hypocrite, et qu'il décrie par quelque secret intérêt la vertu qu'il honore au fond de son cœur : c'est *peut-être* qu'il s'est imaginé de faire la cour à de puissans personnages qui le méprisent : c'est *peut-être* qu'il est intolérant, et qu'il ne reconnoit de grandes qualités que dans son petit troupeau : c'est *peut-être* qu'il manque de pain, et qu'il faut vivre : c'est *peut-être* qu'il vise au bénéfice ?

Entre tous ces *peut-être* il n'y en a peut-être pas un de vrai ; mais leur fausseté en fera d'autant mieux sentir au censeur toute leur virulence.

Parmi les innocentes victimes de la férocité de Néron, quelle est celle contre laquelle on ne pût élever de pareils doutes ?

Si Sénèque le philosophe, le sage Sénèque eût mérité sa disgrace et son supplice ; la sensation d'un événement aussi imprévu n'en auroit été que plus forte : ce n'est pas de la méchanceté qui persévère, c'est de la vertu qui se dément que la malignité publique aime à s'entretenir. Ainsi je ne crois pas que le *peut-être* du censeur fasse bien penser de son ame ; et qu'en attribuant à une cause chimérique un effet contraire à l'expérience, il donne une meilleure idée de son jugement.

J'ai dit en quelque endroit, qu'il n'y avoit déjà

du tyran; tous le regardent comme un homme qui s'est élevé au faîte de la vertu, et dont la célébrité n'est souillée d'aucune tache.

Des écrivains sans pudeur et sans talens manqueront à des personnages qui ont honoré leur siècle, et dont nous respectons la mémoire; ils feront pis; ils insulteront la nation; ils en insulteront les hommes célèbres : leurs invectives, je ne dis pas tolérées, mais autorisées, s'adresseront à ceux qui en occupent les premières places; et cependant il faudra s'imposer une modération qu'on auroit de

---

que trop peu de gens de bien. *Donc, a-t-on ajouté, il faut être la dupe de ceux qui en usurpent le titre.* Il est, ce me semble, une conséquence plus honnête et plus chrétienne à tirer de mon principe; et la voici.

Il n'y a déjà que trop peu de gens de bien; donc on ne peut être trop circonspect, lorsqu'il s'agit d'en diminuer le nombre. C'est ainsi, je crois, qu'on argumente, quand on craint de calomnier. Je permets qu'on en plaisante tant qu'on voudra; mais j'aimerois mieux être dupe de cent hypocrites, qu'accusateur d'un seul homme de bien; j'aimerois mieux avoir sottement ménagé vingt coupables, qu'indiscrètement flétri un innocent. J'ai plus d'une fois éprouvé les inconvéniens de cette morale, je les éprouverai plus de cent fois encore; mais je n'en changerai pas.

NOTE DE DIDEROT.

la peine à garder dans sa propre cause ! Hélas ! oui.

Le nombre de ceux que le public méprise assez, pour leur accorder le franc-parler, est très-petit; et j'entends murmurer autour de moi, que ce seroit se manquer à soi-même que de se mettre à leur unisson.

§. 95. Sénèque, né peu de temps avant la mort d'Auguste, la huitième année de l'ère chrétienne, mourut la huitième année du règne de Néron, vers l'an 61 de J. C. Ainsi, après avoir consumé un temps considérable, et pris des soins infinis pour faire, de son élève, un grand empereur, il n'attendit son retour à la vertu que trois ou quatre ans.

Il avoit eu deux femmes; la première s'appeloit Helvia; et voici comment il en parle (*). « Le
» soir, lorsque ma lampe est éteinte, et que
» l'heure m'a séparé de ce censeur de mes pen-
» sées, de ce témoin de mes actions, de cet ap-
» pui de ma conduite, j'y supplée par un examen
» scrupuleux. Je me rappelle ce que j'ai dit, ce

(*) Seneca, *de irâ*, *lib. 3*, *cap. 36*. Conférez ici ce qu'il dit encore dans la 26.ᵉ lettre; le passage est très-beau.

NOTE DE L'ÉDITEUR.

» que j'ai fait. Je ne me dissimule rien, je ne
» me passe rien ; et pourquoi craindrois-je de
» me voir tel que je suis, lorsque je puis m'a-
» dresser à moi-même ce que j'aurois entendu de
» sa bouche? Sénèque, tu as mal dit; Sénèque,
» tu as mal fait : n'y retourne plus, et je te par-
» donne ».

La seconde, celle qui vient d'assister à la mort de Sénèque et de mêler son sang à celui de son époux, s'appeloit Pauline ; elle étoit jeune et belle, et Sénèque âgé. On ne pardonne rien aux hommes d'un certain ordre : on pèse leurs plus indifférentes actions dans une balance rigoureuse. Et cette balance, qui la tient? On le sait. Tout s'acquitte dans ce monde-ci, et la naissance, et les richesses et les honneurs, et les talens ; la possession même de la vertu n'est pas gratuite ; et tant mieux.

On fit un crime au vieux philosophe d'avoir pris une jeune femme. Et qu'importe, si cette jeune femme est honnête, si le vieux philosophe en étoit tendrement aimé? Vous qui entr'ouvrîtes les rideaux du lit nuptial pour repaître vos yeux et vous amuser d'une scène indécente ou ridicule, jugez à-présent s'il entra dans la sainte union de Sénèque et de Pauline aucune de ces vues si déshonnêtes et si communes, qui compensent aux yeux des parens et des époux intéressés l'extrême disparité d'âge, mais dont la nature trompée se venge par la perte des mœurs, l'incertitude des naissances, et le trouble domestique.

§. 96. Néron n'avoit aucun motif particulier de haïr Pauline; il lui conserva la vie, par la crainte que sa mort ne rendît sa cruauté plus odieuse. Les soldats, ses affranchis, ses esclaves, fermèrent ses blessures et arrêtèrent son sang. Il est incertain si elle y consentit (*); mais comme le vulgaire est prompt à voir en tout le mauvais côté, on ne manqua pas de répandre que, tant qu'elle avoit redouté l'implacable Néron, elle avoit ambitionné de finir avec son époux; mais qu'aussi-tôt qu'elle s'étoit flattée d'un meilleur sort, elle avoit cédé à la douceur d'exister. Elle en jouit peu d'années, gardant à Sénèque un souvenir digne d'éloge, et montrant, par la pâleur de son visage et la maigreur de ses membres, combien le principe de la vie s'étoit affoibli en elle.

§. 97. Cependant Sénèque, dont la mort étoit retardée par la lenteur de l'effusion, pria Statius Annæus, qui lui étoit connu depuis long-temps pour un habile médecin et pour un ami sûr, de lui administrer le poison que les Athéniens préparoient à ceux que les loix condamnoient publiquement à la mort. On le lui présenta; il le

---

(*) Incertum an ignaræ... Tacit. lib. 15, cap. 64.

but, mais sans effet; ses membres étoient froids, et son corps fermé à l'activité du venin. Enfin, il entre dans un bain chaud; il prend un peu d'eau, qu'il répand sur ses esclaves les plus proches de lui, ajoutant: *A Jupiter libérateur.* Au sortir de ce bain, dont la vapeur l'avoit suffoqué, il est porté sur un bûcher (*), sans appareil, ainsi qu'il l'avoit recommandé dans un testament où il avoit pourvu à ses funérailles, et qu'il avoit écrit dans les jours de sa grande puissance et de son extrême richesse.

Il n'est pas difficile de discerner le motif de l'historien, lorsqu'il insiste sur la modestie des dispositions dernières d'un homme aussi riche que Sénèque. Ces marbres, qui ne couvrent que de la poussière, attestent la vénération des peuples, le respect des parens, la reconnoissance des amis; ou ne sont que des monumens durables de la vanité des vivans et des morts.

§. 98. La richesse de Sénèque, prodigieuse pour un simple particulier, étoit exorbitante pour

---

(*) " Sine ullo funeris solemni crematur. Ita co-
" dicillis præscripserat, quùm etiam tùm prædives
" et præpotens, supremis suis consuleret... ". Tacit.
Annal. lib. 15, cap. 64, in fine.
                                        NOTE DE L'ÉDITEUR.

un philosophe ; elle se montoit environ à quarante millions de notre monnoie (1) : il n'alla point à elle ; il la reçut, quand elle vint à lui.

La succession que son père lui laissa étoit considérable. Dans la consolation qu'il écrivit de la Corse à Helvia sa mère, il lui dit (2) : « Ayant
» des parens, vous avez avantagé vos fils déjà
» riches ; jamais vous n'usâtes de notre crédit ; il
» ne vous est revenu de nos honneurs que de la
» joie à recueillir et des dépenses à faire. Lorsque
» la mort de notre père vous rendit la dépositaire
» de notre fortune, vous en prîtes les mêmes soins
» que de la vôtre ; et vous ne négligeâtes aucun
» moyen de l'augmenter ». Elle s'étoit encore accrue par des placemens avantageux : les largesses de son élève y mirent le comble. On l'a

---

(1) Tacit. *Annal.* lib. 14, cap. 52, 53, et lib. 13, cap. 42. Joignez à ces passages ce que Sénèque dit lui-même dans son traité *de la vie heureuse*, pour justifier ses richesses et forcer au silence ses infâmes calomniateurs. Il paroît n'avoir écrit ce petit traité que pour faire à cet égard son apologie, et réfuter toutes les accusations intentées dès-lors contre lui. *De vitâ beatâ*, cap. 17, 18 et seq.

NOTE DE L'ÉDITEUR.

(2) « Tu filia familias locupletibus filiis ultrò con-
» tulisti, tu patrimonia nostra sic administrasti,
» etc. ...... ». *Senec. Consolat. ad Helv.* cap. 14.

déjà entendu sur les inconvéniens de ces dons. « Seigneur, a-t-il dit à Néron, je vous rends » graces de vos bontés; mais je ne saurois vous » dissimuler les propos affligeans qu'elles vont » exciter. On dira : Le voilà donc ce stoïcien si fru- » gal, ce modeste philosophe, à qui peu de chose » suffit : voyez et ses jardins, et ses terres, et ses » campagnes à Nomentanum, à Albina, à Baies, et » les énormes capitaux qu'il a placés, et ses tables » de cèdre à pieds d'ivoire (1); il n'en a guère » moins de cinquante (2); et le prix de la plus » simple payeroit une grosse métairie : qu'on m'as- » sure la centième partie de son revenu; et demain » je laisse croître ma barbe et j'endosse la robe » de Zénon. Seigneur, reprenez vos bienfaits; ces » bruits cesseront, et je serai mieux connu ».

―――――

(1) « Harum mensarum multitudinem ne mireris, » dit le savant éditeur de Dion Cassius, recognita in » majoribus conviviis, singulos hospites propriam ha- » buisse mensam... ». Reimar. Not. in Dion. lib. 61. cap. 10, ∂. 72. Joignez à ce passage ce que Sénèque dit de ces tables, de Benefic. lib. 7, cap. 9, et de Tranquillit. Animi, cap. 1.

NOTE DE L'ÉDITEUR.

(2) Une partie de ces accusations se trouve dans Dion in Nerone, lib. 61, cap. 10, pag. 990, tom. II, edit. Reimar. Confer quæ Suilius, apud Tacit. Annal. lib. 13, cap. 42, et lib. 14, cap. 52.

NOTE DE L'ÉDITEUR.

§. 99. Dion accuse Sénèque (1) d'avoir prêté à usure; il attribue la guerre britannique à la dureté avec laquelle il exigea, dit-il, des Bretons (2) le remboursement de ses capitaux en entier, sans être divisés en plusieurs paiemens.

Qui est ce Dion ? ce Dion (3) que Crevier appelle *le calomniateur éternel de tous les romains vertueux ;* qui a osé, sans s'appuyer d'aucune autorité, accuser Cicéron d'un commerce incestueux avec sa fille Tullia; et qui s'est déchaîné contre Cassius, Brutus, les hommes les plus renommés par leurs vertus, sans qu'on puisse trouver à cette étrange fureur d'autres raisons, dit Juste-Lipse (4), qu'une incurable perversité de jugement

---

(1) Dion est ici l'écho de Suilius, dont il répète les calomnies. *Apud.* Tacit. *Annal.* lib. 14, cap. 42.

(2) *Voyez* Dion, *Hist. Rom.* lib. 62, cap. 2, *edit.* Reimar. tom. II, pag. 1003.

NOTE DE L'ÉDITEUR.

(3) *Histoire des empereurs,* tom IV, liv. 10, pag. 130. *Voyez* la note suivante.

(4) Juste-Lipse, étonné de l'étrange acharnement de Dion à calomnier Sénèque, se fait à lui-même cette question : *Quibus odii caussis, aut quo mendacii pretio ? Credo judicii quædam morumque perversitas fuit, quæ eumdem illum in Ciceronem exacuit, quæ in Cassium, Brutum, omnesque bonos. Caveat ab his,*

et de mœurs. Ce Dion étoit de Nicée en Bithinie ; il s'occupa toute sa vie à décrier le mérite qui l'offusquoit ; il s'attacha particulièrement à Sénèque, distinction flatteuse. Ses mensonges maladroits, à force d'être exagérés, manquèrent leur effet, même sur la crédulité. Il fut gouverneur de province, et deux fois consul, récompense du vil métier d'intrigant, de courtisan et de flatteur, qu'il exerça sous trois règnes.

Et voilà le témoignage qu'on allègue contre Sénèque, l'homme qu'on oppose à Tacite, qui le précéda de plus d'un siècle, au censeur des hommes le plus sévère, qui fut le contemporain et l'admirateur de notre philosophe.

§. 100. Mais ce n'est pas à Dion que nous avons à répondre, c'est au crédule abréviateur de Dion, à Xiphilin, espèce de fou, homme méchant, esprit bizarre : car ce sont deux observations très-judicieuses, l'une de la Mothe le Vayer (*), « qu'il est incroyable que Dion, après avoir loué » si hautement la sagesse de Sénèque dans son

---

moneo, juventus, etc.... *Excerpt. ex not. Lips. ad. Tacit. Annal.* lib. 13, cap. 42, *edit.* Ernest. Lips. 1772.
NOTE DE L'ÉDITEUR.
(1) *Voyez* son traité de la *Vertu des payens*, partie 2, pag. 250, tom V, édition de Paris, 1684 ; et la note de la pag. 258 ci-après.

L*

» cinquante-neuvième livre, se soit contredit si
» grossièrement, en le diffamant comme il fait,
» selon le texte de Xiphilin »…. L'autre de Juste-
Lipse (1), « qu'il faut qu'un tel faiseur d'épitome
» ait pris les accusations de Suilius, ou de quelque
» autre aussi méchant, pour les vrais sentimens
» de Dion ».

On lit dans Dion (2) : « Lucius Annæus Sé-
» nèque surpassa en sagesse tous les Romains de
» son temps et beaucoup d'autres personnages re-
» nommés. Ce ne fut ni par quelque faute qu'il
» eût commise ou dont il fût soupçonné, qu'il
» courut le danger de la proscription ».

Quoi qu'il en soit, les détracteurs de Sénèque
ont-ils recherché les moyens par lesquels sa fortune
s'étoit accumulée ? Nullement. Se sont-ils informés

---

(1) Ne ipsum quidem Dionem sic scripsisse putat ex suâ affirmatione, sed alicujus forte Suilii quæ bonus Xiphilinus ut asserta habuerit. Lips. manuduct. ad Philos. Stoic. lib. I, Dissertat. 18, Opp. tom. IV, pag. 456. A.
        NOTE DE L'ÉDITEUR.

(2) L. verò Annæus Seneca, omnes sui temporis Romanos, multosque alios sapientiâ superans, pænè interiit, neque ullo suo peccato, neque opinione peccati…. Dion, in Caligul. lib. 59, cap. 19, pag. 923, tom. II, edit. Reimar.
        NOTE DE L'ÉDITEUR.

de l'usage qu'il en a fait? Dit-on que son coffre-fort ait été fermé à ses parens, à ses amis indigens? On mentiroit. Lui reproche-t-on quelques-uns de ces vices qui naissent de la sordide ou folle opulence, l'avarice ou la dissipation, la dureté, le dérèglement des mœurs, l'insolence, l'amour désordonné du faste, le goût des plaisirs sensuels, cette magnificence extérieure qui humilie les grands, qui confond les différens états de la société, qui élève le millionnaire au niveau des hommes décorés des premières places, et qui insulte à la misère publique? On mentiroit encore. Mettra-t-on sur la même ligne un Sénèque, l'instituteur du prince, son ami, l'ame de ses conseils, avec un Pallas, un Narcisse, un Tigellin, les ministres de sa débauche et de ses cruautés? On ne peut sans conséquence, ni s'approcher, ni s'éloigner du tyran toujours ombrageux. S'il est fâcheux d'accepter ses dons, il n'est pas moins dangereux de les rejetter (*). Je

---

(*) C'est à-peu-près ce que Sénèque dit dans son traité *des bienfaits*. « Il ne m'est pas toujours possible de refuser: quelquefois je suis forcé de recevoir un bienfait contre mon gré. Un tyran cruel et prompt à s'irriter regarderoit mon refus comme une insulte. Je mets dans la même classe les brigands, les pirates, et un roi qui a les sentimens d'un pirate et d'un brigand ».... (*liv. 2, chap. 18.*) Ce passage est tellement applicable à Néron, et il explique si naturellement les vrais motifs de la con-

voudrois bien qu'on nous apprît ce que les censeurs de Sénèque auroient fait à sa place. J'oserois assurer que le mépris du philosophe pour sa propre richesse étoit plus vrai que celui d'un Suilius, d'un Dion, d'un Xiphilin et de tous leurs échos, tant anciens que modernes.

---

duite de Sénèque relativement aux bienfaits qu'il consentit à recevoir de ce prince sanguinaire, qu'on ne peut guère douter qu'il ne l'ait écrit à dessein de le faire servir un jour à sa justification. *Voyez* encore ce qu'il dit au sujet de Socrate, qui refusa de venir à la cour d'Archélaüs, parce qu'il ne vouloit pas, disoit-il, aller chez un homme dont il recevroit des bienfaits sans pouvoir les lui rendre. (*De Benefic. lib.* 5, *cap.* 6.) Il paroît, par un passage de Tacite, que les bienfaits de Néron pesoient beaucoup à Sénèque ; on voit clairement par tout ce qu'il lui dit, qu'il en étoit embarrassé : il tâche même de lui faire entendre assez adroitement, mais sans le blesser, qu'il ne les a reçus, que parce qu'il ne pouvoit pas décemment les refuser. « Ego quid
» aliud munificentiæ tuæ adhibere potui, quàm
» studia, ut sic dixerim, in umbrâ educata ?....
» At tu gratiam immensam, innumeram pecuniam
» circumdedisti, adeò ut plerumque intrà me ipse
» volvam..... Ubi est animus ille modicis con-
» tentus ? Tales hortos instruit, et per hæc suburba-
» na incedit, et tantis agrorum spatiis, tam lato
» fœnore exuberat »? *Una defensio occurrit, quod muneribus tuis obniti non debui.*... Senec. *apud Tacit. Annal. lib.* 14, *cap.* 53. NOTE DE L'ÉDITEUR.

§. 101. « Sénèque, prédicateur de la pau-
» vreté, jouissoit de quarante millions ; on le sait,
» vous en convenez, et l'on ignore les bonnes
» actions qu'il a faites, les malheureux qu'il a
» soulagés ».

Si l'exécrable Suilius mit le comble à son infamie par les imputations qu'il hasarda contre Sénèque ; si Dion Cassius se déshonora de son temps et chez la postérité en appuyant les calomnies d'un Suilius ; si le moine Xiphilin ne fut pas soupçonné, sans motif et sans blâme, d'infidélité dans son épitome de Dion Cassius ; je demande ce qu'il faudroit penser d'un moderne qui se tourmenteroit, après deux mille ans écoulés, pour trouver à Sénèque des torts que le plus méchant de ses contemporains, un audacieux scélérat qui avoit eu le bonheur d'échapper au dernier supplice, n'auroit pas eu l'impudence de lui reprocher ?

On n'en est pas aux premières notions de la justice, si l'on ignore que des conjectures suffisent pour absoudre, et qu'il faut des faits positifs pour inculper. Censeurs, quelle différence entre votre rôle et le mien ! Je cherche un innocent ; et vous, semblables à d'atroces criminalistes qui s'éloignent du tribunal chagrins de n'avoir pas un accusé à envoyer au gibet, vous vous fatiguez à chercher un coupable ; et vous souffrez de ne l'avoir pas trouvé.

Suilius fit un crime à Sénèque de l'immensité de sa fortune ; un disciple moderne de Suilius ne balance pas d'en flétrir l'emploi. Qu'en peut-on conclure ? Que, si ce moderne avoit possédé la richesse du philosophe, personne n'auroit ignoré l'excellent usage qu'il en auroit fait sans-doute ; et que peut-être il auroit oublié que les largesses de la main droite doivent être secrètes pour la main gauche.

C'est une étrange logique, que de ranger, au nombre des vicieux, les hommes rares qui ont envié à l'admiration de leurs concitoyens les grandes actions qu'ils ont faites. Quant à moi, ce sont mes héros. J'aime à me persuader qu'une multitude de bonnes œuvres sont cachées sous la tombe ; et j'accorderai sans répugnance à nos aristarques des motifs personnels pour être d'un avis contraire. L'homme vertueux et le méchant peuvent également chercher les ténèbres.

« On a le droit d'être sévère sur les mœurs » de celui qui donne des leçons de sagesse ».

Mais ce droit-là, qui est-ce qui l'a ? Encore si c'étoit un Thraséas chez les anciens, un Montausier chez les modernes, qui jugeassent le philosophe ; à la rigueur on prendroit patience.

Mais joignons-nous pour un moment aux ennemis du philosophe opulent ; et interrogeons-le sur l'usage de sa richesse... Sénèque, que fais-tu de tant d'argent ? == « Ce que j'en fais, on le sait.
» Je préviens l'un, je m'acquitte avec un autre ;
» je secours celui-ci, j'ai pitié de celui-là ; je pour-
» vois aux besoins d'un troisième. Quelquefois je
» force à recevoir ; je ne place jamais mieux mon
» argent, que quand je le donne ».

Voilà le témoignage que Sénèque étoit forcé par des détracteurs de se rendre à lui-même, et cela à la face de Rome, où personne ne le contredit, pas même Suilius.

Ce qui me confond, c'est qu'au milieu de ces déclamations violentes contre Sénèque, qui accepta malgré lui, les bienfaits de Néron, je ne trouve pas un mot contre les hommes de la république les plus distingués par leur naissance et leurs dignités qui les sollicitèrent. D'où naît cette partialité ? Je le sais : c'est qu'ils n'étoient que des grands, et que Sénèque étoit un sage.

Quoi donc ! ce titre impose-t-il une force, une élévation d'ame, dont toutes les autres conditions sont dispensées ! Ce qu'on interdit au philosophe, le noble le fera sans s'avilir ! Si telle est l'opinion des grands et du peuple, on ne sauroit penser ni plus dignement de la philosophie, ni plus bassement de toutes les autres sortes d'illustrations.

§. 102. J'insiste : quelle si grande importance cette énorme fortune, qui n'excédoit toutefois ni le rang d'un ministre, ni la fatigue de ses fonctions, ni le mérite de ses services, ni celle de plusieurs affranchis ; cette richesse si reprochée, peut-être plus encore enviée, pouvoit-elle avoir aux yeux d'un homme né de parens sages et modestes, innocent et frugal comme eux, dont la vertu ne souffrit pas la moindre atteinte de l'air empesté de la cour la plus dissolue, et qui osoit adresser des vérités dures à un prince dont le sourcil froncé et l'œil serein n'etoient que deux arrêts de morts différens ?

Eh bien ! l'opulence de Sénèque étoit donc bien connue, et les bonnes actions qu'il a faites et les malheureux qu'il a secourus bien ignorés ? Oui, de ceux qui parlent de ses ouvrages sans les avoir lus, et qui jugent de sa vie sans en être intruits ; de ceux qui exigeront peut-être plus de croyance pour leurs propos que pour les discours publics qu'il s'adresse à lui-même, qu'il adresse à sa mère, à sa femme, à ses frères, à ses connoissances, à tous ses concitoyens, à son souverain, sur l'usage de sa richesse.

Un auteur qui ne ménage pas Sénèque, dit

de son opulence : « Une partie étoit employée
» en magnifiques jardins, maisons de plaisance,
» terres, possessions loin et près de Rome ; davan-
» tage, un palais à la ville, plein de toutes sortes
» de meubles précieux. Mais pour tout cela, Séné-
» que ne s'énorgueillit aucunement, ainsi redou-
» toit la fortune, et se souvenoit de son ancienne
» condition ».

« Senèque a très-habilement disserté sur les
» bienfaits ; s'il s'étoit signalé par sa bienfaisance,
» comment, dans les places qu'il occupoit, ne
» l'auroit-on pas su » ?

Voilà le raisonnement des censeurs ; voici le
mien, que je crois un peu plus solide. Au milieu
des envieux de sa richesse, des détracteurs de
sa vie, d'hommes jaloux de ses talens et de ses
dignités ; coupable d'inhumanité, de dureté, d'a-
varice, comment, dans les places qu'il occupoit,
ces vices ne lui auroient-ils pas été reprochés
par Tacite, par quelques-uns de ses contemporains véridiques ?

Il y a des vertus, dont on ne loue pas les particuliers ; ce sont celles qui, communes à la pluralité
des citoyens, forment les mœurs nationales, qualités du siècle et non de l'homme. Telle étoit la
fidélité à son serment, avant et même après les
guerres Puniques. S'il faut admirer Régulus, c'est

Vie de Sénèque.   M

lorsqu'il s'oppose à l'échange des captifs ; et non lorsqu'il retourne à Carthage, où le tonneau hérissé de pointes l'attendoit. Telle étoit encore la bienfaisance chez les anciens Romains, dont l'esprit s'étoit conservé dans la famille des Sénèque. Mais les censeurs ne sont pas gens à se contenter de présomption lorsqu'il s'agit de croire le bien. Puisqu'il leur faut absolument des garans de la munificence de Sénèque, je vais leur en citer un ; c'est le plus véhément des poëtes satyriques, c'est Juvénal, qui vivoit à Rome au commencement du règne de Néron, sous le ministère de Sénèque, et qui disoit, plus de trente ans après la mort du philosophe, à l'avare et crapuleux Virron : « On ne vous demande pas de ces présens, tels » qu'un Sénèque en envoyoit à de simples con- » noissances, à des amis mal-aisés ; on n'exige » de vous ni les largesses de Cotta, ni celles du » bon Pison. Nous ne sommes plus au temps où » les titres et les faisceaux illustroient moins que » la libéralité : je n'ai garde de vous proposer » ces modèles ».

Nemo petit modicis quæ mittebantur amicis
A Senecâ ; quæ Piso bonus ; quæ Cotta solebat
Largiri ; namque ex titulis et fascibus olim
Major habebatur donandi gloria....

Censeurs, êtes-vous satisfaits ? C'est ainsi que Juvénal écrivoit de cet homme, dont la richesse fut bien connue et la bienfaisance ignorée,

Ces vers ne sont pas les seuls où le poëte fasse l'éloge de Sénèque ; ailleurs, il s'écrie : « Qui
» est-ce qui balancera de préférer le philosophe
» expirant dans un bain, à l'empereur qui lui fait
» couper les veines » ?...

« En résignant ses biens, Sénèque insinue à
» Néron qu'il seroit de sa gloire de les lui con-
» server ».

J'ai lu et relu le discours du philosophe à César ; et je confesse mon peu de sagacité : je n'y ai rien remarqué, mais rien de cet artifice. On auroit bien dû nous éclairer sur ce point, et ne pas s'en tenir à une assertion.

« Malgré le traité *des bienfaits*, ouvrage dé-
» licat et senti, on ne voit pas que Sénèque en
» soit devenu plus libéral ».

Si l'on ne voit pas que Sénèque en soit devenu plus libéral, c'est la faute des censeurs, et non celle du philosophe, à qui ses concitoyens demandent, et qui leur rend compte de l'emploi de son opulence.

Mais si le silence d'un peuple pendant la vie de l'homme, et celui des historiens après sa mort, nous autorisoient à le blâmer, nous blâmerions souvent les hommes les plus vertueux. Combien d'illustres personnages, dont la bravoure n'a pas été préconisée ? donc ils étoient des lâches ; l'humanité ? donc ils étoient des ames impitoyables; la sensibilité ? donc ils avoient des cœurs de bronze; la générosité ? donc ils furent avares ; la force d'ame ? donc ils furent pusillanimes.

Les regards du peuple et les récits de l'histoire ne s'arrêtent que sur les fonctions principales; c'est le général que l'on considère dans César ; le républicain, dans Caton d'Utique ; l'austérité des mœurs, dans Caton le censeur. Quant aux vertus domestiques, elles font l'entretien secret des parens, des amis, des commensaux, des autres familiers de la maison qui en jouissent. On ne sait si la libéralité fut une des vertus de Burrhus et de Thraséas ; et il est à présumer que Sénèque n'eût point écrit sa propre satyre dans un ouvrage délicat et senti, s'il eût manqué de bienfaisance et de sensibilité.

S'il m'étoit permis de citer mes contemporains, sans les offenser peut-être par une association de noms incompatibles ; je demanderois aux critiques s'ils connoissent, de l'un de ces personnages, d'autre qualité que son éloquence et son mépris pour les grandes places, lorsqu'il s'est bien assuré de l'impossibilité de servir utilement la patrie; de son collègue, que l'universalité de ses lumières et la sagesse de ses vues sur l'administration de la chose publique, l'amour le plus inébranlable de la félicité nationale ; avec une force peu commune et constamment dirigée contre les obstacles qui s'y opposoient ; du dernier de ses successeurs, que son désintéressement, l'ambition de la vraie gloire et le sacrifice de son repos à des fonctions pénibles, à des haines et à des calomnies qui vont se multipliant chaque jour ? Voilà sans-doute les qualités, dont on parle aujourd'hui et dont l'avenir s'entretiendra : mais n'ont-ils donc que celles-là ?

L'homme de génie est connu de la postérité ; l'homme en est ignoré. Que sait-on d'Homère, d'Archimède, de Démosthène, d'Euripide, de Sophocle ? Que sait-on de Descartes ? Qu'il fut un géomètre, un grand penseur persécuté par des fanatiques. De Newton ? Qu'il fit trois découvertes, dont une seule l'auroit immortalisé. La vie de son célèbre antagoniste n'est guère moins obscure.

Les personnages de quelque importance à la cour, au sénat, à l'armée, sous les règnes de Claude et de Néron, ont tous été bien connus ; Sénèque seul en aura imposé à ses contemporains ; et c'étoit aux censeurs de notre temps qu'il étoit réservé de lui arracher le masque ! Ils en savent là-dessus plus que Tacite, qu'ils accuseront de partialité, au hasard de calomnier deux grands hommes à-la-fois : cependant que devient la certitude de l'histoire, si l'on peut contester le témoignage de Tacite ?

Nous devons à Plutarque et à quelques autres biographes anciens ; et nos neveux devront à Moréri, à Bayle, à Chaufepié, à Marchand, à Fontenelle, à d'Alembert, à Condorcet, à notre académie française, la connoissance utile des vertus sociales ou des défauts domestiques qui rendirent agréable ou fâcheux le commerce des hommes célèbres dont ils admireront les ouvrages (*).

La manie d'imputer des vices sur le silence des contemporains ne peut naître, selon moi,

---

(*). M. d'Alembert et M. de Condorcet sont deux grands peintres, qui ont chacun leur manière. M. d'Alembert est délicat, ingénieux, plaisant, ironique et hardi. M. de Condorcet se fait distinguer par la force et l'art dont il présente les vertus et les défauts ; il rassemble les uns et les autres dans ses portraits ; mais les vertus sont exposées à la grande lumière, et les défauts sont cachés dans la demi-teinte. L'amour du vrai, du bon et du beau leur est commun ; et l'on ne voit pas seulement dans leurs écrits que ce sont d'habiles gens, mais que ce sont encore d'honnêtes gens.

NOTE DE DIDEROT.

que d'une perversité originelle de caractère, ou d'une jalousie inhérente à l'état que l'on professe.

§. 103. Las du spectacle de la débauche et du crime, Sénèque veut s'éloigner : Néron le retient ; et voici ce que Sénèque lui fait entendre, s'il ne le lui dit pas expressément : « Je sais que
» ma présence et mes reproches vous importunent ; mais c'est votre faute, et non la mienne.
» N'attendez de moi que la vérité : je vous respecte, mais je la respecte plus que vous (*) ;

___

(*) « Nec sibi promptum in adulationes ingenium ;
» idque nulli magis gnarum, quàm Neroni, qui
» sæpiùs libertatem Senecæ, quàm servitium expertus esset.... » *Senec. apud Tacit. Annal. lib.* 15, *cap.* 61. Joignez à ce passage ce qu'il dit à Néron dans le second liv. *de la Clémence* (chap. 2). Après avoir fait à ce prince, jeune encore, un tableau touchant de la prosperité de son règne, s'il continue à donner à ses sujets l'exemple des bonnes mœurs, il ajoute : « souffrez que je m'arrête un moment
» sur ce tableau, non pour flatter vos oreilles ;
» ce n'est pas ma coutume ; j'aimerois mieux les
» offenser par la vérité, que de leur plaire par
» l'adulation ». *Voyez* ce que j'ai dit sur ce passage, dans une note où je réfute au long, et par des faits précis, tout ce que les détracteurs de Sénèque ont débité contre lui. Œuv. de Sénèq. tom IV, pag. 436, 437 et suiv.

NOTE DE L'ÉDITEUR.

» et je me consolerois plus facilement de vous
» avoir déplu, que de l'avoir offensée ». Certes,
ce n'est pas là le discours d'un homme attaché
à la faveur, aux honneurs, aux richesses, à la
vie. J'en atteste les gens de cour.

Dans la conduite, les discours et les écrits
de Sénèque, on voit un homme, un philosophe
qui, affermi sur le témoignage de sa conscience,
marche avec une fierté dédaigneuse au milieu
des bruits calomnieux de quelques citoyens qui
attaquent sa vertu et ses talens, par une basse
jalousie qui souffre de la richesse qu'il possède,
des honneurs dont il est décoré, et de la considération générale dont il jouit : et dans quel
temps cela ne s'est-il pas fait ?

Qu'on rapproche le discours précédent de celui
qu'il tient au tribun Silvanus quelques instans avant
que de mourir ; et l'on admirera, dans une fermeté aussi soutenue, l'homme dont Pline le naturaliste a dit (*), qu'il avoit bien connu le néant

---

(*) « Novissimè Annæo Senecâ, principe tùm
» eruditionis ac potentiæ, quæ postremò nimia ruit
» super ipsum, minimè utique miratore inanium... »
Plin. Nat. Hist. lib. 14. cap. 4, pag. 713, edit.
Harduin.

NOTE DE L'ÉDITEUR.

et la futilité des grandeurs humaines ; le sage à qui elles n'en avoient point imposé ; le philosophe qui avoit passé les jours et les nuits à converser avec lui-même, et à se convaincre de la vanité de ses richesses, dont on aime à se persuader que la possession l'avoit enivré.

Pour rentrer dans le palais de Néron, plus puissant que jamais, il ne lui en auroit coûté qu'un mot flatteur ; mais il mourra plutôt que de le dire.

« Tous ces beaux axiomes de morale que Sé-
» nèque a dictés, ajoutent quelques-uns de ses
» détracteurs, c'est une sottise de croire qu'il
» les ait pratiqués. C'étoit un homme comme
» nous, peut-être un peu moins subjugué par
» les opinions vulgaires ».

C'est-à-dire, cet héroïsme philosophique est au-dessus de moi ; donc il n'y a point de pareil héros. Voilà une singulière logique.

§. 104. Je sais qu'il ne faut pas conclure la pureté des mœurs, de la sagesse des discours ; et qu'il peut arriver qu'un pervers écrive et parle aussi disertement de la vertu qu'un homme vertueux : mais ce pervers n'est pas un Sénèque ; n'a pas consumé sa vie à méditer les devoirs du sage, et à donner des leçons de stoïcisme à ses amis, à sa mère, à ses tantes, à ses frères, à presque tous les ordres des citoyens ; et ne s'est pas laissé couper les veines, plutôt que de se démentir. La vie publique de Sénèque n'étoit ignorée de personne ; et comment auroit-il fait pour dérober à ses entours la connoissance de sa vie privée ? Vicieux, de quel front auroit-il prêché la vertu à son élève ? La moindre contradiction entre ses mœurs et ses préceptes ne l'auroit-elle pas exposé à la risée des courtisans ? Il faut avouer, ou que Sénèque a été un des hommes les plus vertueux, ou de tous les prédicateurs le plus impudent. Un vicieux qui poursuit le vice avec la constance et l'âcreté de Sénèque ! Un philosophe qui passe ses journées à écrire, et qui n'écrit pas une ligne qui ne soit une satyre sanglante de lui-même ! Un méchant dont la fonction habituelle est de faire des gens de bien ! Cela se conçoit-il ? Cette hypocrisie est le rôle exclusif, le privilége d'un certain état ; mais Sénèque n'étoit point augure ; ce qu'on a dit d'Épicure, on peut le dire de lui : que celui qu'il ne corrigeoit pas, étoit un déterminé scélérat à renvoyer aux tribunaux des enfers.

§. 105. Jeune seigneur, toi qui ne pris aucun des vices de la cour où ton rang et ta naissance t'appeloient ; toi qui es fait pour croire aux vertus, parce que ton ame en est remplie ; tu ne permettras pas que ce frontispice où l'on a vu le masque séduisant de la vertu sur le visage du vice, reparoisse à la tête de l'ouvrage ingénieux et profond de ton ayeul; tu briseras ce buste injurieux au-dessous duquel on lit *Sénèque;* et tu ne souffriras pas qu'il insulte à jamais au plus digne des mortels (*).

J'avoue qu'il étoit difficile que le grand détracteur des vertus humaines fît un meilleur choix. Si Sénèque fut un hypocrite, le sage n'est qu'une chimère.

Mais la vertu est donc une chose bien affligeante, une chose bien précieuse, même aux yeux

---

(*) Il y a très-long-temps qu'on ne voit plus ce frontispice affligeant à la tête des *Maximes du Duc de la Rochefoucauld*; on ne le trouve même dans aucune des éditions qui ont suivi la troisième ou la quatrième, comme je m'en suis assuré en consultant presque toutes celles qui ont été publiées depuis cette époque jusqu'à la dernière, imprimée cette année au Louvre avec autant d'exactitude que d'élégance. Ainsi, l'auteur des *Maximes* a réparé lui-même l'injure qu'il avoit faite à Sénèque; et cette espèce de rétractation publique, la seule qui convienne quand l'offense l'a été, fait également l'apologie de l'un, et l'éloge de la candeur de l'autre.

NOTE DE L'ÉDITEUR.

des méchans, à en juger par leur acharnement à nous en dépouiller ? Encore leur pardonneroit-on leur indigence, s'ils s'enrichissoient en travaillant à nous appauvrir ; si la malignité étoit le seul vice dont ils fussent souillés. Mais quels furent, et quels seront dans tous les temps les calomniateurs de Sénèque ? Des courtisans perfides, des adulateurs par état, la race la plus abjecte; des Tibère, des Caligula, les opresseurs des hommes dont ils devoient être les pères, avec le nombreux cortége des menteurs subalternes qui servent leurs haines et qui encensent leurs folies (*).

Il y aura, dans tous les temps, des scélérats

(*) « Je puis dire avec vérité, dit la Mothe-le-
» Vayer, n'avoir jamais ouï mal parler de Sénèque
» qu'à ceux qui étoient bien avant dans le vice ;
» comme, au contraire, je n'ai guère vu d'hommes
» vertueux qui n'aimassent Sénèque très-ardemment :
» et comment se pourroit-il faire que celui dont on
» ne sauroit lire les écrits sans être touché d'une
» secrète passion pour la vertu, eût été, quant à
» lui, son plus capital adversaire ? Sans-doute qu'il
» faut n'avoir aucune connoissance de ses œuvres,
» pour prendre une telle opinion ; et pour moi,
» j'avoue qu'on me feroit croire plutôt toute autre
» chose, que la mauvaise vie de Sénèque... ». *De la*
» *vertu des payens,* part. 2, pag. 253, tom. V, *édit.*
in-12.   NOTE DE L'ÉDITEUR.

mercénaires, à qui il ne manquera que le talent et la circonstance pour être des Anytes et des Tigellins. Que l'hypocrisie ou la perversité de l'homme en place leur fasse signe ; ils accourront, ils diront : « Seigneur, parle ; quel est » l'homme de bien qu'il te faut immoler ? Nous » voilà prêts ». Ils se sont dit : « Que nous importe le déshonneur, pourvu qu'on nous protége et qu'on nous gratifie » ?

§. 106. Après la découverte de la conjuration de Pison, Néron est un tigre devenu fou. Si le tyran ne meurt pas sous le coup, sa puissance et sa férocité s'en accroissent avec son effroi. Des enfans des conjurés, les uns sont chassés de Rome, exterminés par la faim ou par le poison ; d'autres massacrés dans un repas avec leurs instituteurs et leurs esclaves (1).

Quelle suite d'assassinats ! Salvidiénus (2) a loué à des étrangers les magasins dépendans de sa maison, proche de la place publique ; il mourra. Cassius Longinus a placé l'image de Cassius parmi celles de ses ancêtres ; il mourra. Silanus affecte la dignité impériale ; il mourra. Pétus Thraséas a le front sévère d'un censeur ; il mourra. Fier

---

(1) Sueton. *in Nerone*, cap. 36.
(2) *Id. loc. cit.* cap. 37.

d'avoir tant osé impunément, Néron se vante qu'avant lui aucun souverain n'a su ce qu'on peut sur le trône. Il projette l'extinction de l'ordre sénatorial, qui n'est pas encore assez vil à son gré.

On prononce devant lui le proverbe grec (1), *Que tout périsse après ma mort* : Εμȣ̃ θανόντος γᾶια μιχθήτω πυρί; il reprend : ἐμȣ̃ ζῶντος, *de mon vivant*. Rien de plus touchant que la mort de Vétus de Sentia, sa belle-mère, et de Pollutia, sa fille (2). Pollutia venoit de recevoir dans le pan de sa robe la tête sanglante de son époux. Vétus abandonne tout à ses esclaves, excepté trois lits funéraires, sur lesquels ces trois victimes se font couper les veines avec le même fer, dans le même appartement, n'ayant de vêtemens que ce qu'en exige la pudeur. On les plonge dans le bain, où ils expirent, le père, les yeux attachés sur sa fille, l'ayeule sur sa petite-fille, celle-ci sur les deux autres ; tous trois invoquant en-même-temps les dieux, tous trois les conjurant de hâter leur mort, et de leur épargner la douleur de survivre à ce qu'ils ont de plus cher. La nature suivit l'ordre de l'âge : Sentia mourut la première, et Pollutia la dernière.

---

(1) *Id. ubi supr.* cap. 38.
(2) *Voyez* Tacite, *Annal.* lib. 16, cap. 10 et 11.

Novius Priscus est exilé à titre d'ami de Sénèque (1).

Junius Gallion, frère de Sénèque, effrayé, demande grace (2).

Annæus Méla, frère de Sénèque et de Gallion, se fait ouvrir les veines.

Et tandis que le sang des bons citoyens coule, on continue de remercier les dieux.

§. 107. Cependant il se répandoit que Subrius Flavius, de concert avec les centurions, avoit arrêté dans une assemblée, non si secrète que Sénèque n'en eût eu connoissance, qu'on assassineroit Pison après que celui-ci auroit assassiné Néron ; et que l'empire seroit conféré au philosophe (3), homme d'une réputation sans tache, et éminemment doué de toutes les vertus. On faisoit dire à Flavius : « Chasser un joueur de
» harpe pour prendre un chanteur, l'état en sera-
» t-il moins déshonoré (4) » ?

Quel mortel eût plus dignement occupé le trône ? et quel bonheur pour les Romains !

---

(1) Tacit. *Annal.* lib. 15, cap. 71.
(2) *Id. ibid.* cap. 73 et 74.
(3) Quasi, insonti claritudine virtutum ad summum fastigium delecto.... Tacit. *ubi supr.* cap. 65.
(4) Tacit. *Annal.* lib. 15, cap. 65.

Il est rare que l'oppression, quand elle est extrême, n'inspire pas aux peuples quelque résolution salutaire ; mais selon les circonstances, c'est ou une véritable crise qui termine le mal, ou le sanglot d'un agonisant, un dernier mouvement convulsif qui tombe rapidement et sans effet. Le nerf nécessaire à l'exécution est coupé ; et l'on continue de souffrir et de se plaindre, si la tyrannie le permet ; car elle va quelquefois jusqu'à exiger un front serein de l'esclave qui porte le désespoir au fond de son cœur. Un soupir, une larme indiscrète seroit punie de mort (*).

Mais quand les Romains, d'un concert unanime, et rassemblés en corps, seroient venus présenter la couronne impériale à Sénèque ; l'auroit-il acceptée ? Le médecin s'éloigne, lorsque le malade est désespéré ; il est un temps où il ne faut ni commander ni obéir : que faire donc ? Fuir.

« Dion n'est point contraire à Tacite dans les » détails de la conjuration de Pison ».

Donc Sénèque aspiroit à l'empire. Ce Sénèque

(*) Je ne me rappelle plus dans quel endroit *des Annales* de Tacite j'ai lu ce fait ; mais je suis sûr qu'il s'y trouve.

NOTE DE L'ÉDITEUR.

à qui l'on reproche trop d'esprit, et dont Messaline redoutoit la pénétration, tient la conduite d'un imbécille : on le voit sans cesse occupé de dérober au sénat, au peuple, à la nation, les ridicules et les forfaits du souverain qu'il se propose de détrôner. Ou l'imputation des censeurs, ou la marche des factieux est à faire pitié.

§. 108. Cependant il falloit justifier et la disgrace et la mort d'un personnage connu et révéré dans toute l'étendue de l'empire. On pense bien que les courtisans ne manquèrent pas à leur devoir. Que ne dirent-ils pas ? Que le public ne crut-il pas ? Ennemi des hommes de génie, et des hommes vertueux qui le blessent encore davantage, il ne discuta point les imputations faites à Sénèque : est-ce que le peuple discute ? Il crut le mal comme il le croiroit aujourd'hui ; il est méchant, mais il est encore plus sot.

Cette crédulité populaire, je la conçois ; mais d'où naît dans les hommes instruits une indigne et vile petitesse d'esprit, qui existoit avant Sénèque, et qui s'est perpétuée de son temps jusqu'au nôtre ? D'où nous vient, à nous, qui n'avons aucun intérêt à démêler avec les grands hommes de l'antiquité, l'étrange manie de décrier leurs vertus ? Eh quoi ! la justice, la bienfaisance, l'humanité, la patience, la modération, l'héroïsme

M *

patriotique ne sont-ils pas dignes de notre admiration et de nos éloges, en quelque lieu que se montrent ou que se soient montrées ces grandes qualités, à Constantinople, à Pékin, à Londres, dans Athènes l'ancienne, ou dans Rome la moderne ? Qu'avons-nous de mieux à souhaiter, que de les retrouver ? Quoi de plus conséquent à notre sécurité et à notre bonheur, que de les encourager ? Et me blâmera-t-on, si je m'indigne ou si je m'afflige, lorsque je vois un homme de bien (*) faire cause commune avec un pervers tel que Suilius ou un Dion Cassius; un homme de jugement préférer le témoignage du moine Xiphilin à celui de Tacite; un homme distingué par ses vertus, ses connoissances et ses travaux, appuyer de son suffrage de vils délateurs; oublier qu'il ne faut calomnier ni les vivans ni les morts, et que si l'injure faite aux vivans est plus nui-

---

(*) Cet homme de bien est M. de Sacy, qui, dans son *Traité de la gloire*, ouvrage médiocre et rempli d'idées presque toujours fausses ou exagérées quand elles ne sont pas communes, semble avoir pris à tâche de calomnier Sénèque, et de ternir la réputation d'un philosophe qui fait honneur à la nature humaine par ses talens et ses vertus. M. de Sacy s'est fait âchement l'écho des Suilius, des Dion, des Xiphilin; et les mêmes cris d'indignation, que ces infâmes calomniateurs ont excités dans tous les temps parmi les gens de bien, retentissent aujourd'hui sur la tombe

sible, celle qu'on fait aux morts est plus lâche; parler de la vie publique et privée d'un philosophe décédé il y a près de deux mille ans et dans une contrée éloignée, avec une légèreté qu'on ne se permettroit pas s'il étoit question d'un citoyen qui vivoit hier, et dont la demeure n'étoit séparée de la nôtre que de la largeur d'une rue ou de l'épaisseur d'un mur mitoyen; attester, avec une assurance qui étonne, des faits contredits par les historiens contemporains les plus graves et les plus sévères ; et décider d'un ton magistral, *que Sénèque ne sut pas mieux soutenir sa gloire que celle de son disciple Néron ?* Où ? quand ? à quelle occasion ? Soutenir la gloire d'un Néron !... *Qu'il fut avare.* Quelle preuve a-t-il donné de ce vice, et quelle preuve en apporte-t-on ? Ce censeur en sait-il plus que Juvénal ?... *Que Tacite s'est vainement efforcé de le justifier,*

―――――――

de M. de Sacy. Il auroit dû se souvenir de cette belle maxime de Tacite, applicable à tous les écrivains, et sur-tout à un homme de son état : ceux qui font profession d'une véracité incorruptible, de dire la vérité, dit ce grand historien, doivent être sourds à l'amitié comme à la haine. « Incorruptam fidem » professis, nec amore quisquam, et sine odio, di- » cendus est...... » *Hist. lib. i, cap. i....* Voyez le *Traité de la gloire,* pag. 245 et suiv. édition de Paris, 1745.
NOTE DE L'ÉDITEUR.

Tacite le justifie, mais sans effort : il raconte des faits dont il étoit sans-doute un peu mieux instruit que nous ; et il les raconte avec simplicité, comme il convenoit à un grand historien tel que lui, et avec la circonspection qu'il devoit à un personnage tel que Sénèque.... *Qu'il préconisa le meurtre d'Agrippine.* On a vu dans quelques-uns des paragraphes précédens le peu de fondement de cette calomnie ; il est donc inutile d'insister davantage sur ce sujet. J'ajouterai seulement ici que Sénèque ne préconisa point le meurtre d'Agrippine : préconiser, c'est faire l'éloge. Dans Rome, personne n'ignoroit que Néron avoit assassiné sa mère ; et il eût été de la dernière indécence d'en convenir. De quoi s'agissoit-il donc, après que le crime fut commis ? D'en prévenir les suites. Sénèque obéit à un maître féroce, en adressant au sénat, ou plutôt au peuple, au nom de l'empereur, quelques motifs qui pouvoient en affoiblir l'atrocité. Ces actions, ce n'est pas dans le fond d'une retraite paisible où la sécurité nous environne, dans une bibliothèque, devant un pupitre, qu'on les juge sainement ; c'est dans l'antre de la bête féroce, qu'il faut être ou se supposer, devant elle, sous ses yeux étincelans, ses ongles tirés, sa gueule entr'ouverte et dégoutante du sang d'une mère ; c'est là qu'il faut dire à la bête : « Tu vas me déchirer, je n'en doute pas;
« mais je ne ferai rien de ce que tu me com-

» mandes ». Qu'il est aisé de braver le danger d'un autre, de lui prescrire de l'intrépidité, de disposer de sa vie ! Encore, quel eût été le fruit de ce sacrifice ? Un nouveau crime. Quel si grand avantage y avoit-il donc pour la république, que Sénèque fut égorgé plus-tôt ? D'ailleurs, qui est-ce qui étoit présent, lorsque Néron imposa cette tâche au philosophe ? Qui sait ce que celui-ci dit au tyran ? Qui sera assez juste appréciateur des circonstances où l'empire se trouvoit, pour oser blâmer la condescendance de Sénèque ? Ne diminuons pas le nombre des honnêtes gens, il y en a si peu (*) ; ne ternissons pas la mémoire des hommes vertueux, ils sont si rares ! Assez d'autres exemples consoleront la méchanceté, sans y ajouter celui d'un sage.... *Qu'il perdit d'une manière honteuse une vie, qu'il avoit lâchement conservée.* Voilà ce que fait dire la fureur d'arrondir une phrase. Sois vrai ; et tu seras ensuite bel-esprit, si tu peux. Faut-il que, pour flatter mon oreille, tu blesses la vérité ; et que, pour être harmonieux, tu deviennes calomniateur ? J'appellerai de cette accusation au récit que Tacite nous a laissé de la vie et de la mort de Sénèque....

(*) Rari quippe boni ; numerus vix est totidem, quot
   Thebarum portæ, vel divitis ostia Nili.

JUVEN. *Satyr.* 13, *vers.* 26, 27.

NOTE DE L'ÉDITEUR.

Qu'il eut besoin des exhortations de sa femme, pour se résoudre à mourir. C'est un nouveau mensonge aussi impudent que le premier. Jamais homme ne mourut avec plus de fermeté et de sang-froid. Je lis qu'il exhorta sa femme à vivre; mais je ne lis point qu'elle l'ait exhorté à mourir. Je lis qu'il consola Pauline et ses amis; mais je ne lis point qu'il se soit désolé.... *Qu'il eut besoin de son exemple.* Traduire le passage de l'historien par *je consens que vous m'en donniez l'exemple*, au-lieu de traduire: « Le grand exemple » que vous allez donner, en préférant librement » une mort glorieuse à une vie amusée, est une » gloire que je ne puis avoir, et que je ne vous » envierai point »: c'est connoître aussi mal la langue de Tacite que l'ame de Sénèque. Beaucoup de braves Romains, avant notre philosophe, avoient su mourir dignement; je ne me rappelle aucune Romaine de ce temps qui ait refusé de survivre à son époux: voici donc un homme qui se croit mieux instruit que Tacite. Mais qui est-il; et dans quelle heureuse contrée a-t-il vécu, pour n'avoir jamais vu d'illustres innocens calomniés et persécutés; pour n'avoir jamais entendu les actions les plus criminelles imputées à de grands hommes, même à de saints personnages; et le public imbécille, que dis-je, et quelquefois des gens éclairés, joindre leurs voix à la sienne et répéter ses discours?

Dans ces temps voisins de la naissance du christianisme, et à l'époque de la fureur des tyrans déchaînés contre cette doctrine, n'accusoit-on pas les chrétiens d'égorger un enfant dans leurs assemblées nocturnes, et de se repaître de ses membres sanglans? Néron ne les traduisit-il pas; ne les châtia-t-il pas des plus horribles supplices (1), comme auteurs de l'incendie de Rome? Si la providence n'eût arrêté dans ses décrets que la religion de Jésus-Christ, malgré les efforts, ou grace aux efforts des persécuteurs, embrasseroit toute la terre et dureroit autant que les siècles; les prêtres du paganisme, les historiens idolâtres ne nous auroient-ils pas transmis ces atrocités? Et s'il fût arrivé à un homme de bien d'examiner les principes et les mœurs des apôtres, des disciples, des fidèles; et de les rejeter comme deux calomnies impudentes, absurdes, incroyables; peut-être lui en auroit-il coûté la liberté, peut-être la vie; mais en eût-il été moins sensé, moins courageux, moins juste? Ce que cet honnête payen eût osé pour les chrétiens, je le fais pour un honnête payen (2).

––––––––––

(1) Tacit. *Annal.* lib. 15, cap. 44.

(2) Lecteur, qui que tu sois, je compte sur ton estime: méchant, tu la dois à un homme qui ne croira qu'avec la dernière répugnance que tu n'as jamais été bon, ou que l'ayant été, tu as pu cesser

§. 109. Mais à quoi tendent toutes ces disputes pour et contre les mœurs d'un philosophe ? Que nous importe la contradiction vraie ou fausse de la conduite de Sénèque avec sa morale ? Quelles qu'aient été ses actions, ses principes en sont-ils moins certains ? Ce qu'il a écrit du caractère et des suites de l'ambition, de l'avarice, de la dissipation ; de l'injustice, de la colère ; de la perfidie, de la lâcheté ; de toutes les passions, de tous les vices ; de toutes les vertus ; du vrai bonheur, du malheur réel ; des dignités, de la fortune ; de la douleur, de la vie, de la mort ; en est-il moins conforme à l'expérience et à la raison ? Aucunement. Nous n'avons pas besoin de l'exemple de Sénèque, pour savoir qu'il est plus aisé de donner un bon conseil que de le suivre. Tâchons donc d'en user à son égard, comme avec tous les autres précepteurs du genre humain ; faisons ce qu'ils nous disent, sans trop nous soucier de ce qu'ils font : malheur à eux, s'ils disent ce qu'ils ne pensent pas ; malheur à eux, s'ils font le contraire de ce qu'ils pensent.

§. 110. Mais nous avons vu mourir l'instituteur

---

de l'être ; bon, tu la dois à un homme qui ne croira ni de ton vivant, ni après ta mort, sans des preuves aussi claires que le jour, que tu sois devenu méchant.

NOTE DE DIDEROT.

voyons mourir le disciple : opposons les derniers momens de l'homme vertueux aux derniers momens du scélérat.

Rome, que le sang des nations a été bien vengé dans tes propres murs ! aux proscriptions de Sylla, succèdent les proscriptions des triumvirs ; à l'oppresseur de ta liberté, un tyran flatteur ; à celui-ci, un tyran sombre et fourbe ; à celui-ci, un tyran insensé ; à celui-ci, un tyran imbécille ; à ce dernier, un tyran féroce ; la peste, à l'incendie. Tes maisons (*) se remplissent de cadavres ; tes rues, de convois. Les esclaves, les maîtres expirent au milieu des gémissemens des enfans, des époux ; ceux-ci, après avoir assisté les mourans, pleuré les morts, sont déposés à côté d'eux sur un même bûcher. Heureux les sénateurs, les chevaliers, les grands, les hommes vertueux qu'une calamité générale dérobera aux fureurs de Néron !

Ce fut alors qu'on publia des prodiges de toute espèce : des oiseaux funèbres s'étoient abattus sur le capitole ; la terre avoit été secouée par des tremblemens ; le feu du ciel avoit embrasé les enseignes militaires ; une truie avoit mis bas un petit qui avoit les serres d'un épervier ; une femme étoit accouchée d'un serpent ; le figuier ruminal avoit perdu ses branches.

(*) Tacit. *Annal.* lib. 16, cap. 13.
Vie de Sénèque.

Ces bruits ont été et seront par-tout des avant-coureurs des grandes révolutions. Lorsqu'un peuple les désire, l'imagination agitée par le malheur, et s'attachant à tout ce qui semble lui en promettre la fin, invente et lie des événemens qui n'ont aucun rapport entre eux. C'est l'effet d'un mal-aise semblable à celui qui précède la crise dans les maladies : il s'élève un mouvement de fermentation secrète au-dedans de la cité; la terreur réalise ce qu'elle craint, la crédulité ce qu'elle entend; il y a des plaintes sourdes, il échappe des mots ; on remarque de l'inquiétude sur les visages, du désordre dans la conduite habituelle des personnages importans; les amis se séparent, les ennemis se rapprochent; le commerce, plus réservé pendant le jour, est plus fréquent pendant la nuit; il erre dans les rues des hommes qui s'enveloppent, qui se hâtent, qui se dérobent : les têtes exaltées qui ne s'expliquent rien, mais que tout frappe, ont des visions, tiennent des discours prophétiques et débitent des rêveries qui subissent, en passant de bouche en bouche, mille interprétations diverses, entre lesquelles il est difficile qu'il ne s'en trouve quelques-unes symboliques de la catastrophe qui suit.

Les prodiges sont rares sous les règnes heureux; et l'on en est moins effrayé.

§. 111. Le désir de l'impunité n'est pas le seul obstacle aux entreprises périlleuses; mais on veut tout prévoir; on craint d'abandonner quelque chose au hasard. Le moment du succès s'échappe, tandis qu'on s'occupe à l'assurer; et c'est ainsi qu'un Néron continue de régner, et qu'un Guise manque la couronne. Si Subrius eût écouté son courage, et qu'il eût poignardé le tyran en plein théâtre, à l'aspect d'un peuple entier témoin d'un si noble forfait, comme il en avoit conçu le dessein, il ne laissoit rien à faire à Vindex. Tandis que les conjurés de Pison temporisent entre l'espérance et la crainte, la conjuration se découvre; et ils périssent tous.

§. 112. Il y avoit environ neuf ans (*), que la terre gémissoit sous le monstre, lorsque le ciel en fit justice. Vindex soulève la province des Gaules, qu'il commandoit en qualité de propréteur; et Galba, les Espagnes. Alors le tyran perd la raison : il se roule à terre, déchire ses vêtemens; il se frappe. Dans son délire, il projette de

---

(*) Talem principem paulò minùs quatuordecim annos perpessus terrarum orbis tandem destituit, etc.... Suet. *in Neron.* cap. 40, 42 et 43. Diderot retranche, du calcul de Suétone, les cinq bonnes années du règne de Néron.   NOTE DE L'ÉDITEUR.

faire massacrer et les gouverneurs de provinces, et les commandans d'armées : il abandonnera aux légions le pillage des Gaules ; il brûlera Rome ; au milieu de l'embrasement, on lâchera des bêtes féroces sur le peuple. Un moment après, il veut se présenter aux rebelles ; il prend les faisceaux ; il ne se vengera pas ; il versera des larmes ; on sera touché de son repentir; la paix va ramener l'allégresse, il en médite les chants. Il ordonne ses équipages (1), et sur-tout que ses instrumens de musique ne soient pas oubliés. On coupe les cheveux à ses concubines ; elles seront armées de haches et de boucliers, à la manière des amazones. Les tribus de Rome sont convoquées sous les drapeaux, personne ne s'y rend ; il arrache aux maîtres leurs esclaves; il exige le tribut de tous les ordres de l'état, l'impôt annuel des locations ; le fisc ne recevra que de la monnoie en or et en argent le plus pur et nouvellement frappée. Il est effrayé par des pronostics ; les armées ont (2) embrassé la cause de Vindex ; il en apprend la nouvelle à table, il déchire la lettre, il renverse la table, il brise deux vases précieux, il demande du poison à Locuste ; il s'est retiré dans les jardins de Servilius, tandis qu'on prépare des vaisseaux à Ostie pour sa fuite ;

---

(1) Sueton. *in Neron.* cap. 44.
(2) Sueton. *loc. cit.* cap. 47.

les tribuns et les centurions des gardes prétoriennes refusent de l'accompagner ; un d'eux lui dit (1) : *Est-il donc si difficile de mourir ?* Ses pensées ne sont plus les mêmes : il ne se retirera plus chez les Parthes ; il n'ira plus se prosterner aux pieds de Galba; il montera dans la tribune aux harangues, il demandera grace, et se restreindra au gouvernement de l'Egypte : on lui déclare qu'il sera mis en pièces, avant que d'arriver à la place publique. Il se couche, il s'éveille au milieu de la nuit ; ses gardes l'ont abandonné ; il s'élance de son lit, il fait appeler ses amis, il n'en a plus; il court à leurs portes, qu'il trouve fermées. Il rentre dans son palais, que les sentinelles ont pillé ; il présente sa gorge à couper à un gladiateur, qui lui refuse son bras; il court vers le Tibre, il est trop lâche pour s'y précipiter ; il revient. Un affranchi lui offre un asyle dans sa petite campagne (2) : il l'accepte ; il s'y rend en tunique, les jambes nues et la tête enveloppée ; il sent la terre trembler sous ses pas ; ses yeux sont frappés d'un éclair; il entend les imprécations des passans contre lui, leurs vœux pour Galba. Il descend de cheval; il arrive, les pieds et les vêtemens déchirés par des ronces, aux murs du jardin de l'affranchi ; il y entre en rampant, par une ouverture qu'on

---

(1) Sueton. *in Neron.* cap. 47.
(2) Sueton. *in Neron*, cap. 48.

a creusée sous la terre et qui le conduit à une salle étroite, où il s'étend sur un mauvais matelas couvert d'un vieux manteau. Il ordonne sa fosse sur la mesure de son corps; il pleure, il s'écrie (1): Quelle fin, pour un si grand musicien ! Malheureux ! tu n'en serois pas là, si tu avois su gouverner comme tu savois chanter. Le sénat l'a déclaré ennemi de la patrie, on le cherche pour le traîner au supplice : il se saisit de deux poignards; il se dit (2) : « Tu prolonges une vie » infâme d'une manière honteuse; ce que tu fais » n'est pas digne d'un empereur; prends ton parti; » allons, Néron, exhorte toi ». Les cavaliers qui ont ordre de le saisir vivant, sont à la porte; il les entend. A l'aide d'Epaphrodite, son sécretaire, il s'enfonce un des deux poignards dans la gorge; il expiroit lorsque le centurion entra : ses yeux agrandis et fixes inspiroient l'effroi.

§. 113. Le monstre n'est plus. Je m'arrête im-

---

(1) Qualis artifex pereo !... Sueton. *in Nerone*, cap. 49.

(2) On pourroit demander ici à Néron, prêt à s'égorger lui-même, pour dérober sa tête à la juste fureur de tous ses sujets, qui se disputent à l'envi l'honneur et le plaisir de lui arracher la vie, s'il pense en ce moment que le souverain puisse toujour impunément tout ce qu'il veut.

NOTE DE L'ÉDITEUR.

mobile devant son cadavre : à chaque forfait que je me rappelle, je sens mon indignation redoubler; mais que lui importe ? il ne me voit point. C'est en vain que je lui reproche les meurtres d'Agrippine, de Burrhus, de Sénèque, de Thraséas, de Vétus et de sa famille; il ne m'entend plus : les Furies se sont éloignées; et sa cendre repose aussi tranquillement que celle de l'homme vertueux. Qui est-ce qui absoudra les dieux, de sa vie et de la mort de ses instituteurs ? Tant de crimes sont-ils suffisamment expiés par le supplice d'un moment ? Est-il vrai que le ciel fit assez pour un Sénèque, lorsqu'il le créa bon; et qu'un Néron en fut assez châtié, lorsqu'il le créa méchant ? Je le crois; oui, je le crois; et s'il falloit opter entre le sort d'un scélérat fortuné et celui d'un homme de bien malheureux, certes, je ne balancerois pas. Quel est le motif d'un choix aussi décidé ? La persuasion qu'il n'y a point de méchant qui n'ait souvent désiré d'être bon, et que le bon ne désira jamais d'être méchant.

§. 114. Mais Tibère, Caligula, Claude, Néron, ont-ils été coupables de toutes les scélératesses dont on les accuse ? Sur-tout la peinture des infamies clandestines de leurs palais n'a-t-elle point été chargée ? Qui est-ce qui n'a pas entendu de nos jours les scandaleux récits, dont on amuse l'ineptie populaire, dont elle se repaît avec avidité, et qu'elle se plaît à répandre? L'histoire des poissons de Tibère n'a rien de plus ridicule, ni peut-être de plus vrai. Mais que nous importe? les crimes imputés sont une partie du châtiment légitime des crimes commis.

§. 115. Une singularité aussi remarquable que surprenante dans le caractère de Tibère et de Néron, c'est la patience (1) avec laquelle ils supportèrent l'injure et la satyre. Tibère lisoit les libelles, y répondoit dans le sénat, et n'en recherchoit pas les auteurs. Néron ne se montra, dans aucune circonstance, aussi indulgent, qu'envers ceux qui l'attaquoient par des mots ou des vers épigrammatiques. Il livroit l'empereur à la raillerie, mais non le musicien.

Le préteur Lucius Antistius, sans aucun sujet de mécontentement, compose des vers outrageans contre Néron (2), et les lit à table, au milieu d'une assemblée nombreuse. Il est déféré : le sénat se partage d'avis; le jugement est renvoyé à Néron, qui répond : « Comme je m'étois » proposé de modérer votre rigueur, je suis bien » éloigné de m'opposer à votre clémence : or- » donnez d'Antistius ce qu'il vous plaira; vous » êtes même les maîtres de l'absoudre ».

---

(1) *Voyez* Sueton. *in Neron.* cap. 39.
(2) Tacit. *Annal.* lib. 14, cap. 48 et 49.

Au milieu des flatteries, le consul désigné, Cérialis Anicius dit un mot délié, que Néron entendit sans-doute, et dont il ne s'offensa point; il opinoit à ce qu'on élevât un temple au divin Néron, honneur qu'on ne rendoit aux souverains qu'après leur mort (1).

On publia contre lui nombre d'épigrammes grecques et latines assez mauvaises, à en juger par celles que Suétone nous a transmises (2). Il en connut les auteurs; et, loin de sévir, il obtint du sénat le pardon de ceux qui furent dénoncés.

Un acteur des farces Attellanes, appelé Datus, chantoit un air qui commencoit par ces mots : *Bon jour, mon père; bon jour, ma mère*, et qui finissoit par ceux-ci : *Vous irez bientôt chez Pluton*. Par le geste de quelqu'un qui boit, il désigna la mort de Claude; par celui de quelqu'un qui nage, la mort d'Agrippine; et par un troisième qui s'étendoit à la ronde, la perte du sénat (3) : il fut exilé. Une pareille in-

---

(1) Nam Deùm honor principi non antè habetur, quàm agere inter homines desierit.... ». Tacit. *Annal.* lib. 15, cap. 74, *in fine*.

NOTE DE L'ÉDITEUR.

(2) Sueton. *in Nerone*, cap. 39.
(3) *Id. ibid.*

solence seroit plus sévèrement châtiée de nos jours.

Rien ne le choquoit autant dans les libelles de Vindex, que le dédain de son talent musical (1). Il avoit sur cet art une idée assez juste : c'est qu'il ne produisoit ses grands effets, que dans les assemblées nombreuses (2).

§. 116. Sénèque lui avoit appris la langue grecque, l'histoire, l'éloquence et la poésie. Il fit des vers médiocres avec assez de facilité (3); il ne fit aucun progrès dans l'art oratoire.

Il se refusa entièrement à l'étude de la philosophie, d'après le conseil d'Agrippine, sa mère, qui lui persuada que cette science étoit nuisible à un souverain (4), c'est-à-dire, à un tyran; car c'étoit la valeur du mot dans la bouche d'une femme aussi impérieuse.

―――――――――――――

(1) Nihil autem æquè doluit, quàm ut citharædum malum se increpitum... ». Sueton. *in Nerone*, cap. 41.

(2) Subindè inter familiares Græcum proverbium jactans, occultæ musicæ nullum esse respectum... *Apud* Sueton. *in Nerone*, cap. 20.

(3) Sueton. *ubi supr.* cap. 52.

(4) *Id. ibid.* cap. 52. Sed à philosophiâ eum mater avertit, monens imperaturo contrariam esse.

Quoi ! l'art de modérer ses passions, de connoître ses devoirs et de les remplir, d'exercer la clémence et la justice, de connoître les vraies limites de son pouvoir, les prérogatives inaliénables de l'homme, de les respecter; cet art, dis-je, est nuisible à un souverain, et il ne doit point entrer dans le plan de l'éducation d'un prince !

Ce conseil d'Agrippine est celui que donneront toujours aux enfans des rois, ceux qui se proposeront de les abrutir pour les gouverner : il est important pour eux qu'ils soient vicieux et fainéans. Mais Agrippine apprit, avec le temps, qu'on ne travaille pas impunément à rendre son maître sot et méchant. Puissent les imitateurs de sa politique recevoir la même récompense qu'elle en obtint !

Agrippine publia que son fils Néron, au berceau, avoit été gardé par deux serpens; Néron ne convenoit que d'un.

On reproche à Sénèque (*) d'avoir interdit à son élève, la lecture des anciens orateurs; et cela, pour fixer sur lui seul toute son admiration. Quelle ineptie ! Sénèque permettoit sans-doute à Néron

___

(*) *Voyez* Suétone, *in Nerone*, cap, 52, et Quintilien, *Institut. Orat.* lib. 10, cap. 1, *num.* 126, *edit.* Gesner.

la lecture de ses propres ouvrages, où il dit de Cicéron : Cet orateur, dont la majesté répond à celle de l'empire (*).

(*) L'auteur se trompe. Ce passage n'est point de Sénèque le philosophe ; mais de Sénèque le père, dont voici les propres termes : « Potui illud ingenium, » quod solum populus Romanus par imperio suo » habuit, cognoscere ; et, quod vulgò de alio dici » solet, sed de illo propriè debet, potui vivam vocem » audire.... ». (*Controvers. lib.* 1, *præfat.* pag. 68.) Au-reste, il seroit facile de trouver dans les ouvrages du fils plusieurs passages où il donne à Cicéron des louanges moins vagues, moins générales, et d'autant plus flatteuses, que la sorte de mérite sur laquelle il insiste particulièrement, et les qualités dont il fait l'éloge, échappent à la plupart des lecteurs, et ne sont guère apperçues que par ceux en qui l'étude réfléchie des grands modèles a perfectionné ce goût, ce tact et ce sentiment exquis du beau, sources fécondes de plaisirs et d'une multitude d'instans délicieux que les hommes froids ignorent, et qui sont perdus pour eux. Quintilien, qui, de son aveu, étoit généralement soupçonné de haïr Sénèque, lui reproche avec autant d'injustice que de mauvaise foi, d'avoir décrié les orateurs qui l'avoient précédé ; et tout le monde l'a répété et le répète encore tous les jours après lui, sans examiner si ce reproche très-grave est fondé ou non. Il eût été, ce me semble, plus simple, et sur-tout plus honnête, d'en croire sur ce point Sénèque lui-même, qui fait en mille endroits l'éloge de tous ceux qui se sont distingués

§. 117. Jusqu'ici nous n'avons vu que l'homme de cour, l'instituteur de Néron et son ministre;

---

dans la carrière de l'éloquence, plutôt que l'auteur des *Institutions oratoires*, dont l'accusation, dictée par la haine ou la prévention, n'est d'ailleurs appuyée d'aucune preuve. Mais pour disculper Sénèque, et dévoiler l'injustice, la partialité, disons plus, la basse jalousie de Quintilien, il auroit fallu lire les ouvrages du premier : et l'on a trouvé plus court et plus facile de s'en rapporter aveuglément à la décision de ce rhéteur, et de répéter ce qu'il a dit en vingt lignes, que de chercher dans six volumes les preuves formelles de la fausseté de ses imputations ; et de s'assurer, par son propre examen, que cet écrivain, dont la lecture est néanmoins très-utile, n'est pas, même en matière de goût et de critique, un juge plus infaillible qu'un autre. Pour nous, toujours sincères avec nous-mêmes, et guidés par l'intérêt seul de la vérité, nous rapporterons ici deux ou trois passages de Sénèque, où il s'explique, sur Cicéron, d'une manière claire et précise. Le lecteur aura alors les pièces instructives du procès, et il pourra juger.

« Lisez Cicéron, dit-il à Lucilius : vous trouverez
» dans son style de l'unité, du nombre, de l'élé-
» gance, de la souplesse, de la délicatesse, sans
» pourtant manquer de vigueur... Lege Ciceronem:
» compositio ejus una est, pedem servat, curata,
» lenta, et sine infamiâ mollis, etc.... Denique
» apud Ciceronem omnia desinunt, apud Pollionem
» cadunt.... (*Epist.* 100.)

« Citez-moi, ajoute-t-il un peu après, un écrivain

il nous reste à connoître le philosophe, ou le précepteur du genre-humain.

Mais avant que d'entrer dans cette nouvelle carrière, nous avons d'abord à répondre à quelques autres réflexions défavorables sur le caractère et les mœurs de Sénèque ; ensuite à montrer par des autorités, que des personnages célèbres ont parlé de ce philosophe avec plus de dignité et de force que moi. On trouvera, au milieu de cet ouvrage, ce que les écrivains ont coutume de

───────────────────────────

» que vous préfériez à Fabianus. Est-ce Cicéron ?
» A-la-bonne heure ; mais on n'est pas petit, pour
» n'avoir pas la taille d'un géant. After quem Fa-
» biano possis præponere. Dic, Ciceronem... cedam ;
» sed non statim pusillum est, si quid maximo minus
» est ». Il blâme, dans une autre lettre, le débit précipité de certains orateurs ; et il leur oppose la lenteur majestueuse avec laquelle Cicéron prononçoit ses discours. « Ce fondateur de l'éloquence romaine
» avoit une marche réglée... Cicero quoque noster,
» à quo Romana eloquentia extitit, gradarius fuit...».
(*Epist. 40.*) Enfin, il observe, en parlant de Cécinna, que cet auteur « se seroit fait un nom dans
» l'éloquence, si la gloire de Cicéron n'eût éclipsé
» la sienne.... Qui habuisset aliquod in eloquentiâ
» nomen, nisi illum Ciceronis umbra pressisset... ».
(*Natur. Quæst. lib. 2, cap. 56.*)

NOTE DE L'ÉDITEUR.

mettre à la tête des leurs; ce ne sera qu'une légère bizarrerie de plus.

§. 118. Un jeune auteur que j'aime, que j'estime même quelquefois, et que je n'en traiterai pas avec plus d'égards, parce que je suis dans l'usage de lui parler sincèrement, a publié la plus laconique, mais la satyre la plus violente qu'on ait encore faite de Sénèque et de Burrhus. Les précédens ennemis de Sénèque semblent n'avoir que délayé dans un grand nombre de pages ce qu'il a concentré dans une. Il dit :

« Sénèque, chargé par état de braver la mort,
» en présentant à son disciple les remontrances de
» la vertu (ce qu'il fit et ce qui lui couta la vie),
» le sage Sénèque, plus attentif à entasser des
» richesses qu'à remplir ce périlleux devoir, se
» contente de faire diversion à la cruauté du tyran,
» en favorisant sa luxure ».

Vous vous trompez, jeune homme ; Sénèque eut des richesses, mais il n'en eut pas la passion. Vous avouerez, en rougissant, la fausseté de votre seconde imputation, si vous prenez la peine de lire l'historien, à-présent que vous êtes en état de l'entendre.

« Il souscrit, par un honteux silence, à la mort

» de quelques braves citoyens qu'il aurait dû dé-
» fendre ».

Où avez-vous pris cela ? Qui sont vos garans ? Echappé du collège depuis quatre à cinq ans; et, grace à l'éducation que vous y aviez reçue, à-peine assez instruit pour lire Tacite un peu couramment; sans lumières, sans la moindre expérience de la vie, ni des personnes, ni des alternatives effrayantes où la perfidie de notre destinée nous engage, ni de la difficulté de marcher d'un pas assuré sur la ligne étroite qui sépare le bien du mal; vous n'écoutez que votre imagination bouillante, et vous jugez l'homme d'après un modèle fantastique, dont l'usage du monde et votre propre péril ne tarderont pas à vous détromper. C'est lorsque vous aurez été aux prises avec vous-même, et que vous aurez éprouvé l'agonie du sage, que vous serez désolé des injures atroces que vous avez adressées au plus vertueux, et j'ajouterois au plus malheureux des hommes, si jamais la vertu pouvoit être profondément malheureuse. Je vous connois depuis assez long-temps : vous êtes naturellement indulgent; vous avez l'ame honnête et sensible : vingt fois, l'on vous a entendu mettre à la défense du coupable plus d'intérêt et plus de chaleur, qu'il n'osoit en prendre à sa propre cause. Comment avez-vous subitement perdu cette heureuse et rare disposition ? Hélas ! je le vois, c'est moins à vous-même qu'il faut imputer votre indiscrétion qu'aux grammairiens qui vous ont élevé, et qui, sous prétexte de garantir votre goût de la corruption, éloignèrent de vos yeux les graves leçons du philosophe. Si l'on eût autant exercé votre esprit à la méditation des conseils de Sénèque, qu'on exerça votre oreille à mesurer et à sentir le nombre enchanteur d'une période de l'orateur romain, vous auriez du-moins suspendu votre jugement.

« Lui-même, présageant sa chûte prochaine
» par celle de ses amis ; moins intrépide, avec
» tout son stoïcisme, que l'épicurien Pétrone ; las
» d'échapper au poison, en se nourrissant des
» fruits de son jardin, et de se désaltérer au
» courant d'un ruisseau, s'en va misérablement
» proposer l'échange de ses richesses contre une
» vie dont il avoit prêché le néant, qu'il n'auroit
» pas été fâché de conserver, et qu'il ne put racheter à ce prix : châtiment digne des soins avec
» lesquels il les avoit accumulées ».

Jeune homme, vous confondez l'ordre des faits. L'attentat du poison, et la vie inquiète du philosophe dans ses jardins, sont postérieurs à sa retraite de la cour. Mais il s'agit bien de ces puériles inexactitudes ! Ce que je voudrois que vous me dissiez, à-présent que votre jugement s'est perfectionné par l'étude, la réflexion et l'expérience ;

que vous savez comment Sénèque a vécu, comment il est mort, et que ses ouvrages et ses principes vous sont devenus familiers ; c'est si, revenant de sang-froid sur ces lignes emportées, vous n'en êtes pas aussi honteux, aussi indigné, aussi sincèrement affligé que moi ?

Autrefois on condamnoit le mauvais poëte à effacer avec sa langue des vers insipides ; dites-moi, quel devroit être le châtiment de l'auteur d'un libelle contre le sage ?

« On dira que je traite ce philosophe un peu
» durement ».

Et vous, jeune homme, qu'en pensez-vous ?

« Mais il n'est guère possible, sur le récit de Ta-
» cite, de le juger plus favorablement ».

Et vous vous êtes cru en état de lire Tacite, de l'entendre, de l'apprécier, à-peine initié dans sa langue, et n'ayant pour toute mesure des actions que les misérables cahiers de morale aristotélique que l'on vous dictoit sur les bancs de l'école, avec quelques chapitres de Nicole qu'un professeur janséniste vous commentoit le dernier jour de la semaine ?

« Et pour dire ma pensée en deux mots, ni Sé-

» nèque, ni Burrhus ne sont pas d'aussi honnêtes
» gens qu'on nous les peint ».

Et qui est-ce qui prononce avec ce ton de suffisance de deux célèbres personnages, que leurs talens et leurs vertus conduisirent aux premières fonctions de l'empire romain ; qui firent pendant cinq années, sur un règne de quatorze, du prince le plus malheureusement né, un des meilleurs souverains ; qui jouirent d'une considération générale pendant leur vie ; qui scellèrent de leur sang leur fidélité à remplir leurs devoirs ; et qui laissèrent, après une mort violente, de longs regrets à tous les bons citoyens de Rome ? Un enfant, un étourdi, en qui malheureusement quelque facilité d'écrire avoit devancé le sens commun. Et qui est cet étourdi, cet enfant ? C'est moi, c'est moi à l'âge de trente ans ; et c'est moi qui lui adresse cette leçon, âgé de plus de soixante (*).

(*) C'est long-temps avant que, séduit par la confiance naturelle de la jeunesse, et qu'entraîné par le suffrage imposant de la multitude, tandis que je faisois cause commune avec les méchans pour déprimer un philosophe vertueux, je m'unissois à des fous, pour élever un piédestal à l'homme hypocrite. Je restai le défenseur opiniâtre de celui-ci contre des amis éclairés, qui me prévenoient sans cesse sur les suites d'une intimité dangereuse. Leur prédiction ne tarda pas à s'accomplir. Hélas ! ce fut

§. 109. Il faut convenir que les ennemis de nos philosophes ressemblent quelquefois merveilleusement aux détracteurs de Sénèque. Si cette

---

au milieu d'une ivresse qui m'étoit chère, que le voile se déchira; et que je vis, avec autant de douleur que de surprise, que pendant de longues années je n'avois pressé contre mon sein, serré qu'un monstre entre mes bras.

Après avoir fait ci-dessus (pag. 303 et suiv.) la critique aussi sévère que juste d'une note que j'ai écrite il y a plus de 36 ans; après avoir, par un désaveu public et sincère, expié en quelque sorte cette faute de ma jeunesse, je vais examiner avec la même impartialité un parallèle de Plutarque et de Sénèque, écrit par le poëte Dryden, et que quelques censeurs aussi inconsidérés, aussi peu instruits que je l'étois alors, ont cité contre Sénèque.

Discours de Dryden. La conversation de Plutarque étoit franche et ouverte; Sénèque, toujours sur la réserve, n'étoit pas mieux avec les autres qu'avec lui-même..... Plutarque se montre toujours vrai; l'autre a toujours de l'humeur...... Le premier, même en sortant de son caractère, étoit indulgent; le caractère de Sénèque le ramenoit sans cesse à la censure; il épioit avec plaisir la plus légère occasion de reprendre... Plutarque jouissoit autant des éloges qu'il faisoit de la vertu, que Sénèque goûtoit de satisfaction, pour ne pas dire quelque chose de plus, à déclamer contre le vice... Plutarque, en instruisant, cherchoit lui-même à s'instruire; pendant que Sé-

glorieuse conformité n'étoit pas la seule ; et si l'on ne pouvoit montrer du respect pour l'ancien, sans en être pénétré pour les modernes, pourquoi ne

nèque n'avoit en vue que de faire adopter ses opinions : il ne pouvoit souffrir la contradiction... Les écrits de Plutarque inspirent par-tout l'honnêteté et la vertu ; ceux de Sénèque décèlent un homme qui n'y est pas affermi..... Tandis que Sénèque attaque et gourmande impérieusement le vice ; l'autre semble ne chercher qu'à s'en défendre..... Aussi le style de Plutarque est-il facile et coulant ; au-lieu que celui de Sénèque est inégal et raboteux...... Plutarque séduit et converse avec vous ; Sénèque commande et tyrannise..... Les preuves de Plutarque, toujours avouées de la raison, se présentent nettement, et laissent après elles une impression profonde et durable ; c'est l'esprit qui parle dans Sénèque ; il éblouit l'imagination, et ne brille qu'un instant..... Toujours satisfait avec l'un, on ne trouve dans l'autre que de la finesse et de la subtilité..... La différence du genre de vie qu'ils ont mené se peint aussi dans leurs ouvrages. Plutarque vécut doucement, et se maintint toujours dans la même égalité ; Sénèque, au contraire, fut toujours agité ; ses mœurs ne s'accordèrent point avec ses principes. Je crois qu'il est impossible de justifier ses galanteries avec Agrippine. Il a fait une satyre amère de Mécène et de Claude. Nous le trouvons lâche, décousu, sans force et sans harmonie, à en juger par l'ensemble, quoiqu'en le détaillant, il soit quelquefois éblouissant. Sa latinité n'a rien de l'élégance ni de la pureté du siècle d'Auguste.

se trouveroit-il pas, dans quelques siècles éloignés, d'imbéciles imitateurs des pères de l'église qui les inscriroient aussi dans le catalogue des saints,

---

Pétrone le désigne comme un rhéteur, qui avoit substitué à la véritable éloquence des sentences épigrammatiques noyées sous un amas de mots pompeux et vides de sens.

Réponse au discours de Dryden. Où ce poëte a-t-il conversé, soit avec Plutarque, soit avec Sénèque? Les écrits sont de trop infidelles images des caractères. Plutarque, aisé dans ses dissertations, pouvoit être très-empesé, très-roide dans la société; et, réciproquement, Sénèque, très-austère en écrivant, pouvoit être très-agréable en conversation. Mais soit, la conjecture de Dryden est juste. Est-il bien étonnant qu'on soit franc et ouvert sous Trajan, soucieux et réservé sous Néron?... Si Sénèque n'étoit pas mieux avec les autres qu'avec lui-même, c'est que les autres étoient pour la plupart des scélérats; et qu'avec l'extrême rigueur dont le modeste philosophe s'appréciait, il étoit impossible qu'il fût content de lui-même.... Qui sait ce que Sénèque seroit devenu à la cour de Trajan, et Plutarque à la cour de Néron?... Sénèque se montre toujours indulgent, et n'a point d'humeur; j'en appelle à ses lettres, ses consolations, son traité du *Bienfait*, et même celui de la *Colère*.... Le misanthrope Montausier étoit souvent ramené à la censure par son caractère; et les mœurs au temps de Néron étoient tout autrement corrompues que sous le règne de Louis XIV..... Sénèque

attente dont ils seroient sans-doute infiniment flattés ! Quoi qu'il en arrive dans l'avenir, que béni soit à jamais celui d'entre eux à qui nous devons *la*

n'épioit point les occasions de censurer ; elles ne s'offroient que trop... Il les épioit avec plaisir. Qui sait cela ? A entendre Dryden, on le prendroit pour un des clients ou des commensaux de Sénèque... Sénèque poursuivit sans-doute le vice avec véhémence ; Quintilien l'en loue ; et il me semble que la conséquence qu'il falloit en tirer, c'est qu'il étoit d'autant plus sensible au spectacle de la vertu, dont il parle beaucoup mieux, et sur laquelle il s'exprime avec une dignité et un enthousiasme que Plutarque ne connut pas...... Il ne s'instruisoit, que pour étendre ses opinions. Où voit-on cela ?...... Il ne pouvoit souffrir la contradiction. Stoïcien, souvent il réfute les stoïciens ; stoïcien, sans cesse il cite Epicure ; stoïcien, il fait l'apologie de ce philosophe. Sénèque n'a point le ton pédantesque de l'orgueil ; s'il humilie, c'est qu'il exige ce qu'on est souvent incapable de faire... Les écrits de Sénèque décèlent un homme qui n'est pas affermi dans le chemin de la vertu. Oui, au jugement d'un lecteur mal intentionné ou stupide, qui prend acte des aveux de la modestie contre le sage qui les fait.... Lorsque Sénèque attaque et gourmande le vice, et que Plutarque ne cherche qu'à s'en défendre, il faut louer le premier sans blâmer le second... Si j'avois dit du style de Sénèque qu'il est harmonieux et doux, on ne manqueroit pas de m'accuser d'ignorer le latin : pour moi, je dirai à Dryden que le style

Morale Universelle. Puissent les pères et les mères en recommander la lecture journalière à leurs enfans ! Puissent les miens être fidèles à la pro-

---

de Plutarque n'est ni facile, ni coulant, sans l'accuser d'ignorer le grec. Au-reste, le bon Plutarque a son style ; et l'éloquent Sénèque a le sien, comme ils ont eu leurs caractères et leurs physionomies..... Sénèque commande la vertu et tyrannise le vice ; et Sénèque fait bien... C'est l'esprit qui parle dans Sénèque ; et souvent, au sentiment de Juste-Lipse, la force et l'impétuosité de Démosthène : il frappe fortement l'imagination ; sa phrase, comme la foudre, terrasse... Il n'a que de la finesse et de la subtilité. Dryden n'en sait pas là-dessus plus que Quintilien : celui-ci y trouvoit des pages dignes d'éloge, et des pages dignes d'admiration... Si Sénèque vécut toujours agité, c'est un malheur ; mais ce n'est pas un vice... Ses mœurs furent-elles, ne furent-elles pas conformes à l'austérité de sa doctrine ? C'est l'état d'une grande question que Dryden tranche de son autorité privée, sans se donner la peine de la discuter... On n'a point à justifier Sénèque sur des liaisons qu'il n'eut pas. Le poëte a confondu Julie avec Agrippine... L'Apocolokintose de Claude est la vengeance du crime la mieux méritée ; la plus forte leçon qu'un instituteur pût donner à son élève ; la satyre la plus ingénieuse et la plus vive des honneurs que la bassesse des peuples rendoit à leurs tyrans décédés ; et le sel le plus âcre de l'ironie jeté à pleines mains sur la canaille, dont la superstition régnante avoit peuplé

messe qu'ils m'ont faite d'en méditer, toute leur vie, les utiles et sages leçons ! Si l'on désire connoître la règle de nos devoirs, et le code auquel nous

les cieux. On ne peut faire justice des rois qu'après leur mort. D'ailleurs, sait-on que ce Claude ordonnoit aussi lestement la mort d'un homme que celle d'un chien; et qu'il fit empoisonner, égorger ou décapiter Caïus Silanus, désigné consul; Junius, chef de gardes prétoriennes; Sextus Trallus; Helvius Trogus; les chevaliers romains Cotta, Valérius et Fabius; les deux préfets Junius Catonius, et Rufus, fils de Pompée, ses amis; Saturninus Lucius; ses esclaves, ses affranchis; les consulaires Pedo Pomponius, Lupus et Celer Asinius; la fille de son frère, la fille de sa sœur; son gendre, son beau-père, sa belle-mère, sa femme, ses proches parens, trente sénateurs, plus de trois cent vingt chevaliers, et une multitude d'autres? Voilà le prince dont il falloit respecter la mémoire. Ce n'est pas en citrouille, c'est dans la plus cruelle des bêtes féroces qu'il falloit métamorphoser cet homme de sang...... Si Mécène fournit à Sénèque un exemple frappant de l'influence du caractère et des mœurs sur le style, pourquoi n'en auroit-il pas usé ?

En faisant grand cas de Cicéron, de Sénèque et de Plutarque, un homme de lettres à qui ses auteurs étoient très-familiers, ne voyoit souvent dans l'un qu'un feu de paille; dans l'autre, que la flamme ardente du bois, de la vigne; et dans le vieillard, que des cendres froides qui, remuées, laissoient à découvert de gros charbons qui chauffoient douce-

sommes soumis de cœur et d'esprit, il y a quelques années qu'il a paru sous ce titre.

§. 120. « L'homme perce dans le philosophe » Sénèque ».

ment; mais, à son avis, ces auteurs avoient chacun, par intervalle, les qualités et les défauts qui les distinguoient séparément. La latinité de Sénèque, de Tacite, des Pline, de Quintilien, n'étoit non plus celle du siècle d'Auguste, que le grec de Plutarque celui de l'âge de Périclès; et Erasme ne l'en croyoit pas plus mauvaise pour cela... On auroit bien dû nous citer l'endroit de Pétrone où Sénèque est désigné; et l'on eût mieux fait encore de nous indiquer quelques-unes de ces sentences épigrammatiques noyées dans un amas de mots pompeux et vides de sens. Le tour épigrammatique est incompatible avec la pompe et le faste de l'expression; et Dryden lie des idées et des expressions contradictoires.

Mais si, par hasard, l'opuscule de Dryden n'étoit qu'une satyre où, moins curieux d'être vrai que de séduire par des contrastes piquans, l'auteur se seroit proposé de peindre deux de ses concitoyens, l'un sous le nom de Sénèque, l'autre sous le nom de Plutarque; lecteur, ne seriez-vous pas tenté de rire de la méprise du critique, qui ne m'auroit objecté qu'une fiction, et du ton sérieux que j'aurois mis dans ma réponse? Eh bien! riez donc, car la chose est telle que je l'avois soupçonnée.

Pourroit-on m'apprendre, sans aucune sorte de

La philosophie n'anéantit pas l'homme. Hélas! il n'y a que trop d'exemples, que la religion même n'opère pas ce prodige.

« L'esprit de Sénèque est en contradiction avec » son caractère ».

Je ne ferai pas ce reproche aux critiques; je suis très-disposé à leur croire le caractère de leur esprit et l'esprit de leur caractère. De tous les Athéniens, le plus sage n'étoit pas aussi heureusement né : il pratiqua la vertu, malgré le penchant naturel qui le portoit au vice. Quand on se mêle de louer et de blâmer, encore fau-

---

ménagement, ce qu'il faudroit penser de celui qui douteroit de la scélératesse d'un Suilius, et qui n'auroit aucun doute sur la perversité d'un Sénèque?

On ne se lasse point d'insister sur le témoignage de Xiphilin, de Dion et de Suilius, qui est *peut-être* un scélérat, contre Sénèque, qui est *décidément* un hypocrite.

Censeurs, vous aurez beau exalter votre Suilius, vous n'en ferez jamais qu'un homme digne du roc Tarpéien; citez Dion tant qu'il vous plaira, il n'en sera pas moins le détracteur de toute vertu; vous vous tourmenterez aussi inutilement à redresser le mauvais jugement de Xiphilin.

NOTE DE DIDEROT.

droit-il avoir quelque notion précise de ce qui mérite le blâme ou la louange. Que Sénèque eût étayé sa foiblesse naturelle des principes de la philosophie la plus roide ; je ne l'en estimerois que davantage. Tous les jours, un magistrat sensible laisse étouffer par le cri de la justice la voix intérieure de la commisération qui le sollicite. C'est une espèce de lutte, à laquelle le censeur est sans-doute parfaitement étranger,

« N'est-il pas très-ridicule, de voir un grave
» personnage parler de vertu avec des pointes » ?

Très-ridicule, assurément ; mais c'est précisément lorsque Sénèque parle de vertu, qu'il est enthousiaste et cesse d'être subtil. Si l'on me demandoit cent exemples où il s'en est expliqué avec énergie et dignité, je me chargerois de les produire.

Sénèque, qui connoissoit l'esprit de la cour, de la ville et de la canaille, prévoit les calomnies auxquelles sa richesse, sa puissance, la faveur et la munificence de César vont l'exposer ; il ne se les dissimule pas à lui-même ni à son élève. Qu'ont fait les ennemis du philosophe ? Ils se sont associés aux détracteurs que le philosophe met en scène ; et ils ont ajouté : « Voilà donc
» les reproches qu'on vous fera ; et l'on fera bien,
» car vous les aurez mérités ».

De bonne foi, croit-on qu'un homme d'esprit (et l'on en accorde à Sénèque) soit assez indiscrets, pour s'adresser, par la bouche de ses détracteurs, des invectives que sa propre conscience avoueroit, et assez mal-adroit pour se les adresser devant un disciple capable de le prendre au mot ?

Je suppose qu'un de nos aristarques hebdomadaires dise familièrement à son ami : « Vous
» voyez ce qui m'est arrivé, depuis que je me
» suis engagé dans cette triste et misérable car-
» rière. Je savois bien qu'on ne manqueroit pas
» de m'accuser d'ignorance, de partialité, de
» méchanceté, de vénalité, d'hypocrisie, de mau-
» vaise-foi ; mais c'est vous qui l'avez voulu ».
N'est-il pas évident que le critique, qui s'expliqueroit avec cette franchise, ne se reconnoîtroit aucune de ces qualités odieuses ; ou que, s'il en méritoit le reproche, il ne parleroit pas ainsi ?

« Etoit-ce donc un si grand mérite de n'avoir
» pas été le corrupteur de son élève » ?

Non ; mais en étoit-ce donc un si mince que d'en avoir fait, en dépit de la nature, un grand empereur ; et cela pendant cinq années, presque la moitié de son règne ?

« Sénèque n'étoit point un sage ; et Tacite n'en
» disconvient pas ».

Si, parcourant l'histoire de l'église ou la vie des saints, je recueillois tout le mal que ces humbles personnages ont dit d'eux-mêmes, et que je citasse contre eux l'autorité de Baillet ou de Fleuri, quel est l'homme sensé qu'une aussi étrange absurdité ne fît éclater de rire? La méchanceté est aussi quelquefois un peu trop bête.

« Sénèque a dit : *Le clément Néron* ».

Il est vrai ; il l'a dit dans un ouvrage que le philosophe lui a dédié. Il y avoit des épithètes d'usage qui précédoient les noms des empereurs, comme les faisceaux précédoient leurs personnes ; et c'étoit alors au *Pio, Clementi, Augusto, Divo Tiberio, Caligulæ, Neroni,* qu'on les adressoit, comme on diroit aujourd'hui d'un pape ambitieux et dissolu, *sa sainteté ;* d'un vil et bas cardinal, *son éminence ;* d'un très-méprisable prélat, *sa grandeur,* et d'un troupeau d'indignes personnages, *messeigneurs*.

« Pour attaquer Agrippine, il n'y avoit qu'à
» dire que Dion étoit un imposteur ».

Pour attaquer Agrippine, il n'y avoit qu'à lire Tacite à l'endroit où l'historien l'introduit au milieu d'une des débauches nocturnes du palais. Que Dion soit un imposteur ou non, il est certain que l'auteur des Annales est véridique ; et que le mal que j'ai dit de cette femme, dont l'ambition démesurée avoit révolté les esprits, *cunctis cupientibus infringi matris potentiam*, et dans laquelle la fureur de régner avoit étouffé le sentiment de la nature et rompu le frein de la pudeur, est au-dessous du mal que j'en aurois pu dire sans la calomnier.

On lit dans un auteur grave, que j'ai déjà cité quelquefois : « Agrippine, fille, sœur, femme » et mère d'empereurs, fut d'un esprit composé » de toutes sortes de méchancetés ».

Il est rare qu'un ouvrage ait encore trouvé des lecteurs aussi sévères que le mien.

» Agrippine se promettoit une grande part » dans l'administration de l'empire; il falloit donc » que cette princesse, qui ne manquoit pas de » lumières, et qui connoissoit les hommes, comptât » déjà beaucoup sur la souplesse *philosophique* » du personnage. Il semble que le rappel d'exil » ne fait pas beaucoup d'honneur à l'exilé ».

Ce n'est pas à Sénèque, c'est à la sagacité d'Agrippine, c'est à ses vues que le rappel du philosophe ne fait pas infiniment d'honneur. Quelles seront en effet ses leçons, et quels en furent les fruits ? Les leçons ? celle de la philosophie, qui déplaisoit à Agrippine au point de dire à son fils que cette étude ne convenoit point à un empereur. Les fruits ? cinq années d'un règne envié par Trajan.

Quel est celui qui, sans être un sot, ne s'est jamais trompé dans la bonne ou mauvaise opinion qu'il avoit conçue des hommes ? On en conclura contre moi tout ce qu'on voudra ; mais j'avoue que, dix-sept ans de suite, j'ai été la dupe d'un artificieux hypocrite.

L'histoire ne nous a point laissé douter des raisons du rappel de Sénèque. J'aime mieux en croire Agrippine sur ses fureurs contre Sénèque et Burrhus qu'elle ne sépare point ; et si les censeurs le permettent, je préférerai le témoignage de Tacite au leur. Or, celui-ci dit expressément qu'Agrippine ne sollicita le rappel d'exil et la préture pour Sénèque, qu'afin de se rendre agréable au peuple, et de rompre la continuité de ses forfaits par une action louable : *Ne malis tantùm facinoribus innotesceret*, en approchant de son fils un instituteur célèbre par ses lumières et par ses vertus.

On diroit que l'historien pénétrant ait pressenti et prévenu toutes les imputations de la méchanceté.

Mais si quelque aristarque s'avisoit d'ajouter

que Sénèque ne put se défendre d'élever le fils dans les principes de sa mère; ne diroit-on pas que ce propos est d'un ignorant qui n'a pas lu une ligne de l'histoire, ou d'un vicieux qui débite à tort et à travers tout ce qui se présente à sa tête déréglée ?

La souplesse philosophique du stoïcien Sénèque ! C'est précisément comme si l'on disoit la souplesse évangélique de l'abbé de Rancé, ou d'un prieur des Camaldules.

« Sénèque engage son ami Sérénus ».

Sénèque n'engage point son ami Sérénus; mais à quoi l'eût-il engagé, si le fait est vrai ? A dérober au public un vil attachement qu'il n'étoit en son pouvoir ni d'empêcher ni de rompre; à le soustraire à la connoissance de la jalouse, ambitieuse et furibonde Agrippine, d'une femme passionnée, impérieuse, et capable de se porter aux plus fâcheuses extrémités. Et la condescendance de Sérénus vous paroît horrible ? Censeurs, vous transplanterez-vous toujours de vos greniers, de la poussière de vos bancs, de l'ombre de vos écoles au milieu des palais des rois; et prononcerez-vous intrépidement de la vie des cours, d'après vos principes monastiques et votre régime collégial ?

« Sénèque soutient Acté contre Agrippine ».

Cela est faux ; Sénèque se sert d'Acté contre l'incestueuse Agrippine.

« Messaline redoutoit le génie pénétrant de
» Sénèque. Il ne falloit pas, ce nous semble, être
» trop pénétrant, pour appercevoir les désordres
» de la maison de Claude ».

Moins il falloit de pénétration pour appercevoir les désordres de la maison de Claude, plus un observateur très-fin étoit à redouter.

« Messaline ne pouvoit guère redouter que
» Sénèque, qui d'ailleurs n'étoit qu'un simple
» particulier, songeât à la perdre dans l'esprit
» d'un prince incapable d'écouter un sage conseil
» et d'en profiter ».

Messaline étoit et devoit être ombrageuse, comme l'ont été et le seront toujours ceux qui abusent ou de la faveur, ou de l'imbécillité, ou de la foiblesse des souverains : ils ne souffrent à leur côté que des complices et des complices subalternes ; leur jalousie écarte les autres. Claude n'étoit pas stupide au point de ne pouvoir être éclairé sur la manière artificieuse dont on le dépouilloit de son autorité. Il eût poussé la stupidité à cet incroyable excès, que les scélérats devoient encore craindre Sénèque, du-moins comme un spectateur austère. Ce n'étoit, il est vrai, qu'un simple particulier; mais un particulier fort avancé dans l'estime publique et l'intimité des grands. D'ailleurs, c'est Tacite qui prête ce motif à Messaline.

« Racine, qui avoit un tact si fin, un sentiment » si exquis du beau moral, regardoit Sénèque » comme un charlatan ».

Ce jugement valoit bien la peine d'être appuyé d'une citation. Mais si Racine, en appliquant ce tact si fin, ce sentiment si exquis du beau moral à l'examen du caractère de Sénèque, crut reconnoître un hypocrite; Burrhus, essayé à la même coupelle, ne lui auroit paru qu'un lâche courtisan. Le vrai, c'est qu'un militaire convenoit mieux à la scène dramatique qu'un philosophe; le vrai, c'est que, par ses opinions religieuses, Racine n'étoit pas disposé à accorder au paganisme quelque vertu réelle.

« J'ai préféré la conduite de Sénèque à celle de » Burrhus ».

Et je persiste. Avant l'assassinat d'Agrippine, la conduite de Sénèque et de Burrhus est la même : ce sont deux grands hommes, deux grands ministres; au moment où la mort d'Agrippine est résolue et leur est confiée, je les trouve également innocens. Après la mort d'Agrippine, tous les deux restent à la cour ; mais l'un y fait le rôle de courtisan, l'autre celui de censeur. Lorsque le spectre du crime a chassé le prince de la Campanie ; Burrhus engage les soldats à fléchir le genou devant le parricide, à le féliciter sur le péril dont il est délivré, et à baiser des mains encore fumantes du sang d'une mère ; il loue l'histrion et le cocher. Cependant les gens de cour traduisent Sénèque comme un parodiste du chanteur et un médisant du conducteur du char.

« J'ai placé Néron au-dessus d'Auguste ».

J'avois alors présentes à l'esprit les horreurs du triumvirat, et la longue période pendant laquelle on ne pouvoit trop louer Néron. Tant que les censeurs ne fixeront point de date, leurs minutieuses observations tomberont à faux.

§. 121. Si je m'arrête ici, ce n'est pas que cette première partie de ma tâche ne pût être plus étendue. Passons à la seconde.

Pline l'ancien, que nous avons déjà cité, a dit de Sénèque, qu'il ne s'en étoit point laissé imposer par la vanité des choses de la vie : *Seneca minimé mirator inanium.*

Tertullien et d'anciens pères de l'église, touchés de l'éclatante piété de Sénèque, se l'ont associé en l'appelant *nôtre*: *Tam clarœ pietatis, ut Tertullianus et prisci appellant nostrum.*

Quelques conciles ne dédaignèrent pas de s'appuyer de son autorité.

Le savant et le pieux évêque de Freizirgen, Othon, regarde Sénèque moins comme un philosophe payen que comme un chrétien : *Lucium Senecam non tam philosophum quàm christianum.*

Au sentiment d'Erasme, si vous le lisez comme un auteur payen, vous le trouverez chrétien, *Si legas illum ut paganum, scripsit christiane.*

Il a, dans l'école de Zénon, le rang de Paul dans l'église de Jésus-Christ : *Ejus esse loci apud suos, cujus sit Paulus apud christianos.*

« Aucuns, Dion entre autres, l'ont accusé d'a-
» varice, d'ambition, d'adultère et d'autres tels
» vices, à qui je ne dédaignerois pas faire ré-
» ponse ; puisque tant de doctes, anciens et mo-
» dernes, et la vie et la mort de Sénèque, disent
» le contraire : et seroit bien aisé à qui voudroit
» tailler à Dion une robe de son drap, de trouver
» en lui beaucoup de choses impertinentes et mal-
» séantes au nom dont il fait profession ; mais il
» vaut mieux réfuter les calomnies évidentes par
» le silence que par longs discours.... ». Et ce témoignage n'est pas de l'auteur des *Essais*.

Nos autres aristarques n'en savent pas plus que celui qui a écrit ce qui suit. « Il est impossible » de lire les ouvrages de Sénèque, sans se sentir » plus indépendant du sort, plus courageux, plus » affermi contre la douleur et la mort, plus at- » taché à ses devoirs, plus éclairé sur ses besoins » réels ; enfin, meilleur sous tous les rapports, » et sur-tout plus sensible aux charmes de la » vertu ».

Un de nos anciens écrivains avoit pensé de Sénèque, comme le moderne estimable que nous venons de citer. « Pour se résoudre contre les durs » et fâcheux événemens de la vie, aquiescer dou- » cement à la providence ; pour mépriser le mo- » ment et aspirer à l'immortalité bienheureuse ; » pour réprimer l'insolence des passions étranges » qui nous emportent souvent haut et bas ; et pour » jouir d'un grand repos parmi tant de tempêtes et » naufrages, je ne sache, entre les payens, his- » torien, philosophe, orateur, ni auteur quel- » conque, que je voulusse préférer à Sénèque. Il » y en a peu qui lui sont comparables ; et la » plupart le suivent de fort loin ».

Le portique, l'académie et le lycée de la Grèce n'ont rien produit de comparable à Sénèque pour la philosophie morale. Et de qui imaginera-t-on que soit cet éloge ? Il est de Plutarque.

Quintilien, dont j'examinerai les opinions ailleurs, dit de Sénèque, qui n'étoit ni son ami, ni son auteur favori, qu'il fut versé dans tous les genres d'éloquence : *In omni genere eloquentiæ versatum.*

Qu'il eut un génie abondant et facile : *Ingenium facile et copiosum.*

Un grand fond d'étude et de connoissance : *Plurimum studii.*

Qu'il est un redoutable fléau du vice : *Eximius vitiorum insectator.*

Qu'il y a beaucoup à louer, beaucoup même à admirer dans ses ouvrages : *Multa probanda, multa etiam admiranda.*

Que, dans les bons ouvrages de cet âge, avec la force d'Afer et la sagesse d'Afranius, on retrouve encore l'abondance de Sénèque : *In his quos ipsi vidimus, copiam Senecæ, vires Afrani, maturitatem Afri reperimus.*

Tout le bien que nos aristarques disent de Quintilien, je le pense comme eux ; mais pensent-ils comme moi tout le bien que Quintilien dit de Sénèque ?

Ils citent Quintilien contre Sénèque ; et voilà

ce que ce Quintilien, dont ils font tant de cas, dit de Sénèque, pour lequel ils affectent tant de mépris.

Erasme a dit : Peu s'en faut que je ne m'écrie : *Sancte Socrates* ; j'ai dit : Peu s'en faut que je ne m'écrie : *Sancte Seneca* ; et je ne sache pas qu'on ait accusé l'érudit de Roterdam d'indiscrétion, et moins encore d'impiété. Si un prélat l'avoit rangé parmi les disciples de Jésus-Christ ; il auroit plus osé que moi, sans qu'on se fût avisé de lui reprocher qu'il opposoit un philosophe payen aux héros du christianisme. Pourquoi tant d'indulgence pour Othon et pour Erasme ? C'est qu'il n'y a plus de mal à leur faire ; ils sont morts.

§. 122. Après avoir considéré Sénèque comme instituteur et ministre, un de nos meilleurs aristarques le considérant comme philosophe et comme auteur, dit : « N'y a-t-il donc que le » goût à former dans cette foule de jeunes ci- » toyens ? N'en veut-on faire que de beaux di- » seurs ? Est-il plus essentiel pour eux de bien » parler que de bien faire ? Pourquoi donc arracher » de leurs mains les ouvrages de Sénèque » ?

Un des plus grands vices, à mon avis, de notre éducation, soit publique, soit domestique ; c'est de nous inspirer un si violent amour de la vie et de si grandes frayeurs de la mort, qu'on ne voit plus que des esclaves troublés au moindre choc qui menace leur chaîne. Or je désirerois qu'on nous indiquât un auteur, ancien ou moderne, qui se fût élevé avec autant de force contre une pusillanimité qui rend notre condition pire que celle des animaux, et qui nous soumet si bassement à toutes sortes de tyrannies; ou, pour me servir de l'expression énergique d'un commentateur d'Epictecte, Arrien, qui ait frappé des coups plus violens sur les deux anses, par lesquelles l'homme robuste et le prêtre adroit saisissent le foible pour le conduire à leur gré.

J'ai ajouté que, bien qu'il fût triste de sortir des écoles, au bout d'un assez grand nombre d'années précieuses, sans avoir appris les langues anciennes, presque les seules choses qu'on y enseigne; du-moins jusque sur le seuil de la philosophie, cette éducation, telle qu'elle étoit, me sembloit une utile ressource pour des parens à qui leur occupation journalière ou leur insuffisance ne laissoit pas le temps ou la capacité d'élever eux-mêmes leurs enfans, ou à qui la médiocrité de fortune ne permettoit pas de les faire élever sous leurs yeux; que la journée collégiale seroit mieux distribuée en deux portions, dont l'une seroit employée à nous rendre moins ignorans, et l'autre à nous rendre moins vicieux; qu'un choix de

Q *

préceptes moraux tirés de Sénèque, et mis en ordre par un habile professeur, fourniroit d'excellentes leçons de sagesse à de jeunes élèves qui, jusqu'à-présent, en avoient été privés par un injuste dédain (*).

(*) M. Marmontel s'est étendu avec élégance et avec force sur cette dernière pensée; et ses judicieuses réflexions ont été traitées, par un aristarque poli, de décisions pédantesques, avec attestations de pédans; puis, revenant sur moi, on a supposé sans-doute que je traiterois Rollin de pédant collégial.

J'ai toujours respecté, et je respecte dans Rollin l'homme savant, l'homme utile, l'homme plein de vertus, de lumières et de goût; mais je préfère les *Institutions oratoires* de Quintilien à son *Traité des études*; et sans dédaigner l'auteur de l'*Histoire ancienne*, je ne le placerai pas sur la ligne de Thucydide, de Xénophon, d'Hérodote, de Tite-Live, de César, de Salluste, de Tacite; et si je ne craignois la violence des anti-philosophes, j'ajouterois qu'il est à une grande distance de Voltaire, de Hume, de Robertson; et que, sans les suffrages d'une secte nombreuse et puissante, ses estimables ouvrages, réduits à leur juste valeur, n'auroient eu qu'un succès ordinaire, le succès qu'ils ont aujourd'hui, et qui pourra diminuer à mesure que l'esprit du siècle fera des progrès.

Après ce mépris de Rollin qui m'est si gratuitement imputé, on lit dans le journaliste une tirade d'in-

§. 123. L'un dira : « La morale de Sénèque
» est toujours présentée sous les fleurs d'une dic-
» tion précieuse et recherchée. Ce philosophe
» m'a paru tantôt sublime et tantôt ridicule ; aussi
» foible dans sa conduite, que fastueux dans le
» discours ; un courtisan, que ses intrigues et ses
» livres rendent suspect ; en un mot, il a plus
» d'une fois surpris mon admiration, comme il
» a pareillement surpris mon mépris ».

Mais un autre répliquera : « Le charme at-
» taché à la lecture des écrits de Sénèque, n'est
» pas un amusement frivole, ni l'histoire de sa vie
» un vain attrait de curiosité. Profond penseur,
» moraliste pur et sublime, ce grand caractère
» frappe, intéresse, attache : son langage est
» celui de la raison la plus ferme et de la sagesse la
» plus austère ; son esprit paroît emprunter sa
» force et sa vigueur d'une ame élevée et cou-
» rageuse ; l'énergie de ses pensées n'est que celle

---

vectives où l'on auroit peine à reconnoître un professeur d'urbanité ; mais je suis injurié dans la page
avec tant d'honnêtes gens, que j'aurois trop mauvaise
grace à m'offenser.

Les pédans sont dans les écoles ; mais tous les pédans n'y sont pas ; et tous ceux qui y sont, ne sont
pas des pédans.

NOTE DE DIDEROT.

» de ses sentimens : la vertu la plus mâle fait tout
» son génie ».

Mais on lira dans un troisième : « Les ouvrages
» de Sénèque impriment dans le cœur un profond
» amour de la vertu. On sent l'ame s'élever, et
» l'homme s'ennoblir en se pénétrant des maximes
» du sage. Comme l'historien de sa vie, je ne
» les lis jamais, sans m'appercevoir que je ne les
» ai pas encore assez lues ».

« Les reproches dont on flétrit Sénèque, lui ont
» été faits par des hommes pervers, tels que l'in-
» fâme délateur Suilius ; tandis qu'il a pour lui
» le suffrage du vertueux Tacite, dont on peut
» opposer avec avantage l'estime seule à tous
» les ennemis du philosophe ».

« Je ne lis pas souvent Sénèque, je lui pré-
» fère d'autres auteurs où il y a peut-être moins
» de beautés ; mais quand je le lis, je vois qu'il
» a parlé de la vertu en homme qui en connois-
» soit la dignité et en éprouvoit la douceur ».

De ces jugemens divers, quel est le vrai ?

Pour accuser un grand homme, il faut des faits
qui ne puissent être contredits : pour défendre
un homme qui a vécu, écrit, pensé, et qui est
mort comme Sénèque, il est honnête, il est

même juste de se livrer à toutes les conjectures qui le disculpent, sur-tout lorsque l'histoire le permet. Cette récompense, l'homme de bien l'obtient au tribunal des loix, s'il arrive qu'il y soit malheureusement traduit par des circonstances fâcheuses. La cause d'un citoyen vertueux et honoré s'instruit-elle comme celle d'un citoyen obscur et suspect ?

Juges, quel est celui que vous avez assis sur la sellette ? C'est Sénèque. Quel est son accusateur ? Un seul témoin récusable. Dans cette grande cause, quel est le rapporteur ? Un historien sévère, dont toutes les conclusions sont en sa faveur.

§. 124. Nous nous arrêtons avec intérêt devant les portraits des hommes célèbres ou fameux; nous cherchons à y démêler quelques traits caractéristiques de leur héroïsme ou de leur scélératesse; et il est rare que notre imagination ne nous serve pas à souhait. Tous les bustes de Sénèque m'ont paru médiocres; la tête de sa figure au bain est ignoble : sa véritable image, celle qui vous frappera d'admiration, qui vous inspirera le respect, et qui ajoutera à mon apologie la force qui lui manque, elle est dans ses écrits. C'est là qu'il faut aller chercher Sénèque, et qu'on le verra.

M. Carter, savant antiquaire anglais, nous apprend dans son voyage de Gibraltar à Malaga, qu'il subsiste encore en Espagne des monumens élevés à la mémoire de Sénèque. Il a trouvé à Mescania, ville municipale romaine, les restes d'une inscription où le nom d'Annæus Seneca s'est conservé, et dont il fixe la date avant la soixantième année de l'ère chrétienne et la mort de notre philosophe. Il ajoute qu'on montre à Cordoue la *casa Seneca*, la maison de Sénèque, et au voisinage d'une des portes de la ville, *el lugar de Seneca*, la métairie de Sénèque. On s'arrête avec respect à l'entrée de la chaumière de l'instituteur, on recule d'horreur devant les ruines du palais de l'élève. La curiosité du voyageur est la même; mais les sentimens qu'il éprouve sont bien différens : ici il voit l'image de la vertu; dans cet endroit il erre au milieu des spectres du crime : il plaint et bénit le philosophe, il maudit le tyran.

Il est à croire que Sénèque avoit parcouru l'Egypte, où son oncle étoit préfet; ce qu'il dit(*)

___

(*) *Natural. Quæst.* lib. 4, cap. 1, 2, 3 et 4, *Voyez* aussi la *Consolation à Helvia*, chap. 17. Il parle, en cet endroit, d'un fait qui ne s'est passé que lorsqu'il revenoit d'Egypte avec sa tante; ils étoient sur le même vaisseau. Son oncle, qui avoit été gouverneur d'Egypte pendant dix ans, mourut en chemin : on ignore son nom. Juste-Lipse, dans une note sur ce passage, l'appelle Vetrasius Pollion. *Voyez* ses preuves, qui ne sont pas sans solidité.

NOTE DE L'ÉDITEUR.

de cette contrée et du fleuve qui la fertilise, semble confirmer cette conjecture. On prétend même qu'il s'étoit avancé jusques sur les confins de l'Inde; et Pline nous apprend qu'il en avoit écrit (1).

§. 125. Sénèque a beaucoup écrit, et je n'en suis pas étonné : il avoit tant d'amour pour le travail; et il étoit doué d'un génie si facile et si fécond. « Je ne passe pas, nous dit-il (2), » une seule journée oisive. Je donne à l'étude » une partie de la nuit; je ne me livre pas au » sommeil, j'y succombe : je sens mes yeux ap- » pésantis, comme prêts à tomber de leurs orbites, » sans cesser de les tenir attachés sur l'ouvrage. Je » me suis séparé de la société, et j'ai renoncé » à toutes les distractions de la vie. Je m'occupe » de nos neveux; je médite quelque chose qui » me survive et qui leur soit salutaire : ce sont » des espèces de recettes contre leurs infirmités ».

C'est ainsi qu'on se fait un nom parmi ses contemporains et chez les races futures. Quels

---

(1) *Seneca etiam apud nos tentatá Indiæ commentatione, sexaginta amnes ejus prodidit, gentes duodeviginti centumque....* Plin. Natur. Hist. lib. 6, cap. 17, tom. I, pag. 317, edit. Harduin.

NOTE DE L'ÉDITEUR.

(2) *Voyez* la *lettre 8.*

que soient les avantages qu'on attache au commerce des gens du monde pour un savant, un philosophe, et même un homme de lettres ; et bien que j'en connoisse les agrémens, j'oserai croire que son talent et ses mœurs se trouveront mieux de la société de ses amis, de la solitude, de la lecture des grands auteurs, de l'examen de son propre cœur et du fréquent entretien avec soi, et que très-rarement il aura occasion d'entendre dans le cercle le mieux composé quelque chose d'aussi bon que ce qu'il se dira dans la retraite.

Mylord Shaftesbury a intitulé un de ses ouvrages le *Soliloque*, ou *Avis à un auteur*. Celui qui se sera étudié lui-même, sera bien avancé dans la connoissance des autres, s'il n'y a, comme je le pense, ni vertu qui soit étrangère au méchant, ni vice qui soit étranger au bon.

Si l'on excepte la Consolation à Marcia, à Helvia et à Polybe, qu'il écrivit pendant son exil en Corse, ce qui nous est parvenu de ses ouvrages est le fruit des heures du jour et des nuits qu'il déroboit à ses fonctions, à la cour, et au sommeil.

§. 126. Nous avons perdu ses poëmes, ses tragédies, ses discours oratoires, ses livres du mouvement de la terre, son traité du mariage, celui de la superstition, ses abrégés historiques, ses exhortations et ses dialogues. Il suffit de ce qui nous reste, pour regretter ce qui nous manque.

Les tragédies publiées sous le nom du poëte Sénèque, sont un recueil de productions de différens auteurs; et il n'y a point d'autorité, qui nous permette de les attribuer à Sénèque.

Je ne dis rien de son commerce épistolaire avec Saint-Paul; ouvrage ou d'un écolier qui s'essayoit dans la langue latine; ou d'un admirateur de la doctrine et des vertus du philosophe, jaloux de l'associer aux disciples de Jésus-Christ.

§. 127. On trouve dans Sénèque un grand nombre de traits sublimes : c'est cependant un auteur de beaucoup, mais de beaucoup d'esprit, plutôt qu'un écrivain de grand goût. J'aurai de l'indulgence pour le style épistolaire; je conviendrai que la familiarité de ce genre admet des pensées et des expressions qu'on s'interdiroit dans un autre; mais quoique pleines de belles choses, ses lettres, assez naturelles dans la traduction, ne m'en paroîtront pas moins recherchées dans l'original (*).

―――――――――――――――――

(*) Ce défaut, qui en seroit un très-grand, surtout dans des lettres, ne m'a pas frappé, je l'avoue, autant que l'auteur de cet essai; mais comme son autorité est d'un tout autre poids que la mienne, je suis persuadé que je me suis trompé. Je

ferai cependant à ce sujet une observation qui paroit lui avoir échappé, et que je soumets à son examen: c'est que Lucilius, ce digne ami de Sénèque, et celui à qui toutes ses lettres sont adressées, se plaignoit alors de l'extrême négligence avec laquelle elles étoient écrites: reproche directement contraire à celui que Diderot lui fait ici. Nous avons encore la lettre de Sénèque, où, pour répondre à cet égard aux plaintes de son ami, il établit des principes très-judicieux sur le style épistolaire en général, et sur l'usage que l'on dit faire de l'éloquence dans les matières philosophiques. « Vous vous plai-
» gnez, lui dit-il, que mes lettres ne sont pas assez
» soignées; mais soigne-t-on sa conversation, à-
» moins qu'on ne veuille parler d'une manière af-
» fectée? Je veux que mes lettres ressemblent à une
» conversation que nous aurions ensemble, assis ou
» en marchant; je veux qu'elles soient simples et
» faciles; qu'elles ne ressentent ni la recherche,
» ni le travail: j'aimerois mieux, s'il étoit possi-
» ble, vous faire voir que vous dire ce que je pen-
» se.... La philosophie ne renonce pas au génie;
» mais elle ne veut pas que l'on sacrifie bien du
» travail à des mots........ Nos discours ne doi-
» vent pas chercher à plaire, mais à instruire; si
» pourtant l'éloquence s'y joint sans affectation,
» si elle s'offre d'elle-même, ou si elle coûte peu,
» à la bonne heure; qu'elle vienne à la suite d'ob-
» jets assez importans pour se passer de ses orne-
» mens; mais qu'elle soit moins occupée de se
» montrer, que les choses ». *Minùs tibi accuratas*

de morale aussi étendu que le sien (*). Parmi

à me epistolas mitti quereris. Quis enim accuratè loquitur, nisi qui vult publicè loqui ? Qualis sermo meus esset, si unà sederemus, aut ambularemus, illaboratus et facilis, tales esse epistolas meas volo, quæ nihil habeant accersitum nec fictum : si fieri posset, quid sentiam ostendere quàm loqui mallem.... Neque enim philosophia ingenio rementiat, multùm tamen operæ impendi verbis non opportet.... Non delectent verba nostra, sed prosint. Si tamen contingere eloquentia aut solicitò potest, aut si parata est, aut parvò constat, adsit et res pulcherrimas prosequatur. Sit talis, ut res potiùs quàm se ostendat, etc.... (Epist. 75 (Ce passage, auquel ceux qui trouvent en général la manière d'écrire de Sénèque peu naturelle, n'ont fait aucune attention, prouve au moins que Lucilius n'avoit pas, sur ce qu'on appelle un *style recherché*, les mêmes idées que l'auteur de la vie Sénèque ; ou plutôt, comme cela est plus vraisemblable et peut-être plus vrai, que ce qui nous paroît aujourd'hui *recherché* dans le style des anciens, parce que nous ne savons et nous ne pouvons même savoir que très-imparfaitement les langues dans lesquelles ils ont écrit, n'avoit pas à leurs yeux le même caractère et le même défaut : car Lucilius, contemporain de Sénèque, et parlant sa langue, devoit nécessairement être pour lui un juge plus délicat, plus sévère et plus sûr que nous ne pouvons jamais espérer de le devenir, quand l'étude du latin seroit l'occupation de toute notre vie.

NOTE DE L'ÉDITEUR.

(*) L'éditeur de la traduction de Sénèque observe

quelques préceptes qui répugnent à la nature, et dont la pratique rigoureuse ajouteroit peut-être à la misère de notre condition (*), (conséquence d'une philosophie trop roide, du-moins pour la généralité des hommes, à qui elle demandoit au-delà ce qu'elle espéroit en obtenir) il y en a sans nombre avec lesquels il est important de se familiariser, qu'il faut porter dans sa mémoire, graver dans son cœur comme autant de règles inflexibles de sa conduite, sous peine de manquer aux devoirs les plus sacrés, et d'arriver au malheur,

---

avec raison, dans une de ses notes, que « les ouvrages
» de ce philosophe peuvent être regardés comme le
» cours de morale le plus complet, le plus utile, le
» plus capable de rendre les hommes bons, humains;
» de leur inspirer l'amour de l'ordre et de la vertu,
» la constance dans l'adversité, le mépris de la dou-
» leur et de la vie, le courage qui fait supporter l'une
» et qui fait quitter l'autre sans regret, quand l'arrêt
» irrévocable de la nécessité l'exige.... ». *Voyez* sa note sur le *Traité de la Clémence*, liv. 2, chap. 2, tom. IV, pag. 436.
NOTE DE DIDEROT.

(*) Sénèque semble avoir prévu le reproche général que l'on fait ici au stoïcisme. « Nos préceptes sont
» quelquefois outrés, dit-il, afin qu'on les réduise à
» leur juste étendue ». *Quædam præcipimus ultrà modum, ut ad verum et suum redeant... De Beneficiis*, lib. 7, cap. 22.
NOTE DE L'ÉDITEUR.

le terme presque nécessaire de l'ignorance et de la méchanceté : il faut les tenir d'une bonne éducation, ou les devoir à Sénèque. Que ce philosophe soit donc notre manuel assidu; expliquons-le à nos enfans; mais ne leur en permettons la lecture que dans l'âge mûr, lorsqu'un commerce habituel avec les grands auteurs, tant anciens que modernes, aura mis leur goût en sûreté. Sa manière est précise, vive, énergique, serrée; mais elle n'est pas large. Ses imitateurs ne s'élèveront jamais à la hauteur de ses beautés originales; et il seroit à craindre que les jeunes gens, captivés par les défauts séduisans de ce modèle, n'en devinssent que d'insipides et ridicules copistes. C'est ainsi que je pensois de Sénèque, dans un temps où il me paroissoit plus essentiel de bien dire que de bien faire, d'avoir du style que des mœurs, et de me conformer aux préceptes de Quintilien qu'aux leçons de la sagesse.

On verra, dans la suite de cet Essai, aux endroits où je me propose d'examiner les différens jugemens qu'on a portés de ses ouvrages, l'influence qu'ont eue sur le mien l'expérience de la vie et la maturité d'un âge, où, si l'on m'eût demandé : que faites-vous? je n'aurois pas répondu : je lis les institutions de l'art oratoire; mais j'aurois dit, avec Horace : Je cherche ce que c'est que le vrai, l'honnête, le decent; et je suis tout entier à cette étude. (1).

De combien de grandes et belles pensées, d'idées ingénieuses, et même bizarres, on dépouilleroit quelques-uns de nos plus célèbres écrivains; si l'on restituoit à Plutarque, à Sénèque, à Machiavel et à Montaigne, ce qu'ils en ont pris sans les citer (2)! J'aime la franchise de ce dernier:

---

(1) Quid verum atque decens curo et rogo, et omnis in hoc sum.
HORAT. *lib. 1, Epist. 1, vers. 11.*
NOTE DE L'ÉDITEUR.

(2) Je n'en citerai qu'un seul; c'est M. R. de G. Il seroit aisé de prouver qu'il doit à Sénèque, à Plutarque, à Montaigne, à Locke et à Sidney la plupart des idées philosophiques et des principes de morale et de politique qu'on a le plus loués dans ses écrits; il doit même à Sénèque quelques-uns de ses sophismes et de ses paradoxes les plus étranges; c'est une source où, pour me servir de l'expression de Montaigne, *il a puisé comme les Danaïdes, remplissant et versant sans cesse.* Mais l'espèce d'enthousiasme, de fanatisme même, qu'il a sur-tout inspiré à ces êtres mobiles et passionnés, dont l'imagination prompte à s'allumer ouvre l'ame à toutes les sortes de séductions, et qui toujours à la discrétion du moment, donnent la préférence sur le philosophe qui les éclaire, au sophiste éloquent qui les émeut, s'affoiblira peu-à-peu, et peut-être même se perdra tout-à-fait, à mesure que les ouvrages des auteurs dont on vient de parler leur seront mieux connus. C'est alors que ceux ou plutôt

« Mon livre, dit-il, est maçonné des dépouilles

celles à qui la magie du style de M. R. en a si souvent imposé, retrouvant sans cesse dans ces auteurs les mêmes idées et quelquefois les mêmes écarts, n'admireront plus que la forme séduisante sous laquelle il a su les présenter, et fixeront avec plus de justesse et d'impartialité le dégré d'estime et de réputation qu'il mérite. En effet, ce n'est ni un penseur profond, ni un logicien exact et sévère, ni un moraliste aussi instructif, aussi original, aussi agréable à lire que Montaigne, ni même un ami très-sincère et très-zélé de la vérité ; c'est un écrivain très-éloquent, dont le style vif, élégant, rapide et plein d'énergie, entraîne presque toujours sans persuader : c'est un sophiste adroit, quelquefois même très-subtil *, qui se met fort peu en peine de se contredire, et à qui le choix des opi-

* M. Helvétius, ce philosophe dont la mémoire est si chère à tous les gens de bien, a réfuté pas à pas, et avec beaucoup de clarté, de force et de précision, quelques-uns des paradoxes de M. Rousseau ; et par le simple rapprochement de ses idées, en a fait voir l'incohérence et la contradiction. Voici comme il termine un des chapitres de son dernier ouvrage. « Qu'on » ne s'étonne point (dit-il) des contradictions de ce célèbre » écrivain. Ses observations sont presque toujours justes, et » ses principes presque toujours faux et communs. De-là, » ses erreurs. Peu scrupuleux examinateur des opinions géné-» ralement reçues, le nombre de ceux qui les adoptent lui en » impose.... Il n'est point de proposition, soit morale, soit » politique, que M. Rousseau n'adopte et ne rejette tour-à-» tour. Tant de contradictions ont fait quelquefois suspecter » sa bonne-foi... ». DE L'HOMME ET DE SON ÉDUCATION, sect. 5, chap. 7 ; et la note 27 du chap. 11. On peut voir encore toutes celles qui précèdent, et les douze premiers chapitres de cette section.

» des deux autres (2) ». Je permets d'emprunter,

nions est en général à-peu-près indifférent, pourvu que celle qu'il embrasse, vraie ou fausse, lui offre un champ assez vaste pour faire briller tous ses talens. S'il trouve par hasard sur son chemin une vérité piquante, dont le développement et les preuves exigent toutes les ressources de son esprit et de son éloquence; il la saisit avidemment, la pare, l'embellit, écarte, dissipe tous les nuages dont elle étoit environnée, et la porte même souvent jusqu'à la démonstration; mais un moment après, il fait les mêmes efforts pour appuyer un sophisme, pour établir un paradoxe ingénieux, ou même pour consacrer une erreur, si ce dernier parti lui paroit plus favorable à l'emploi de ses forces et à l'exercice de cette rhétorique brillante que Montaigne appelle quelque part *une art piperesse et mensongère*.

La célébrité dont M. Rousseau a joui, et que peut-être il conservera long-temps encore, est une forte preuve de cette vérité : c'est que si les hommes veulent être instruits, ils désirent encore plus d'être amusés. Ceux qui méprisent la grace du style, ne les connoissent pas assez, et ne sont pas assez jaloux de leur être utiles. Ils entendent encore mal l'intérêt de leur réputation: ils pensent; mais n'ayant pas le talent, peut-être plus rare encore, d'écrire avec cet agrément, ce nombre et cette harmonie dont le charme est irrésistible, ils rendent mal leurs pensées, et sont bientôt oubliés. Fontenelle, en s'emparant du travail de Van-Dale, lui en a ravi pour jamais la gloire. Un jour viendra que le nom de ce savant médecin, déjà presque ignoré parmi

mais non de voler ; moins encore d'injurier celui qu'on a volé.

---

nous, sera entièrement effacé de la mémoire des hommes, tandis que la voix de l'écrivain enchanteur qui a fait naitre des fleurs dans un terrain riche, à-la-vérité, mais hérissé de ronces et d'épines, qu'il a défriché, sera entendu dans l'avenir. Tant que les langues latine et française subsisteront, Sénèque et Montaigne seront lus, médités et admirés des bons esprits; et toute l'éloquence de M. Rousseau, qui, en s'appropriant si souvent leurs pensées, s'est, pour ainsi dire, associé à leur gloire, et a brillé parmi nous d'un éclat emprunté, ne les fera jamais oublier ; mais elle les fera négliger plus ou moins long-temps, particulièrement des femmes et des gens du monde, en général peu instruits, mais surtout trop avides de jouissances, pour consacrer à l'étude un temps qui suffit à-peine à leur amusement, et trop dissipés pour mettre dans leurs lectures ce choix, cette suite et ce dégré d'attention, qui peuvent seuls les rendre utiles et instructives.

Les étrangers ont dit que M. Rousseau avoit fait *secte* parmi nous ; ils auroient pu ajouter que cette *secte*, si aveuglément dévouée et soumise à son chef, est plutôt religieuse que philosophique. En effet, il n'y a guère que des opinions religieuses mal entendues, et portées à l'excès, qui puissent inspirer cet esprit d'intolérance dont tous les partisans du citoyen de Genève sont plus ou moins animés. Quiconque ose avoir sur ses écrits et sur sa personne un sentiment contraire au leur, s'expose infailliblement à une espèce de persécution qui a tous les effets de la haine théologique. Que faire donc alors ? Être sincère avec soi-même ; dire froidement et d'une manière simple ce que, d'après un examen très-réfléchi, on croit utile et vrai ; et, opposant à toutes les critiques un silence obstiné, attendre en paix le jugement du public éclairé et impartial.

NOTE DE L'ÉDITEUR.

(2) Montaigne, *Essais*, liv. 2, chap. 32, au commencement.

NOTE DE L'ÉDITEUR.

ESSAI

SUR

LES REGNES DE CLAUDE

ET DE NÉRON,

et sur les MŒURS et les ÉCRITS de Sénèque,

Pour servir d'introduction à la lecture de ce philosophe.

ESSAI

SUR

LES RÈGNES DE CLAUDE

ET DE NÉRON.

A MONSIEUR NAIGEON.

LIVRE SECOND.

Je vais parler des ouvrages de Sénèque, sans prévention et sans partialité : usant avec lui d'un privilège dont il ne se départit avec aucun autre philosophe, j'oserai quelquefois le contredire. Quoique l'ordre selon lequel le traducteur en a rangé les traités ne soit pas celui de leurs dates, je m'y conformerai, parce que je ne vois aucun avantage à m'en éloigner. Cette courte analyse achèvera de dévoiler le fond de l'ame de Sénèque, le secret de sa vie privée, et les principes qui servoient de base à sa philosophie spéculative et pratique.

Je vais donc commencer par les *lettres*, transportant dans l'une, ce qu'il aura dit dans une autre, généralisant ses maximes, les restreignant, les commentant, les appliquant à ma manière, quelquefois les confirmant, quelquefois les réfutant ; ici, présentant au censeur le philosophe derrière lequel je me tiens caché ; là, faisant le rôle contraire, et m'offrant à des flèches qui ne blesseront que Sénèque caché derrière moi.

DES LETTRES DE SÉNÈQUE.

§. 1. Les *lettres* de Sénèque sont adressées à Lucilius, son ami et son élève dans la philosophie stoïcienne. *Lucilius, je vous réclame ; vous êtes mon ouvrage.* Ils étoient âgés tous deux : *Nous ne sommes plus jeunes.* Lucilius, né dans une condition médiocre, s'étoit élevé, par son mérite, au rang de chevalier romain, et avoit obtenu la place d'intendant en Sicile.

La matière traitée dans cette correspondance, est très-étendue ; c'est presque un cours de morale complet. Je vais le suivre ; mais, pour m'épargner à moi-même, et aux autres, la sécheresse et le dégoût d'une table, j'indiquerai, chemin faisant, quelques-uns des traits qui m'ont le plus frappé, ce que je voudrois avoir recueilli de ma lecture; et sur-tout qu'on ne se persuade pas qu'il n'y ait rien ni à remarquer, ni à apprendre, dans celles dont je n'annoncerai que le sujet. Lisez le reste de mon ouvrage comme vous liriez les pensées détachées de la Rochefoucauld.

La *première* est sur le temps. Sénèque dit, et ne dit que trop vrai : « Qu'une partie de la vie » se passe à mal faire; la plus grande, à ne rien » faire; presque entière, à faire autre chose que » ce qu'on devroit.

» Où est l'homme qui sache apprécier le temps, » compter les jours, et se rappeler qu'il meurt à » chaque instant?

» Je me trouve dans le cas des gens ruinés, » sans qu'il y ait de leur faute : tout le monde » les excuse, personne ne les assiste ».

Il traite, dans la *deuxième*, des voyages.

« Le voyageur a beaucoup d'hôtes et peu d'a- » mis.... ». Il ressemble au possesseur d'un palais, qui passeroit sa vie à parcourir ses riches et vastes appartemens, sans s'arrêter un instant dans celui que son père, sa mère, sa femme, ses enfans, ses amis, ses concitoyens occupent.

Et dans la même, des lectures, autre sorte de voyages.

« Ne pouvant lire autant de livres que vous en
» pouvez acquérir, n'en acquérez qu'autant que
» vous en pourrez lire.

» On lit pour se rendre habile : si on lisoit pour
» se rendre meilleur, bientôt on deviendroit plus
» habile.

» Si vous consultez la nature sur le travail et
» sur le repos, elle vous répondra qu'elle a fait
» le jour et la nuit ».

C'est là qu'il dit d'Epicure : « Je passe dans le
» camp ennemi en espion, mais non en déser-
» teur ».

Si vous avez à faire choix d'un ami, lisez la *troisième*, où l'on trouve, entr'autres, cette maxime de Pomponius :

« Il y a des yeux tellement accoutumés aux
» ténèbres, qu'ils voient trouble au grand jour.

» Ne faites rien, que votre ennemi ne puisse
» savoir ».

La *quatrième* vous affranchira des terreurs de la mort, et des sollicitudes de la vie.

« Le tyran me fera conduire, où ?..... Où je
» vais.

» Un mal n'est pas grand, quand il est le der-
» nier des maux. La perte la moins à craindre est
» celle qui ne peut être suivie de regrets.

« Celui qui ne veut que satisfaire à la faim,
» à la soif, aux besoins de la nature, ne se mor-
» fond point à la porte des grands, n'essuie ni
» leurs regards dédaigneux, ni leur politesse in-
» sultante ».

Frappez à cette porte pour autrui ; n'y frappez jamais pour vous.

Dans la *cinquième*, sur la singularité, il adresse à Lucilius des conseils dont quelques-uns d'entre nous pourroient profiter.

« N'allez pas, à l'exemple de certains philo-
» sophes, moins curieux de faire des progrès
» que du bruit, affecter dans votre extérieur,
» vos occupations, votre genre de vie, une origi-
» nalité qui vous distingue : vous vous interdi-
» rez cet habillement bizarre, cette chevelure
» hérissée, cette barbe hétéroclite, et toutes ces
» voies détournées pour arriver à la considération.
» Eh ! le nom de philosophe n'est déjà que trop
» odieux, avec quelque modestie qu'on le porte !...
» N'y aura-t-il donc aucune différence entre
» nous et le vulgaire ?... Il y en aura ; mais je
» veux qu'on y regarde de près pour l'appercevoir.

P *

» Il faut que la vie du sage soit un mélange de
» bonnes mœurs, et de mœurs publiques.... ».
Qu'en pense Diogène ? Celui-ci diroit à son élève :
Que ta vie ne soit point un mélange bigarré de
bonnes mœurs, et de mœurs publiques... « Il faut
» qu'on l'admire et qu'on s'y reconnoisse.... ».
Il importe peu que des fous t'admirent ; et si le
peuple se reconnoît en toi, ce sera presque toujours tant pis pour toi.

« Je n'aime à apprendre, que pour enseigner ».

Je n'aime à apprendre que pour être moins
ignorant.... « La plus belle découverte cesseroit
» de me plaire, si elle n'étoit que pour moi... ».
La découverte la plus simple, ne fut-elle que
pour moi, me plairoit encore. Ce n'est pas que
je n'aime aussi à répandre le peu que je sais. Si
le hasard m'offre une belle page ignorée, j'en
jouis doublement ; et par l'admiration qu'elle me
cause, et par l'espoir de l'indiquer à mes amis.

« Philosophe, où en es-tu »?.... Heureux
celui qui s'est fait cette question et qui s'est répondu : Je commence à me réconcilier avec moi-
même !

Voulez-vous savoir ce que c'est que la véritable amitié ? Vous l'apprendrez dans la *sixième*.

« Combien d'hommes, dit-il, ont plutôt manqué d'amitié que d'amis » !.... Le contraire ne seroit-il pas aussi vrai ? et ne pourroit-on pas dire : Combien d'hommes ont plutôt manqué d'amis que d'amitié !

L'amour est l'ivresse de l'homme adulte ; l'amitié est la passion de la jeunesse : c'est alors que j'étois lui, qu'il étoit moi. Ce n'étoit point un choix réfléchi ; je m'étois attaché, je ne sais par quel instinct de conformité. S'il eût été sage, je ne l'aurois pas aimé ; je ne l'aurois pas aimé, s'il eût été fou : il me le falloit sage ou fou de cette manière. J'éprouvois ses plaisirs, ses peines, ses goûts, ses aversions ; nous courions les mêmes hasards : s'il avoit une fantaisie, j'étois surpris de ne l'avoir pas eue le premier : dans l'attaque, dans la défense, jamais, jamais il ne nous vint en pensée d'examiner qui de nos adversaires ou de nous avoit tort ou raison : nous n'avions qu'une bourse ; je n'étois indigent que quand il étoit pauvre. S'il eût été tenté d'un forfait, quel parti aurois-je pris ? Je l'ignore : j'aurois été déchiré de l'horreur de son projet, si j'en avois été frappé, et de la douleur de l'abandonner seul à son mauvais sort. Qu'est devenue cette manière d'exister si une, si violente et si douce ? A peine m'en souviens-je : l'intérêt personnel l'a successivement affoiblie. Je suis vieux ; et je m'avoue, non sans amertume et sans regret, qu'on a des liaisons d'habitude dans l'âge avancé; mais qu'il ne reste en nous, à côté de nous, que le vain simulacre de l'amitié. *Jam proximus ardet Ucalegon.* Cet Ucalégon du poëte, c'est vous, c'est moi : on ne pense guère à la maison d'autrui, quand le feu est à la nôtre.

Ah! les amis! les amis! il en est un ; ne compte fermement que sur celui-là : c'est celui dont tu as si long-temps et si souvent éprouvé la bienveillance et la perfidie ; qui t'a rendu tant de bons et de mauvais offices ; qui t'a donné tant de bons et de mauvais conseils ; qui t'a tenu tant de propos flateurs et adressé tant de vérités dures; et dont tu passes les journées à te louer et à te plaindre? Tu pourras survivre à tous les autres ; celui-ci ne t'abandonnera qu'à la mort : c'est toi ; tâche d'être ton meilleur ami.

« Le philosophe Attalus préféroit un ami à » faire à un ami déjà fait... ». Un peintre célèbre court après un voleur, et lui offre un tableau fini, pour l'ébauche que le voleur avoit enlevée de dessus son chevalet. Il me déplaît qu'on en fasse autant en amitié.

J'ai vu l'amour, j'ai vu l'amitié héroïque; le spectacle des deux amis m'a plus touché que celui des deux amans. D'un côté, c'étoit la raison ; de

l'autre, la passion, qui faisoit de grandes choses:
l'homme et l'animal.

« Les présens de la fortune ? Dites ses pièges ».

Il conseille, *lettre septième*, la fuite du monde.
« Je ne rapporte jamais de la société les mœurs
» que j'y ai portées ».

Quel est celui d'entre nous assez sage ou assez
corrompu, qui n'en puisse dire autant ?

« Rien de plus nuisible aux bonnes mœurs,
» que la fréquentation des spectacles... ». Des
spectacles de Rome, cela se peut; des nôtres,
je ne le crois pas.

A propos des spectacles de son temps, qui
n'étoient que des exécutions, Sénèque dit : « Un
» homme a-t-il volé ? qu'on le pende. A-t-il
» assassiné ? qu'on le tue. Mais toi, malheureux
» spectateur, qu'as-tu fait, pour assister à la
» potence »?... Cela est beau.

« Il est dur de vivre sous la nécessité ; mais
» il n'y a point de nécessité d'y vivre.

« Arracher à Caton son poignard, c'est lui
» envier son immortalité.

» La vertu a perdu de son prix pour celui qui se
» surfait celui de la vie ».

Malheur à celui que quelqu'une de ces pensées, que je jette au hasard à mesure que la lecture du philosophe me les offre, ne plongera pas dans la méditation !

« Rien de plus commun qu'un vieillard, qui » commence à vivre ». Rien de plus commun qu'un vieillard, qui meurt avant que d'avoir vécu. La plupart des hommes meurent le hochet à la main.

« L'homme puissant craint autant de maux, » qu'il en peut faire... ». D'où naît donc cet abus si fréquent de la puissance ? C'est que l'effet naturel de la force est d'inspirer l'audace, et que l'effet naturel du pouvoir est d'affoiblir la crainte.

« Le désespoir des esclaves immole autant » d'hommes, que le caprice des rois... ». Je le désirerois.

« L'esclave a t-il sur son maître le droit de » vie et de mort »?... Qui peut en douter ? Puissent tous ces malheureux enlevés, vendus, achetés, revendus, et condamnés au rôle de la bête de somme, en être un jour aussi fortement persuadés que moi !

Ici, il apostrophe les Romains ; il leur reproche

d'enseigner la cruauté à leur souverain, qui ne sauroit l'apprendre. Sénèque n'avoit pas encore démêlé le caractère de son élève; et son commerce épistolaire avec Lucilius commença apparemment pendant les cinq premières années du règne de Néron.

« La route du précepte est longue; celle de
» l'exemple est courte (*). Les disciples de So-
» crate et d'Epicure profitèrent plus de leurs mœurs
» que de leurs discours....». Il résulte de cette maxime, appliquable sur-tout à l'éducation des enfans, qu'il faut leur adresser rarement de ces préceptes, dont la vérité ne peut être constatée que par une longue expérience; mais parlez sensément, agissez toujours bien devant eux. C'est ainsi que les Romains préparoient à la république des magistrats, des guerriers et des orateurs. Vous serez difficile sur la compagnie dans laquelle vous pourrez les admettre, si vous pensez qu'il y a tel mot, telle action capable de détruire le fruit de plusieurs années.

Heureux les enfans nés de parens élevés aux grandes places; ils entendent, dès le berceau, parler des grandes choses.

L'activité du sage est le sujet de la *huitième*.

(*) Lettre 6.e, tome I, pages 18 et 19.

Dans la *neuvième*, où il en caractérise l'amitié, il prétend qu'on refait aussi aisément un ami perdu, que Phidias une statue brisée. Je n'en crois rien. Quoi! l'homme à qui je confierai mes pensées les plus secrètes; qui me soutiendra dans les pas glissans de la vie; qui me fortifiera par la sagesse de ses conseils et la continuité de son exemple; qui sera le dépositaire de ma fortune, de ma liberté, de ma vie, de mon honneur; sur les mœurs duquel les hommes seront autorisés à juger des miennes : je dis plus, l'homme que je pourrai interroger sans crainte; dont je ne redouterai point la confidence; dont, pour me servir de l'expression de génie du chancelier Bacon, j'oserai éclairer le fond de la caverne, sans sentir vaciller le flambeau dans ma main; cet homme se refait en un jour, en un mois, en un an! Eh! malheureusement la durée de la vie y suffit à-peine; et c'est un fait bien connu des vieillards, qui aiment mieux rester seuls que de s'occuper à retrouver un ami.

Lorsque notre philosophe se demande à lui-même ce qu'il s'est promis en prenant un ami, et qu'il se répond : « D'avoir quelqu'un pour qui » mourir, qui accompagner en exil, qui sauver » aux dépens de nos jours... »; il est grand, il est sublime; mais il a changé d'avis.

Lorsque, comparant l'amour et l'amitié, il ajoute que *l'amour est presque la folie de l'amitié*, il est délicat. Lorsqu'il répond à la question, quelle sera la vie du sage sur une plage déserte, dans le fond d'un cachot, *celle de Jupiter dans la dissolution des mondes*, il montre une ame forte. De pareilles idées ne viennent qu'à des hommes d'une trempe rare.

§. 2. Il traite, dans la *dixième*, de la solitude.

Cratès disoit à un jeune homme : « Que fais-
» tu là seul » ? Le jeune homme lui répondit :
« Je m'entretiens avec moi-même... ». « Prends
» garde, lui repliqua le philosophe, de t'entretenir avec un flatteur... ». Le sot cesse d'être un sot pour le moment où il nous flatte ; et nous dirions volontiers de lui : Mais cet homme n'est pourtant pas trop bête.

« Vivez avec les hommes, comme si les dieux
» vous voyoient : parlez aux dieux, comme si les
» hommes vous entendoient ».

Dans la *onzième*, des avantages de la vieillesse, de la mort et du suicide.

La manière dont les habitans de sa campagne, son fermier, son jardinier, ses arbres, ses charmilles lui rappellent son grand âge, est char-

mante. « Qu'est-ce que cet homme qu'on a posté
» là, et qu'on ne tardera pas d'y exposer? Où
» a-t-on trouvé ce squelette? Le beau passe-
» temps de m'apporter ici les morts du voisinage!
» = Quoi! vous ne reconnoissez pas Félicion,
» le fils de votre métayer, à qui vous avez donné
» tant de jouets quand il étoit enfant »?

Dans la *douzième*, des effets de la philosophie sur les défauts et sur les vices.

Dans la *treizième*, du courage que donne la vertu, et du dessouci de l'avenir.

« Le sage qui craint l'opinion, ressemble à
» un général qui s'ébranle à la vue d'un nuage
» de poussière élevé par un troupeau ».

« Espérer au-lieu de craindre, c'est remplacer
» un mal par un autre ».

Dans la *quatorzième*, des soins du corps.

« Donnons-lui des soins, mais prêts à le pré-
» cipiter dans les flammes, au moindre signal de
» la raison, de l'honneur, du devoir ».

« L'administration d'une république livrée à
» des brigands, n'est pas digne du sage... ».
Hommes publics, consolez-vous si votre disgrace
est arrivée, ou si le mauvais génie de l'état veut
qu'elle arrive.

« Le sage ne provoquera point le courroux
« des grands... ». Maxime pusillanime ; c'est le
condamner à taire la vérité.

On dit : *Vivre d'abord, ensuite philosopher.*
C'est le peuple qui parle ainsi. Mais le sage dit :
Philosopher d'abord, et vivre ensuite si l'on peut,
ou aimer la vertu avant la vie.

Si le philosophe ne croyoit pas que la périlleuse vérité qu'il va dire fructifieroit dans l'avenir, il se tairoit. Il parle en attendant un grand
prince, un grand ministre qui exécute ; il aime
la vertu ; il la pratique : il fait peu de cas de la
vie, il méprise la mort. Un d'entre eux disoit :
« La nature qui a fait le tyran terrible, m'a fait
» sans peine ». S'il peut conserver la vie en attaquant le vice, il le fera ; mais s'il est impossible
de vivre et de dire la vérité, il fera son métier.
Quoi ! l'apôtre de la vérité n'auroit pas le même
courage que l'apôtre du mensonge !

On ne fait point une tragédie de la mort de
celui qui craint l'échafaud, et qui va lâchement
apostasier au pied d'un tribunal. Il ignore que sa
mort sera plus instructive que tous ses écrits.

« Le sage, dans la prospérité, me montre l'apô-
» tre de la vertu ; dans l'adversité, son martyr ».

Pourquoi le sang du philosophe ne seroit-il pas aussi fécond que celui des martyrs ? C'est qu'il est plus facile de croire, que de bien faire.

« Il y a trois passions qu'il ne faut point exciter : » la haine, l'envie, le mépris ».

Cela est plus digne du moine de Rabelais, que du disciple de Zénon. C'est vous, Sénèque, qui m'avez appris à vous répondre. Il y a des hommes dont il est glorieux d'être haï : le tourment de l'envie est toujours un éloge ; le mépris n'est souvent qu'une affection... » Craignons l'admi- » ration... ». Et pourquoi ? Faisons tout ce qui peut en mériter.

Il s'entretient avec son ami, *lettres* 15, 16, 17, 18, 19, des exercices du corps, de l'utilité de la philosophie, de la richesse, de la pauvreté, des persécutions, de la calomnie ; qu'il faut embrasser la philosophie sans délai ; des amusemens du sage, de la colère, des passions, des vices, des vertus, des avantages du repos, de la société, des fonctions publiques, du bonheur, du malheur.

« Le même mot peut sortir de la bouche d'un » sage et d'un fou ».

« La sagesse, comme l'or, est l'équivalent de » toute richesse ».

« La richesse est souvent la fin d'une misère
« et le commencement d'une autre ».

« Le philosophe a son ennemi et sa discipline
» comme le militaire : pour vaincre, la bravoure
» seule ne suffit pas ».

On dit : Ce fait, de qui le tenez-vous ? « Ce
» témoin est suspect : c'est son père, c'est son
» ami, c'est son collègue, c'est son protecteur,
» c'est son client... ». Qui est-ce qui vous contredit ainsi ? C'est l'envie, l'envie que vous affligez par le récit d'une belle action.

Les préceptes de Sénèque sont austères ; mais l'expérience journalière et l'usage du monde en confirment la vérité : on ne les conteste que par la vanité ou par la foiblesse. C'est dans sa *vingtième* lettre qu'il dit aux grands, aux gens en place un mot simple, mais qu'ils devoient avoir sans cesse à la bouche, s'ils sentoient vivement les inconvéniens de leur élévation : « Quand
» viendra le jour heureux où l'on ne me mentira plus ? ».

Je ne relis point les ouvrages de Sénèque sans m'appercevoir que je ne les ai point encore assez lus.

Quel est l'objet de la philosophie ? C'est de lier

les hommes par un commerce d'idées, et par l'exercice d'une bienfaisance mutuelle.

La philosophie nous ordonne-t-elle de nous tourmenter ? Non.

Dans la *lettre huitième*, sur l'activité du sage, il parle des drames mixtes, dont le ton est grave, et le genre moyen entre la tragédie et la comédie. Ce genre eut-il aussi des détracteurs chez les anciens ? Il ne le dit pas.

§. 3. Selon lui, *lettre quatorzième*, « la phi-
» losophie est une espèce de sacerdoce révéré
» des gens de bien, respecté même de ceux
» qui ne sont méchans qu'à demi ; et celui qui
» jette de la boue au philosophe est une espèce
» d'impie ». Non, non, Suilius, Aristophanes modernes, jamais la dépravation ne sera assez générale, assez durable, assez puissante ; ou la ligue de l'ignorance et du vice contre la science et la vertu assez forte, pour empêcher la philosophie d'être vénérable et sacrée.

Ne nous engageons point dans les querelles. Méprisons les propos de l'impudent ; soyons convaincus qu'il n'y a que des hommes abjects qui osent nous insulter. Ne soyons pas plus offensés de leurs injures, que nous ne serions flattés de leurs éloges ; abandonnons le pervers à sa honte

secrète. == « Est-ce qu'il en éprouve »? == Je le
crois, depuis qu'un de ces infâmes, salariés des
grands pour déchirer les gens de bien, a dit
d'une satyre de commande ; qu'il n'étoit pas bien
sûr d'être content de l'avoir faite. Un des châtimens de la folie est de se déplaire à elle-même.

L'ouvrage de Sénèque est un champ où l'on
trouve toujours à glaner. Je vois que dans l'o-
pulence il s'exerçoit à la pauvreté ; au milieu des
richesses, il se rit de la peine inutile que la fortune s'est donnée.

« Dieux, accordez-moi la sagesse, et je vous
» tiens quitte du reste... ». Mais, Sénèque,
dans votre système, est-ce que les dieux accordent la sagesse ? La sagesse n'est-elle pas
l'ouvrage du sage ? Et n'est-ce pas la raison
pour laquelle, dans votre enthousiasme, vous avez
élevé quelquefois le sage au-dessus des dieux,
sages, par leur nature, sans efforts et sans mérite ?

Dans les pensées de Sénèque les plus subtiles,
dans ses opinions les plus paradoxes, il y a presque
toujours un côté juste.

Comme il n'y a presque aucune proposition
sur les mœurs qui soit vraie sans exception, il
arrive souvent au moraliste d'assurer le pour et
le contre ; selon qu'il se renferme dans la loi géné-

rale ou qu'il ne considère qu'un cas particulier, l'homme lui paroîtra grand ou petit.

Il dit, *lettre vingt-une*, à propos de la vraie gloire du sage : « En vain, Atticus auroit eu
» pour gendre Agrippa (*), pour descendans
» Tibère et Drusus ; parmi ces noms illustres
» le sien seroit ignoré, si le prince des orateurs
» ne lui eût adressé quelques lettres. Lucilius,

(*) M. de la Grange s'est trompé sur le sens de ce passage, pour avoir ignoré des faits qui concernent Atticus et sa famille ; et sa méprise a entraîné celle de l'auteur de cet ouvrage. Ceux qui, en examinant rapidement dix ou douze pages de la traduction de Sénèque, ont cru avoir acquis le droit de la juger, auroient dû au moins relever cette inexactitude. Mais ce sont précisément les endroits, où la version de M. de la Grange laisse quelque chose à désirer, qui ont échappé à leur profond savoir et à leur merveilleuse sagacité : c'est qu'il est, en effet, plus facile de supposer des fautes où il n'y en a pas, que d'en voir où il y en a ; et leurs critiques presque toujours fausses, partiales ou superficielles, en sont la preuve. Voici présentement le passage de Sénèque, tel qu'il falloit, ce me semble, le traduire. « Les lettres de Cicéron ne laisseront point périr
» la mémoire d'Atticus ; ni son gendre Agrippa, ni
» Tibère, mari de sa petite-fille, ni Drusus, son
» arrière-petit-fils, n'auroient pas servi beaucoup
» à sa gloire : parmi ces noms illustres le sien ne
» seroit pas cité, si Cicéron ne l'eût comme associé

» si la gloire vous touche, les miennes vous
» feront plus connoître que toutes vos dignités:
» qui sauroit qu'il exista un Idoménée, sans celles
» d'Epicure »?

Il ajoute : « J'ai aussi quelques droits sur les
» races futures ; je puis sauver un nom de l'oubli
» et partager mon immortalité avec un ami... ».
Qu'on doit être heureux par cette pensée ! En
effet, quoi de plus doux que de croire qu'on
enrichira sa nation d'un grand nom de plus ? Ne
se félicite-t-on pas d'avoir pris naissance dans une
contrée célèbre par les hommes rares qu'elle a
produits ? Est-il de plus flatteuse espérance que
de laisser à ses parens, à ses amis, à ses descendans, aux étrangers, aux siens, à l'univers,
un sujet d'admiration, d'entretien et de regrets?
Qui est-ce qui a fait cet ouvrage, ce poëme, ce
tableau, cette statue, cette colonnade? C'est un
Français, c'est Bouchardon, c'est Pigal; c'étoit
l'ami de mon grand père, voilà son buste. Avec
quel plaisir mon père, qui l'avoit vu dans sa
jeunesse, nous entretenoit de son maintien, de

» à son immortalité ». *Nomen Attici perire Ciceronis
epistolæ non sinunt; nihil illi profuisset gener Agrippa,
et Tiberius progener, et Drusus Cæsar pronepos: inter
tam magna nomina taceretur, nisi Cicero illum ap-
plicuisset. Epist. 21.*

NOTE DE L'ÉDITEUR.

son caractère et de ses opinions! Voilà la maison qu'il habitoit, on la visite encore. La république a doté une de ses arrière-nièces; un citoyen bienfaisant tira de l'indigence un de ses descendans, qui n'avoit d'autre mérite que de porter son nom. Malheur à l'homme personnel qui lira cette page avec dédain. Si par hasard c'est un artiste distingué, croyez qu'il n'est sincère ni avec vous ni avec lui-même.

Une sorte de reconnoissance délicate s'unit à une curiosité digne d'éloge, pour nous intéresser à l'histoire privée de ceux dont nous admirons les ouvrages. Le lieu de leur naissance, leur éducation, leur caractère, la date de leurs productions, l'accueil qu'elles reçurent dans le temps, leurs penchans, leurs goûts honnêtes ou malhonnêtes, leurs amitiés, leurs fantaisies, leurs travers, leur forme extérieure, les traits de leur visage, tout ce qui les concerne, arrête l'attention de la postérité. Nous aimons à visiter leur demeures; nous éprouverions une douce émotion à l'ombre d'un arbre sous lequel ils se seroient reposés; nous voudrions voir et converser avec les sages dont les travaux ont augmenté le pouvoir de la vertu et les trésors de la vérité. Sans ce tribut, la sagesse accumulée des siècles seroit un don gratuitement accordé à des ingrats.

« Mes concitoyens ne m'ont point élevé aux

» honneurs : Idoménée, ils ont mieux fait, ils
» m'en ont ôté le desir...». Ce mot est d'Epicure.

Notre stoïcien conduit à la porte des jardins de ce philosophe, y grave une inscription qui atteste l'austérité de l'un et l'impartialité de l'autre. La voici :

« Passant, tu peux t'arrêter ici : la volupté
» y donne la loi. = Quoi! c'est de la farine
» détrempée que tu me présentes, c'est d'eau
» que tu remplis ma coupe! = Assurément; à
» ma table, les mets appaisent la faim, la boisson
» n'irrite pas la soif; voilà ma volupté ».

« Agissez toujours, Lucilius, comme si Epicure
» vous regardoit ».

C'est ainsi que Sénèque pensoit de ce philosophe, si mal connu et tant calomnié. On ne s'est pas acharné avec moins de fureur sur la doctrine d'Epicure que sur les mœurs de Sénèque.

§. 4. Je lis dans un auteur moderne (*): « On
» oppose Sénèque comme un bouclier impéné-
» trable à tous les traits qu'on peut lancer sur

(*) *Voyez* la *Morale d'Epicure, tirée de ses propres écrits*, par M. l'abbé Batteux, art. 7, pag. 157, 158.

NOTE DE L'ÉDITEUR.

» Epicure. Il est vrai que l'apologie que Sénèque
» a faite d'Epicure est formelle; mais il est à
« craindre que, loin de justifier l'un, elle ne
» donne des soupçons contre l'autre. Si, à l'hon-
» neur d'Epicure, leurs doctrines avoient des
» apparences communes, ce seroit à la honte de
» Zénon ».

Lorsque Sénèque fait l'éloge d'Epicure, il ne décrie point Zénon, non plus qu'il ne préconise celui-ci lorsqu'il attaque le premier. C'est un juge impartial qui pèse ce que chaque secte enseigne de contraire ou de conforme à la vérité, et qui s'en explique avec franchise. Si les talens sublimes et les vertus transcendantes de l'académicien des inscriptions, qui a enrichi l'histoire critique de la philosophie, de son examen de la vie et de la doctrine d'Epicure, ne m'étoient parfaitement connus, je penserois qu'un auteur qui se sert de l'éloge de l'une des écoles pour les rendre toutes deux suspectes, est un mauvais logicien s'il pense ce qu'il écrit, ou un dangereux hypocrite s'il écrit ce qu'il ne pense pas.

Un littérateur du jour auroit-il la vanité de se croire mieux instruit des sentimens d'Epicure, dont les ouvrages nous manquent, qu'un ancien philosophe, qu'un Sénèque, qui les avoit sous les yeux ?

Qu'Epicure et Zénon se soient accordés l'un et l'autre à regarder la vertu comme le plus essentiel de tous les biens, et qu'ils en aient eu les mêmes idées, que s'ensuit-il? Que l'épicurien n'en étoit pas moins corrompu, et que le stoïcien en étoit peut-être moins sage. Voilà une étrange conclusion.

Eh! c'est bien assez de damner Epicure, sans lui associer aussi lestement le philosophe Sénèque, son apologiste; Sénèque, que S. Jérôme, qui n'étoit pas le plus tolérant des pères de l'église, loue pour la pureté de sa morale, la sainteté de sa vie, et qu'il a inscrit dans le catalogue des auteurs sacrés (*).

« O Dieu, je vois à tes côtés un Sénèque, à
» qui tu rends le prix du sang qu'il eût versé
» pour toi; un Epictète, qui te chérit dans les
» fers, un Antonin, qui ne te méconnut pas sur
» le trône; j'y vois un Tite, qui regrettoit les
» instans où il avoit négligé de faire du bien aux

(*) Seneca.... continentissimæ vitæ fuit; quem non ponerem in catalogo sanctorum, nisi me illæ Epistolæ provocarent, quæ leguntur à plurimis, Pauli ad Seneccam, et Senecæ ad Paulum, etc...., *Hieronymus*, de scriptoribus ecclesiasticis.

NOTE DE L'ÉDITEUR.

» hommes ; un Aristide, qui honora la pauvreté,
» et qui préféra le nom de juste aux honneurs
» et aux richesses ; un Régulus, qui sourit aux
» bourreaux : et je vois loin de toi des barbares
» qui, la croix à la main, assouvissent leurs fu-
» reurs, et réussiroient à te faire haïr, si l'homme
» vertueux pouvoit t'imputer leurs atrocités »…..
Ces lignes énergiques ne sont pas de moi ; mais
je les envie à l'auteur anonyme d'un *Eloge de
Socrate*.

Sénèque ne ferme presque pas une de ses
lettres, sans la sceller de quelques maximes d'E-
picure ; et ces maximes sont toujours d'un grand
sens et d'une sagesse merveilleuse : quelle honte
pour le zénonisme !

§. 5. C'est dans la *vingt-deuxième* lettre sur
les conseils et sur les affaires, que Sénèque dit,
des goûts passagers de l'ambition : « C'est un
» amant, qui querelle avec sa maîtresse ; n'allez
» pas prendre un moment d'humeur pour une
» rupture »…. Croit-on que cette pensée dé-
parât celles de la Rochefoucauld ? Il ajoute :
« Nous mourons plus mauvais, que nous ne nais-
» sons. Je t'avois engendré, nous dit la nature,
» sans desirs, sans crainte, sans superstition,
» sans perfidie, sans vice….. Cela est-il bien
» vrai ?…. Retourne comme tu es venu. La vie
» nous corrompt ».

« Vicieux, je te condamne à quitter ou le vice
» ou la vie. Choisis ».

En parcourant les *lettres* 23 et 24 sur la philosophie, source des vrais plaisirs, sur le passé, le présent, le futur, les craintes de l'avenir, les terreurs de la mort, je me suis rappelé l'endroit où Horace recommande au poëte la lecture des feuillets de Socrate; on pourroit lui dire avec plus de raison encore: *Rem tibi Senecœ poterunt ostendere chartœ.* Si tu crains d'être un poëte exangue, un diseur de puérilités sonores; si tu veux connoître les vices, les vertus, les passions, les devoirs de l'homme dans toutes les conditions et circonstances, lis Sénèque.

Homme pusillanime, si les deux grands fantômes, la douleur et la mort, t'effraient, lis Sénèque.

« Que veulent dire ces fouets armés de pointes
» aiguës, ces chevalets, cet attirail de supplices?
» Quoi! ce n'est que de la douleur! Ce n'est
» rien, ou elle finira promptement. A quoi bon
» ces glaives, ces feux, ces bourreaux qui fré-
» missent autour de moi? Quoi! ce n'est que la
» mort? Mon esclave la bravoit hier ».

Il s'occupe, *lettre* 25, des dangers de la solitude: si l'homme se retire dans la forêt par vanité ou par misanthropie ; s'il y porte une ame pleine de fiel, il ne tardera pas à y devenir une bête féroce : celui dont il y prendra conseil, est un méchant qui achèvera de le pervertir.

Tel homme se croit sage, tandis que sa folie sommeille.

C'est dans une des lettres qui suivent qu'il dit au philosophe : Que fais-tu là ?.... et que le philosophe lui répond : « Hélas ! couché dans une » même vaste infirmerie, je m'entretiens avec les » autres malades ».... On est vraiment touché de cette modestie.

Il écrit, *lettres* 26, 27, 28 et 29, des avantages de la vieillesse, de la vertu, du vrai bonheur, des voyages, des conseils indiscrets. On voit, dans cette dernière, qu'il y avoit aussi à Rome des hommes pervers, qu'on se plaisoit à associer aux philosophes en général, dans le dessein cruel de souiller la pureté des uns par la turpitude des autres. Ce fait me rappelle l'auteur de l'*Anti-Sénèque*, et de la constante affectation des ennemis de la philosophie à le citer parmi les hommes sages et éclairés, dont la vie se passe à chercher la vérité et à pratiquer la vertu. Si ces calomniateurs des gens de bien n'étoient pas étrangers à tout sentiment honnête, ils rougiroient de placer ce nom justement décrié, à côté des noms les plus respectables et les plus respectés.

§. 6. La Mettrie est un auteur sans jugement; qui a parlé de la doctrine de Sénèque, sans la connoître; qui lui a supposé toute l'âpreté du stoïcisme, ce qui est faux; qui n'a pas écrit une seule bonne ligne dans son *Traité du Bonheur*, qu'il ne l'ait ou prise dans notre philosophe, ou rencontrée par hasard, ce qui n'est et ne pouvoit malheureusement être que très-rare : qui confond par-tout les peines du sage avec les tourmens du méchant; les inconvéniens légers de la science avec les suites funestes de l'ignorance; dont on reconnoît la frivolité de l'esprit dans ce qu'il dit, et la corruption du cœur dans ce qu'il n'ose dire; qui prononce ici que l'homme est pervers par sa nature, et qui fait ailleurs de la nature des êtres la règle de leurs devoirs et la source de leur félicité; qui semble s'occuper à tranquilliser le scélérat dans le crime, le corrompu dans ses vices; dont les sophismes grossiers, mais dangereux par la gaîté dont il les assaisonne, décèlent un écrivain qui n'a pas les premières idées des vrais fondemens de la morale, et de cet arbre immense dont la tête touche aux cieux et les racines pénètrent jusqu'aux enfers; où tout est lié, où la pudeur, la décence, la politesse, les vertus les plus légères, s'il en est de telles, sont attachées comme la feuille au rameau qu'on déshonore en l'en dépouillant ; dont le chaos de raison et d'extravagance ne peut être regardé sans dégoût, que par des lecteurs futiles qui confondent la plaisanterie avec l'évidence, et à qui l'on a tout prouvé quand on les a fait rire ; dont les principes poussés jusqu'à leurs dernières conséquences renverseroient la législation, dispenseroient les parens de l'éducation de leurs enfans, renfermeroient aux petites-maisons l'homme courageux qui lutte sottement contre ses penchans déréglés, assureroient l'immortalité au méchant qui s'abandonneroit sans remords aux siens, et dont la tête est si troublée et les idées sont à tel point décousues, que dans la même page une assertion sensée est heurtée par une assertion folle, et une assertion folle par une assertion sensée, en sorte qu'il est aussi facile de le défendre que de l'attaquer. La Mettrie, dissolu, impudent, bouffon, flatteur, étoit fait pour la vie des cours et la faveur des grands. Il est mort comme il devoit mourir, victime de son intempérance et de sa folie ; il s'est tué par ignorance de l'art qu'il professoit (*).

(*) Ce jugement est sévère, mais juste ; et il étoit difficile de garder quelque mesure avec l'apologiste du vice et le détracteur de la vertu.

NOTE DE DIDEROT.

Je n'accorde le titre de philosophe qu'à celui qui s'exerce constamment à la recherche de la vérité et à la pratique de la vertu ; et lorsque je rayerai de ce nombre un homme corrompu dans ses mœurs et ses opinions, puis-je me promettre que les ennemis de la philosophie se tairont ? Non.

Voltaire, diront-ils, en a fait l'éloge. Il s'agit bien de ce que Voltaire en aura dit dans une ode anacréontique ! mais de ce qu'un homme de bien en doit penser d'après ses écrits qui sont entre nos mains, et d'après les mœurs qu'il professoit.

J'admire Voltaire comme un des hommes les plus étonnans qui ait encore paru ; et c'est de très-bonne foi que je le publie : mais je ne suis pas toujours de son avis, et ce ne sera pas dans une pièce de poésie fugitive que j'irai chercher le sentiment de Voltaire, et moins encore puiser le mien sur la philosophie et la morale d'un écrivain.

§. 7. Dans la même lettre, Sénèque cite un beau mot d'Epicure sur les jugemens populaires : « Jamais je n'ai voulu plaire au peuple ; ce que » je sais n'est pas de son goût ; et ce qui seroit » de son goût, je ne le sais pas ».

La contrainte des gouvernemens despotiques rétrécit l'esprit sans qu'on s'en apperçoive ; machinalement on s'interdit une certaine classe d'idées fortes, comme on s'éloigne d'un obstacle qui nous blesseroit ; et lorsqu'on s'est accoutumé à cette marche pusillanime et circonspecte, on revient difficilement à une marche audacieuse et franche. On ne pense, on ne parle avec force que du fond de son tombeau : c'est là qu'il faut se placer, c'est de-là qu'il faut s'adresser aux hommes. Celui qui conseilla au philosophe de laisser un testament de mort (*), eut une idée utile et grande. Je souhaite pour le progrès des sciences, pour l'honneur des académies, pour le bonheur de ses amis et pour l'intérêt du malheureux, qu'il nous fasse attendre le sien long-temps.

« A Paris, diriez-vous cela ? = Non. Je me
» suis trouvé l'ame d'un homme libre, dans la
» contrée qu'on appelle des esclaves ; et l'ame
» d'un esclave dans la contrée qu'on appelle des
» hommes libres. = Jusqu'à-présent, je n'ai rien
» entendu de vous qui m'ait fait autant de plaisir ».

(*) On peut voir le passage entier de M. d'Alembert dans l'avertissement imprimé à la tête du premier volume des Œuvres de Sénèque, pag. 21 et 22.

NOTE DE L'ÉDITEUR.

= C'est la fin d'une conversation dans le cabinet d'une grande souveraine.

Lisez la *lettre* 30, de la mort et de la nécessité de l'attendre de pied ferme; et vous me direz ensuite ce qu'il y a de nouveau sur ce sujet dans nos écrivains modernes. Quoi de plus délicat que ce mot: « L'ame s'échappe du vieillard sans » effort; elle est sur le bord de la lèvre »?... Quoi de plus sensé que ce qui suit: « Qu'est-ce » que ces noms d'empereur, de sénateur, de » questeur, de chevalier, d'affranchi, d'escla-» ve... »? ou en style moderne, de rois, de grands, de nobles, de roturiers, de paysans? Ce que c'est, répond-il, *lettre* 31 ? « Des titres » inventés pour enorgueillir les uns et dégrader » les autres. N'avons-nous pas tous le ciel au-» dessus de nos têtes »?

Il vous exhortera à la philosophie, *lettre* 32 : il vous dira, *lettre* 33, que dans un ouvrage de l'art, il faut que la beauté de l'ensemble fixant le premier coup-d'œil, on n'apperçoive pas les détails; et que dans un ouvrage de philosophie ou de littérature, les beaux vers, les sentences, sont les dernières choses à louer.

Il encourage Lucilius à l'étude de la philosophie, *lettre* 34, et le félicite sur ses progrès. Il prouve, *lettre* 35, qu'il ne peut y avoir d'amitié qu'entre les gens de bien. La mort d'un ami ravit à l'homme vertueux un témoin de ses vertus ; aux méchans un complice, peut-être indiscret, de ses crimes. Les avantages du repos, les vœux du vulgaire, le mépris de la mort, texte auquel il ne se lasse point de revenir ; le courage que donne la philosophie, les dangers de la prospérité, l'éloquence qui convient au sage, la voix de la divinité qui est en nous, ou la conscience, la rareté des gens de bien, l'occupent depuis la *lettre* 36 jusqu'à la 51°.

§. 8. Voici un paragraphe de la *lettre* 41 : je le trouve si beau que je ne puis m'empêcher de le transcrire. « S'il s'offre à vos regards une vaste
» forêt, peuplée d'arbres antiques dont les cimes
» montent jusqu'aux nues et dont les rameaux en-
» trelacés vous dérobent l'aspect du ciel ; cette
» hauteur démesurée, ce silence profond, ces
» masses d'ombres que la distance épaissit et rend
» continues, tant de signes ne vous *intiment-ils*
» pas la présence d'un Dieu ? Sur un antre creusé
» dans un énorme rocher, s'il s'élève une mon-
» tagne ; cette profonde, immense, obscure cavité
» ne vous frappera-t-elle pas d'une terreur re-
» ligieuse ? L'éruption d'un fleuve souterrain a
» fait dresser des autels ; les fontaines d'eaux ther-
» males ont un culte ; l'opacité de certains lacs les
» a rendus sacrés ; et lorsque vous rencontrerez

» un homme tranquille dans le péril, serein dans
» l'adversité, intrépide au sein des orages, qui,
» placé sur la ligne des dieux, voit les foibles
» mortels sous ses pieds, le respect n'inclinera
» pas votre front?.... Pour être descendu du
» ciel, le sage ne s'est pas expatrié. Les rayons
» du soleil qui se répandent sur la terre, tiennent
» au globe lumineux d'où ils sont élancés; ainsi
» l'ame du grand homme, de l'homme vertueux,
» envoyée d'en-haut pour nous montrer la divinité
» de plus près, séjourne à nos côtés, sans ou-
» blier le lieu de son origine. Elle le regarde, elle
» y aspire, elle y reste comme attachée.... ».
Telles sont les pointes de Sénèque, lorsqu'il parle
de Dieu, de la vertu, et de l'homme vertueux.

Il dit à Lucilius, *lettre* 36 : « On blâme votre
» ami d'avoir embrassé le repos, abandonné ses
» places, et préféré l'obscurité et la retraite aux
» nouveaux honneurs qui l'attendoient. Exhortez-
» le à se mettre au-dessus de l'opinion; chaque
» jour il fera sentir à ses censeurs qu'il a choisi
» le parti le plus avantageux ». Pour lui peut-
être; mais pour la société ? Il y a dans le stoïcisme un esprit monacal qui me déplaît; c'est
cependant une philosophie à porter à la cour,
près des grands, dans l'exercice des fonctions
publiques; ou c'est une voix perdue qui crie dans
le désert. J'aime la sagesse en évidence comme
l'athlète sur l'arène : l'homme fort ne se reconnoît

que dans les occasions où il y a de la force à montrer. Ce célèbre danseur, qui déployoit ses membres sur la scène avec tant de légéreté, de noblesse et de graces, n'étoit dans la rue qu'un homme dont vous n'eussiez jamais deviné le rare talent.

Il dit, *lettre* 38, « que la morale a plus d'é- » nergie par ses pensées détachées ». Je suis de son avis; ses pensées sont autant de clous d'airain qui s'enfoncent dans l'ame, et qu'on n'en arrache point.

Il dit, *lettre* 41 : « Dans le sein de l'homme » vertueux, j'ignore quel Dieu; mais il habite » un Dieu..... ». Belle idée! Sénèque pouvoit ajouter : Et dans le sein du méchant, j'ignore quel démon; mais il habite un démon.

Lettre 42. Qu'est-ce que l'homme léger? « C'est » un oiseau que vous ne tenez que par l'aîle; » au premier instant il vous échappera, et ne » vous laissera dans la main qu'une plume ».

Je trouve, *lettre* 43, sur la vie cachée, que ce fut moins l'orgueil que la honte qui créa les portiers chez les Romains. De la manière dont on vivoit, entrer dans une maison sans se faire annoncer, c'étoit prendre le maître ou la maîtresse en flagrant délit.

Lettre 44. « La philosophie est la vraie no-
» blesse : nul n'a vécu pour la gloire d'autrui ».

« Savez-vous quels sont les ayeux vraiment
» dignes d'être enviés ? C'est Socrate, c'est
» Cléanthe, Epicure, Zénon, Platon ; mais le
» hasard de la naissance ne vous les donnera
» pas... ». Sachez vivre et mourir comme eux,
vous aurez recueilli leur héritage, et vous serez
compté parmi leurs descendans.

Lettre 55. Les chicanes futiles de la dialectique seront méprisées de tout bon esprit, n'en
déplaise, dit Sénèque, à nos stoïciens, que j'approuve ou blâme à mon gré, « parce que je ne
» m'asservis à aucun maître, que je ne porte
» la livrée de personne, et qu'en respectant les
» sentimens des grands hommes, je ne renonce
» pas au mien (*) ».

Même cause, même effet, en tout temps et
par-tout. Celui qui connaîtra l'esprit du stoïcisme,
ne sera point étonné qu'une amalgame de philosophie et de théologie ait fait des disciples de
Zénon des moulins à sophisme et des bluteurs
de mots.

(*) *Voyez* à ce sujet la note de l'éditeur sur le
traité de la *Vie heureuse*, tom. V, pag. 90.

NOTE DE DIDEROT.

Lettre 46, il fait l'éloge d'un ouvrage de Lucilius.

Il dénombre, *lettre* 47, la multitude des esclaves. « C'est un consulaire subjugué par sa vieille » femme ; un riche, par sa servante ; un jeune » noble, par des filles de théâtre : cette dernière » servitude, la plus volontaire de toutes, est la » plus honteuse ».

« Tu te crois libre ; et tu baises furtivement » la main d'une jeune esclave ».

« Il n'est pas de roi, dit-il ailleurs (*), qui » ne descende d'un esclave, ni d'esclave qui ne » descende d'un roi... ». Il n'y a point de cour où l'on n'eût besoin d'un officier dont la fonction fût de se trouver tous les matins au chevet du monarque, et de lui citer cette maxime commune.

Après avoir exposé, *lettre* 48, les devoirs de l'amitié, il s'écrie de deux amis : « Ce sont deux » hommes solidaires sous le destin... ». Et après avoir traité, *lettre* 49, de la mort et de la brièveté de la vie, il tombe sans ménagement sur les puérilités de la dialectique de son école. « Au» jourd'hui, dit-il, la rapidité du temps me

---

(*) Sénèque, lettre 44.

» confond, ou parce que le terme approche, ou
» parce que je commence à calculer mes pertes.
» Eh ! laissez-là vos arguties : j'ai sur les bras
» une grande affaire ; la mort me poursuit, la
» vie m'échappe : conseillez-moi ».

» Qui construisit le premier vaisseau ? Qui donna
» les premiers jeux ? L'Aventin a-t-il toujours
» été dans l'enceinte de Rome ? Ce passage ne
» doit-il pas être restitué de cette manière ?
» N'est-ce pas ainsi qu'il faut entendre cette lé-
» gende ? Cette médaille est-elle ancienne ou
» moderne ? A quelle époque a-t-elle été frappée ?
» Voilà des recherches bien dignes d'un homme !
» Ne vaudroit-il pas mieux ne s'occuper de rien
» que de ces riens, tandis que l'art de se rendre
» heureux, qu'on étudieroit toute sa vie, seroit
» encore ignoré... » ? Cette sentence austère de
Sénèque brûle quelques milliers de volumes. Est-
elle juste ? ne l'est-elle pas ? et faudroit-il, en
effet, dédaigner toute étude, qui n'auroit pas un
rapport immédiat avec la connoissance des devoirs
et la pratique des vertus ?

§. 9. Mais pour reposer le lecteur de cet
examen continu des lettres de Sénèque, après
l'avoir instruit sans dissimulation de ce que les
détracteurs du philosophe ont bien ou mal pensé
de ses mœurs ; nous allons l'instruire, avec la

même sincérité, de ce qu'ils ont bien ou mal pensé de son style et de ses écrits. Ils ont dit :
» Que Sénèque avoit moins d'ame et de sensibilité
» que de bel-esprit ».

Le bel-esprit et la sensibilité sont deux qualités estimables et rares. Ce qu'ils objectent à Sénèque, ils auroient pu l'objecter à Fontenelle. Mais la bonne logique est une qualité que rien ne peut remplacer, et qu'on ne possède pas sans s'appercevoir qu'un homme doué, à mesure égale, de jugement et d'imagination, de véhémence et de finesse, de bel-esprit et de sentiment, est un être de raison.

« Que pour juger si Sénèque avoit de la sensi-
» bilité, ils avoient parcouru en entier la Conso-
» lation à Helvia ».

C'est qu'au-lieu de la parcourir en entier, il falloit s'arrêter sur quelques pages.

« Qu'il s'agissoit de consoler sa propre mère
» affligée de l'exil de son propre fils. Que fait Sé-
» nèque ? Il lui envoie soixante à quatre-vingt
» pages de laborieux et longs raisonnemens, pour
» lui prouver qu'il n'est pas malheureux ; et là-
» dessus, il lui cite toutes les colonies qui se sont
» formées dans le monde. La peine qu'il se donne,
» l'air d'effort qui règne dans cette consolation,

» montre par-tout une ame mal à l'aise, qui veut
» persuader qu'il est content. Toujours l'auteur
» et le sophiste, presque jamais l'homme vrai et
» le fils sensible ».

A ce jugement nous en allons opposer un autre. Sénèque écrivoit ce traité dans la force de l'âge et la vigueur de l'esprit ; il est plein de sentiment et d'éloquence : il y a mis plus d'ordre que dans aucun de ses ouvrages. Helvia, dit-il à sa mère, vous ne devez vous affliger ni sur votre fils ni sur vous. L'exil, la pauvreté, l'ignominie, le mépris, ces terreurs du vulgaire, ne sont pour moi que des fantômes vains. Si ma mère étoit ambitieuse, elle regretteroit peut-être un appui ; mon absence l'accableroit, si la force de son ame ne l'élevoit au-dessus de son sexe. Elle cherchera la consolation dans les conseils de la sagesse, et l'y trouvera. Elle n'est pas isolée : elle tournera ses regards sur mes frères et sur ses petits-fils ; elle donnera ses soins à ceux-ci, et ces soins auront de la douceur pour elle ; elle jettera ses bras autour d'une sœur qu'elle aime, qui la chérit, et dont l'exemple la soutiendra.... Sénèque termine son écrit par l'éloge de cette sœur.

De ces deux jugemens, le dernier est de Juste-Lipse. Il me paroît que celui-ci n'ignoroit pas, lui, ce qu'il convenoit de dire, non pas seulement à un fils, mais à un philosophe ; non pas seulement à un philosophe, mais à un stoïcien ; non pas seulement à une mère, mais à une femme forte.

« Que semblable à cet orgueilleux stoïcien, qui,
» tourmenté par une goutte violente, même en
» jetant des cris épouvantables, ne vouloit pas
» avouer que la goutte fût un mal, Sénèque as-
» sure que l'exil n'a rien de triste pour lui ».

Racontons le fait, tel que l'histoire nous l'a transmis. Vainqueur en Orient et en Occident, Pompée, à son retour de Syrie, se rendit à Rhodes, dans le dessein d'entendre Possidonius. En approchant du seuil de la maison que le philosophe habitoit, il défend de frapper à la porte selon l'usage ; il y fait déposer les faisceaux. Il apprend que Possidonius est malade ; cependant il ne peut se résoudre à quitter l'île, sans avoir vu et salué l'homme rare qu'il étoit venu chercher : il le voit, il le salue, et lui marque quelque regret de s'en séparer sans l'avoir entendu. Et pourquoi, lui dit Possidonius, ne m'entendriez-vous pas ? Non, la douleur du corps ne fera pas qu'un personnage tel que vous m'ait inutilement visité.... Alors il commence à parler. Il démontrait qu'il n'y a de bon et d'avantageux que ce qui est honnête, lorsque les feux ardens de la goutte interrompant son discours, il dit : *O douleur ! tu es importune*, *mais tu n'obtiendras jamais de moi l'aveu que tu sois un mal.*

Où est ce ridicule orgueil de Possidonius ? Où sont ces cris épouvantables ? En quoi le philosophe a-t-il démenti et la dignité de son caractère, et les principes de sa secte ? Qui est-ce qui accusera Pompée de s'être écarté de sa route, pour un homme indigne de cet honneur ? Eh bien ! je n'exigerai pas de Sénèque plus de fermeté dans son exil, que Possidonius n'en montra dans son entretien avec Pompée.

Le sauvage chantera dans le cadre, et le stoïcien ne dissertera pas dans la goutte !

Il faut être attaqué d'une étrange antipathie pour la vérité et pour la vertu, lorsqu'on se résout de gaîté de cœur à défigurer des faits aussi indifférens.

Un autre aristarque a dit de la Consolation à Helvia : « Cet ouvrage décèle le plus beau génie
» et développe le plus excellent caractère : c'est
» un chef-d'œuvre de sentiment et un grand
» monument de la constance philosophique. Nous
» nous transportons en Corse avec les hautes idées
» que nous avons conçues du personnage ; et c'est
» de l'admiration même que nous lui portons, que
» naît la sévérité de notre jugement..... ». Cela

est fortement pensé; mais il ne faut pas oublier que le plus grand homme est un homme. Un de beaux préceptes de la morale naturelle et évangélique, c'est de se mettre à la place de l'accusé : que le plus innocent d'entre vous lui jette la première pierre. On excède la sévérité des loix, lorsqu'on pèse les actions sans égards pour les circonstances. Mais ce Sénèque, que faisoit-il entre les rochers de Corse? Il observoit la nature; il écrivoit ses questions de physique; il composoit des poëmes; il étoit occupé des peines de sa mère; s'il ne supporta pas son exil avec la plus grande fermeté, sa Consolation à Helvia n'est qu'un beau morceau d'éloquence qu'il ne faut pas appeler un grand monument de la constance philosophique. Mais, après avoir, chemin faisant, saisi l'occasion de venger Possidonius à Rhodes, et Sénèque en Corse, revenons à notre sujet. On a dit :

§. 10. « Que Sénèque s'étoit condamné lui-
» même dans sa trente-troisième lettre, lors-
» qu'il avoit prononcé des pensées remarquables;
» qu'elles marquoient un homme sans génie ».

J'ouvre cette lettre et j'y lis : « Des pensées
» remarquables et saillantes annoncent une com-
» position inégale. Le plus grand arbre n'excitera
» aucune admiration, si tous ceux de la forêt lui
» ressemblent. Toutes les histoires; tous les poë-
» mes sont pleins de ces sortes de maximes ».

Et Sénèque accuse, en cet endroit, tous les historiens, de manquer de génie? tous les poètes, de manquer de génie.

Qui est-ce qui a plus de pensées remarquables, qui est-ce qui a plus écrit par lignes saillantes, que la Bruyère et la Rochefoucauld? Et la Rochefoucauld manque de génie?

Le génie est souvent inégal. Avec un peu de justesse et de réflexion, on n'auroit pas fait dire à Sénèque ce qu'il ne dit pas; et en méditant un peu sur la comparaison de la pensée saillante avec l'arbre qui se distingue dans la forêt, par sa hauteur, on auroit entendu ce qu'il dit.

« Que l'effet d'un ouvrage dépend infiniment de
» l'expression, et sur-tout de la disposition ».

Cela est vrai, bien qu'il y ait des ouvrages bien distribués qui fatiguent, et qu'il y en ait d'écrits avec pureté, qui ennuient; tels seroient ceux d'un harmonieux et beau discoureur, bien compassé, bien arrondi, bien cadencé, ou qui manqueroit d'idées, ou qui n'en auroit que de communes.

Sénèque a du style et de l'ordre; pour s'en convaincre, il suffiroit de suivre les énoncés des chapitres d'un de ses traités les plus étendus, celui de la *Colère*: il commence par définir la chose, peine que les anciens se donnent rarement. La plupart des autres ouvrages du philosophe sont des in-promptu faits au courant de la plume au milieu du tumulte et des intrigues de la cour, dans les intervalles dérobés aux fonctions de l'instituteur, à la pénible administration des provinces; dans l'horreur d'un exil; la nuit, assis à une table frugale, sur une grande route, des tablettes à la main; en traversant les places publiques; dans la maladie, à côté des bains: il ne compose pas, il verse sur le papier son esprit et son ame; il ne s'épuise point à donner de la cadence à sa phrase; il m'exhorte, il s'exhorte lui-même à la pratique de la vertu; il sonde le fond de son cœur, il ne se ménage pas; la censure d'un ennemi auroit moins de sévérité que la sienne; le chrétien n'examine pas sa conscience avec plus de rigueur; et nous serions assez contens de nous-mêmes, s'il nous étoit venu quelques-unes, je ne dis pas de ces pensées fortes et profondes qui arrachoient de l'admiration à Quintilien, mais de ces idées fines qu'on lui reproche.

« Qu'ils ne balancent pas à s'en tenir au sen-
» timent du Cardinal du Perron (*) et de l'abbé

(*) Au diner du roi, du Perron, grand discoureur, que Sa Majesté oyoit volontiers, fit un brave dis-

» d'Olivet, qui trouvoient plus en deux pages
» de Cicéron, qui pense beaucoup (*), qu'en
» dix pages de Sénèque, qui tourne sans cesse

---

cours contre les athéistes; et comme il y avoit un Dieu, et le prouva par plusieurs belles raisons; à quoi le roi le loua et montra avoir du plaisir. Du Perron s'oubliant, va dire au roi : « Sire, j'ai prouvé au-
» jourd'hui par bonnes raisons qu'il y avoit un Dieu;
» demain, sire, s'il plait à votre majesté donner
» audience, je prouverai par raisons aussi bonnes,
» et vous montrerai qu'il n'y a point du tout de
» Dieu.... ». Sur quoi le roi entrant en colère, chassa ledit du Perron, l'appela méchant, et lui défendit de se plus trouver devant lui.

NOTE DE DIDEROT.

(*) On lit dans la préface des *Traités de la Vieillesse* et de l'*Amitié*, de Cicéron, traduits avec grace et facilité par un de nos magistrats, homme de lettres et homme de génie : « Je me suis serré autant que
» je l'ai pu, même quelquefois aux dépens de la
» vérité scrupuleuse; cependant ne vous étonnez pas
» si vous trouvez quelques longueurs dans cet ou-
» vrage, quoiqu'il n'ait pas beaucoup d'étendue. Le
» sentiment est prolixe; et Cicéron, à travers ses
» beautés, est accusé de l'être dans tous ses ouvra-
» ges... ». Voilà donc un traducteur qui reconnoît le défaut de son original. Cette franchise n'est pas commune. Lorsqu'on a quitté les écoles, Cicéron est un des auteurs latins qu'on loue le plus et qu'on relit le moins. Il faut à l'homme fait une pâture plus solide.

NOTE DE DIDEROT.

» autour de la même pensée, revenant sans cesse
» sur ses pas ».

On a répondu qu'il étoit question d'un ancien philosophe, et qu'ils citoient un grammairien du dix-huitième siècle, et un théologien courtisan du seizième ; c'est-à-dire, un homme à qui la morale austère de Sénèque étoit odieuse, et un érudit à qui elle étoit étrangère.

Sénèque revient quelquefois sur la même pensée ; mais la richesse de son expression y répand toujours une nuance délicate que nous sentons et qui la diversifie ; c'est ainsi qu'à chaque ligne il fait le charme de l'homme de goût et le tourment du traducteur. Avec un peu d'équité, on avoueroit qu'une de ses pensées substantielles, soufflée au chalumeau de l'orateur ou du moraliste nombreux, rempliroit quatre longues pages de son style harmonieux et diffus : on ne lit jamais l'un sans être tenté de l'étendre ; l'autre sans être tenté de le resserrer.

§. 11. « Que Sénèque n'est qu'un rhéteur ».

N'est-ce pas être trop sévère que d'envelopper sous cette injurieuse dénomination l'auteur des *Questions naturelles*, des sublimes traités des *Bienfaits* et de la *Colère*, de tant de lettres pleines d'idées fines, de pensées délicates, et au jugement même de Quintilien, de morceaux admirables ? Pour prononcer avec cette suffisance, ne faudroit-il pas y être autorisé par quelques preuves de son savoir-faire en éloquence et en philosophie ? Et quand on égaleroit Fénélon dans la prose, Racine ou Voltaire dans la poésie, seroit-on dispensé de garder un ton modéré, à-moins qu'il ne fût question de défendre l'innocence calomniée ? Alors je permets le ton véhément, non parce que je le prends, mais parce que je l'approuve.

« Je ne dirai rien à ces aristarques-là de leur
» rhétorique sur le mot de rhéteur ; j'ignore quels
» sont leurs talens pour juger des mots, leurs
» titres pour juger des choses, leurs droits pour
» juger des personnes, s'ils se connoissent en style
» et en génie ; mais je crois qu'il seroit encore plus
» facile de se faire couper les veines, que de
» rassembler dans un ouvrage toute la morale et
» tout l'esprit qu'on trouve dans celui de Sénèque.
» Son apologiste mérite d'être applaudi, ne fût-ce
» que pour avoir osé le défendre contre cette po-
» pulace de pédans et d'écoliers mal appris. Ce
» public, fauteur imbécille de leur malignité,
» je le compare à Philippe II, qui avoit promis
» la noblesse à celui qui assassineroit le prince
» d'Orange, ou aux triumvirs qui élevoient aux
» premières places ceux qui leur apportoient les
» têtes des citoyens les plus distingués ».

Telle est l'opinion sur Sénèque et sur ses détracteurs, d'un auteur dont les ouvrages pleins de sentiment, de vérité, d'élégance et de noblesse, ont été traduits dans toutes les langues, et dureront plus qu'elles.

§. 12. « Que Sénèque a le défaut capital d'af-
» foiblir presque toujours l'importance du sujet
» qu'il traite par la subtilité de ses idées ».

N'est-il pas singulier qu'entre tant de critiques, tous d'accord sur ce reproche, aucun ne se soit avisé de l'appuyer de quelques citations ? Au-reste, c'est un de ceux qu'on a fait à notre sublime Corneille, au profond chancellier Bacon ; et qui, bien interprété, signifie qu'ils ont été en-même-temps de beaux esprits et de grands génies. Ces pensées fines qui déparent un peu leurs écrits, semblables à l'humble violette qui dans la forêt croît au pied des grands arbres, embelliroient souvent les nôtres. Nous sommes aussi incapables de tomber dans leurs défauts, que d'atteindre à leurs beautés. Il faut convenir qu'en effet il seroit bien fâcheux que du même traité qui fourniroit au physicien un grand moyen d'interroger la nature, le fabuliste pût encore emprunter le sujet d'un apologue charmant ; et que le sublime moraliste, en nous entretenant des lois, les eût comparées aux buissons qui présentent aux troupeaux un abri, mais un abri sous lequel ils ne peuvent entrer, et d'où ils ne peuvent sortir sans y laisser de leur toison.

« Qu'un philosophe n'a pas le droit d'être un » mauvais écrivain ».

J'en conviens ; mais on m'avouera que son style ne sera pas celui de l'orateur : il s'occupera plus de la chose que de l'expression, de la clarté que de l'élégance, de la précision que du nombre. Ce n'est pas à l'oreille, c'est à la raison qu'il s'adresse ; et si telle forme du discours lui paroît porter dans les esprits avec plus de force la lumière et la conviction, fût-elle moins harmonieuse, il ne balancera pas à la préférer.

Le philosophe n'a pas le droit d'être un mauvais écrivain ; mais je crois qu'il a bien celui de hausser les épaules, lorsque des enfans qui en sont à-peine à l'alphabeth d'une langue morte, prononcent sur la pureté de style d'un auteur qui apprenoit à la parler de son père, de sa mère, de ses concitoyens, à Rome, sous le règne d'Auguste.

Ainsi que nos écrivains modernes les plus châtiés et les plus purs ont des expressions qui sont de leurs siècles, Sénèque en a qui sont du sien ; mais si, à l'ouverture de la page, on présentoit son ouvrage à nos aristarques, et qu'on les défiât d'y marquer une ligne, un mot de mauvaise latinité, je crois que le plus habile d'entre eux seroit fort embarrassé.

Un érudit, qui en savoit à lui seul plus que mille d'entre nous réunis, disoit de notre auteur : « Il écrit *tanquam* pour *velut* ou pour *uti* ; » *œquequam* pour *œque atque* ; *cum maximè* » pour *quam maximè* ; *adversus* pour *ergà* ; » *sed* pour *sed et* ; il use fréquemment du pro- » nom réciproque *sui, sibi, se*. Je le remarque, » mais je ne l'en blâme pas... ». Et voilà les importantes différences qui distinguoient non le style, mais la langue de Sénèque de la langue de Cicéron, au jugement d'Erasme.

§. 13. « Que Sénèque fut le corrupteur du goût » romain ».

Comme Voltaire a été le corrupteur du goût français : car nos aristarques ont avancé l'un et l'autre.

Cependant il me sembloit avoir ouï dire de tous côtés, à la mort de ce grand homme, que la littérature venoit de perdre son appui ; le bon goût, son défenseur ; les tyrans qui vexent le monde, et les menteurs qui le trompent, leur plus redoutable fléau. Malgré l'imposante réclamation de ses ennemis, pour cette fois, sans tirer à conséquence, je serai de l'avis de la multitude.

« Qu'il y a de grands rapports entre Sénèque
» et Voltaire ».

Tant mieux pour l'un et pour l'autre ; et je
ne crois pas qu'on fît un mauvais compliment au
plus fameux de nos aristarques, si on lui disoit
qu'il y a de grands rapports entre Voltaire, Sénèque et lui. En attendant, il pourroit, ce me
semble, se dispenser d'aller au-devant de cette
cruelle injure.

§. 14. « Le désir de briller qui domine dans
» les ouvrages de Sénèque, caractérise plutôt
» le rhéteur que le philosophe ».

Penser fortement ; s'exprimer d'une manière
claire, laconique et précise ; raisonner par-tout
conséquemment aux mêmes principes ; montrer
constamment le même amour du vrai, le même
goût du bon, du beau, du décent, de l'honnête,
cela est d'un philosophe et de Sénèque, et non
d'un rhéteur pour qui il n'y a ni vérité qu'il ne
puisse obscurcir, ni mensonge qu'il ne puisse
colorer. *Voyez* la note *, page. 394.

Sénèque parle d'après la chaleur de son ame
et l'élévation de son caractère. S'il étincelle, c'est
comme le diamant, ou les astres dont la nature
est d'étinceler. Le reprendre d'une affection de
briller, c'est reprocher à l'hirondelle la légèreté

de son vol; il a le ton du bel esprit, comme un autre a le ton de la suffisance, sans s'en douter.

§. 15. « Sénèque n'a donc point de défauts » ?

Il en a, et je crois lui en avoir remarqué. Ne se laisse-t-il jamais emporter au-delà des limites de l'exactitude par sa manière forte et vive de sentir ? C'est un reproche que je lui ai fait. Puisque je l'ai souvent contredit, j'ai donc pensé qu'il s'étoit trompé. S'est-il en effet trompé ? C'est, me disoit un ami, ce qu'une seconde lecture m'apprendra.

Pour moi, je ne doute pas qu'on ne fît une excellente apologie de Sénèque contre son apologiste; et j'aurois certainement grand plaisir à la lire : car je désire aussi sincèrement d'avoir tort quand je l'attaque, que d'avoir raison quand je le défends.

Un littérateur moderne qui s'est signalé dans presque tous les genres, dit : « Le génie de Séné- » que est d'une tremble singulièrement fine et » délicate; il vise à la sublilité; et son style est » d'un homme qui ne veut rien dire de commun » ni d'une façon commune; mais son expression » ne laisse pas d'être souvent sublime avec sim- » plicité, et énergique sans effort ».

C'est le même qui ajoute, « que si l'on trouve » l'apologiste de Sénèque trop indulgent sur la

» conduite du philosophe à la cour de Néron,
» du-moins on ne peut pas être plus sévère en
» jugeant ses ouvrages ».

Et j'ajouterai que si Sénèque vivoit, il seroit
bien plus fâché d'avoir fait un mauvais raisonnement qu'une mauvaise phrase.

§. 16. Mon éditeur m'a envoyé les passages
suivans, dont l'auteur ou les auteurs lui sont apparemment connus.

« Sénèque pétrit les ames; il y plante des mœurs;
» il en chasse les terreurs, il y éteint l'amour
» du luxe et le goût du faste. Ces grands effets
» exigent un style plein de chaleur et de force,
» tel que le sien. Si vous le comparez à Cicéron,
» ici, c'est un étang, là, c'est un fleuve rapide....
» *Animos et mores format; excitat à formi-*
» *dine; à luxu et fastu reprimit: Hæc omnia*
» *fortiter et calidè agenda sunt, et oratio talis*
» *habenda; an non fecit? Ciceronem in eo ge-*
» *nere confer: stagnum dices, hunc flumen*
» *rapidum.*

« Le mouvement et la véhémence sont deux
» qualités qui lui sont communes avec Démos-
» thène.... δεινότη *quæ mirabilem illum fecit ora-*
» *torem, cum illo certè ei communis est.*

« Je ne l'entends point accuser de sécheresse
» et d'aridité sans éclater de rire.... *Ut ridere*
» *meritò sit illos qui siccum et aridum nobis*
» *dicunt.*

» Sénèque, je dirai hardiment de toi, qu'aucun
» des philosophes des siècles passés ne t'égala ;
» qu'aucun des siècles suivans ne te surpassera
» dans la philosophie morale. Reçois une palme
» que tous les efforts de tes détracteurs ne t'en-
» lèveront non plus qu'on arracheroit à Hercule
» sa massue.... *Itaque audacter pro te, Seneca,*
» *ferimus, in philosophi dei præsertim morali*
» *parte vicisti qui fuerunt, qui erunt. Accipe*
» *palmam non magis quam Herculi clavam,*
» *omnes omnia faciant, extorquendam* ».

Je rougis presque de défendre par des autorités la cause d'un philosophe. En effet, que si-
gnifient-elles ? Que tel savant personnage a pensé
de cette manière ; comme si l'homme le plus savant
n'étoit pas sujet à l'erreur.

§. 17. « Qu'on a cité un long passage de Mon-
» taigne qui ne fait pas grand cas de Cicéron
» et qui estime beaucoup Sénèque ; et que, malgré
» ce témoignage, on préféra la manière de Cicéron
» à celle de Sénèque, même dans les traités phi-
» losophiques ».

Si nous avons eu la témérité de préférer la

manière du philosophe à celle de l'orateur, c'est du-moins avec l'auteur des *Essais*, c'est avec Jean-Jacques, qui nous rappelle Sénèque en cent endroits, et qui ne doit pas une ligne à Cicéron. » Ce n'est pas à Montaigne, comme homme de
» goût, bien qu'il n'en manque pas, mais comme
» bon juge en philosophie morale que votre édi-
» teur en appelle. Il y a long-temps que je pensois,
» avec l'auteur des *Essais*, que Cicéron est un
» grand musicien ; mais qui prélude trop long-
» temps avant que de jouer sa pièce, et qui me
» semble, en la jouant, trop soucieux d'être écouté.
» Je ne le lis guère, parce qu'il m'offre sans cesse
» un artiste épris de son talent, qui, la baguette
» à la main, me marque l'excellence de sa com-
» position, que j'aimerois autant admirer ailleurs
» que sur son chevalet. J'appuierai mon sentiment
» du témoignage d'un auteur grave que je ne serois
» pas trop fâché d'exposer à la légèreté de vos
» critiques ; et c'est la raison pour laquelle je
» ne le nommerai pas ».

Les lignes qui précèdent et celles qui suivent, m'ont été adressées sans doute par un amateur de Sénèque ; j'ai transcrit les premières sans vanité, parce qu'elles étoient à la louange d'un autre, et sans indiscrétion, parce qu'il n'y a rien que d'honnête.

Ego Marcum Tullium magni semper feci ;

sed si hodie viveret, stylum immutaret. Seneca, qui eum ingenio et judicio longissimè superavit, usus est dicendi genere auribus sui temporis accommodato, nec de imitatione Tullianâ unquam cogitavit, jactatæ puritati arenam suam sine calce præferens.... Certè mirari satis non possum eorum ingenia qui, quidquid alium spirat, inflatum et tumidum appellant.... « J'ai
» toujours fait grand cas de Cicéron; mais s'il
» vivoit aujourd'hui, je crois qu'il changeroit son
» style. Sénèque, qui l'a surpassé de fort loin
» en esprit et en jugement, s'est fait un genre
» d'éloquence analogue aux oreilles de son temps,
» il ne se proposa point de marcher sur les traces
» de Cicéron, préférant à une élégance si vantée
» son gravier sans ciment.... Une chose qui
» m'étonne toujours, c'est le tour de tête de ces
» gens qui taxent d'exagération et d'enflure tout
» ce qui porte un certain caractère de grandeur.

« Que si Montaigne a dit qu'il ne trouvoit que
» du vent dans Cicéron, c'est une gasconnade
» ridicule du philosophe de la Garonne ».

Une gasconnade ridicule! Il me semble qu'on auroit pu s'exprimer plus décemment sur un aussi grand penseur, sur un aussi grand écrivain, sur un orateur original qui a passé pour le bréviaire des honnêtes gens, qui n'est pas encore tombé de leurs mains, et qui pourroit bien y rester à jamais. Jusqu'à ce que la suffisance soit devenue la mesure du mérite, il faudroit se garder d'en prendre le ton.

On oppose ici le jugement de Bayle à celui de Montaigne.... Eh bien ! ce sont deux grandes autorités entre lesquelles il s'agit de se décider. Lorsque Bayle a dit de l'orateur romain qu'il renfermoit dans une période de six lignes ce que Sénèque mettoit dans six périodes qui tiennent chacune huit à neuf lignes, il a oublié qu'aucun écrivain n'est plus concis, plus coupé, plus serré que notre philosophe. Un savant qui n'étoit pas inférieur à Bayle en érudition littéraire, et qui certes, l'emportoit sur lui dans la connoissance des langues anciennes, me semble avoir mieux caractérisé le style de Sénèque, lorsqu'il a dit de cet auteur qu'il avoit de l'abondance avec brièveté, *abundantiam in brevitate*, et de la véhémence avec facilité.

« Que Montaigne est suspect ».

Et pourquoi ? Montaigne, qui parloit la langue des anciens comme la sienne, et dont les citations sans nombre montrent combien la lecture lui en étoit familière, s'entendoit en style et en bonne logique.

« Qu'on n'a jamais cité Montaigne en fait de
» goût ».

Montaigne est riche en expressions ; il est énergique ; il est philosophe ; il est grand peintre et grand coloriste. Il déploye en cent endroits tout ce que l'éloquence a de force ; il est tout ce qu'il lui plait d'être. Il a tout le goût que l'on pouvoit avoir de son temps, et qui convenoit à son sujet. C'est lui qui a dit de la mort : « Je me
» plonge stupidement et tête baissée dans cette
» profondeur muette qui m'engloutit et m'étouffe
» en un moment, plein d'insipidité et d'indolence.
» La mort, qui n'est qu'un quart-d'heure de pas-
» sion sans conséquence et sans nuisance, ne
» mérite pas des préceptes particuliers ». Cela n'est pas trop religieux, mais cela est beau. Il y a dans son inimitable ouvrage mille endroits de la même force.

Il faut y lire le morceau sur sa manière de lutter contre les anciens.

Parmi le grand nombre de jugemens divers qu'il prononce au chapitre des livres, il n'y en a pas un où l'on ne reconnoisse un tacte sûr et délicat.

Ne dédaignons ni son analyse de quelques beaux vers de Lucrèce, ni ce qu'il ajoute sur la véritable éloquence et sur les langues.

§. 18. Un critique aura bien du goût lorsqu'il sentira celui de Montaigne ; il est condamné à n'en point avoir, si la richesse, la chaleur et la vie du passage suivant lui échappent. = « Mais » les lettres de Sénèque » ?... = J'y reviendrai quand je pourrai. Par-tout où je me trouve bien, j'y reste, et ce que je dirois ne vaudra pas ce que Montaigne va dire.

« J'ai vu la naissance de plusieurs miracles de
» mon temps (et moi aussi). Encore qu'ils s'é-
» touffent en naissant, nous ne laissons pas de
» prévoir le train qu'ils eussent pris, s'ils eussent
» vécu leur âge : car il n'est que de trouver le
» bout du fil ; on en devide tant qu'on veut ; et
» y a plus loin de rien à la plus petite chose du
» monde, qu'il n'y a de celle-là à la plus grande.
» Or, les premiers qui sont abreuvés de ce com-
» mencement d'étrangeté, venant à semer leur
» histoire, sentent, par les oppositions qu'on leur
» fait, où loge la difficulté de la persuasion, et
» vont calfeutrant cet endroit de quelque pièce
» fausse. Outre ce que, *par une fureur indus-*
» *trieuse et naturelle de nourrir les rumeurs,*
» nous faisons naturellement conscience de rendre
» ce qu'on nous a prêté, sans quelque usure et
» accession de notre cru. L'erreur particulière fait
» premièrement l'erreur publique ; et, à son tour
» après, l'erreur publique fait l'erreur particulière ;

» ainsi va tout ce bastiment s'estoffant et formant,
» de main en main, de manière que le plus eslon-
» gné témoin en est plus instruict que le plus
» voisin; et le dernier informé, mieux persuadé
» que le premier. C'est un progrès naturel. Car
» quiconque croit quelque chose, estime que c'est
» ouvrage de charité de la persuader à un autre ;
» et pour ce faire, ne craint point d'ajouter de
» son invention autant qu'il voit être nécessaire
» en son compte, pour suppléer à la résistance
» et au défaut qu'il pense être en la conception
» d'autrui. Moi-même, qui fais singulière cons-
» cience de mentir, et qui ne me soucie guère
» de donner créance et autorité à ce que je dis,
» m'apperçois toutefois aux propos que j'ai en
» main, qu'étant échauffé ou par la résistance d'un
» autre ou par la propre chaleur de ma narra-
» tion, je grossis et enfle mon sujet par voix,
» mouvemens, vigueur et force de paroles; et
» encore par extension et amplification, non sans
» intérêt de la vérité naïve ; mais je le fais en
» condition pourtant qu'au premier qui me ramène
» et qui me demande la vérité nuë et crue, je
» quitte soudain mon effort, et la lui donne sans
» exagération, sans emphase et remplissage. La
» parole vive et bruyante, comme est la mienne
» ordinaire, s'emporte volontiers à l'hyperbole.
» Il n'est rien à quoi communément les hommes
» soient plus tendus qu'à donner voye à leurs

» opinions. Où le moyen ordinaire nous faut,
» nous y adjoutons le commandement, la force,
» le fer et le feu. Il y a du malheur d'en être
» là, que la meilleure touche de la vérité ce soit
» la multitude des croyans, en une presse où les
» fols surpassent de tant les sages en nombre ».

Je donnerois volontiers la meilleure de mes pages pour celle-là. = Fort bien, me dira-t-on; mais l'on vous a déjà accusé d'avoir écrit en faveur du suicide et contre la providence; ne craignez-vous pas qu'on vous reproche ici de prêcher l'incrédulité ? = Il faut s'attendre à tout, et aller toujours son chemin.

§. 19. Je vais passer rapidement sur les *lettres* qui suivent; on formeroit un volume de ce qu'elles offrent de remarquable.

L'éloge de Lucilius; la description des bains de Baies; les différentes classes de sages; que peu d'hommes connoissent leurs défauts; les infirmités auxquelles notre philosophe étoit sujet; la maison de Vatia, à l'entrée de laquelle on auroit pu graver, comme au fronton de la plupart de nos palais : *Ci gît le bonheur* ; son séjour à Baies; la possibilité de méditer, d'étudier, d'écrire au milieu du tumulte; du premier mouvement dans la passion; de la division des êtres, selon Platon; de la disette de la langue latine; de la différence de la joie et de la volupté ; de l'objet méprisable des vœux et des prières du vulgaire ; de la soumission du sage à la nécessité : « La néces- » sité n'est que pour le rebelle ; le sage n'obéit » point au destin ; ils veulent tous deux » ; voilà ce qui remplit l'espace de la 49.ᵉ *lettre* à la 62ᵉ, où notre philosophe se reproche d'avoir pleuré sans mesure la perte de son ami Sérénus, et nous dit : « Vous avez inhumé votre ami ; eh bien ! » cherchez quelqu'un à aimer » ; comme si ce quelqu'un-là se trouvoit en un moment. Il ajoute : » La douleur est de tous les tableaux celui dont » le spectateur se lasse le plus promptement : » récente, elle intéresse ; vieille, elle est fausse » ou insensée ; l'on s'en moque, et l'on fait bien ». Cela est-il vrai ? Il m'a semblé qu'on l'admiroit, qu'on la louoit, et qu'on la fuyoit.

Quoi ! l'on se moque d'un époux, d'un amant, d'un fils, inconsolable de la mort de sa femme, de sa maîtresse, de son père, de son ami ! Il n'en est rien ; et pour répondre à Sénèque dans sa manière, je lui dirai : « Nous sommes touchés » de tout ce qui nous promet des regrets éternels. » Nous voulons nous survivre à nous-mêmes dans » le cœur de ceux que nous laissons après nous. » Le tribut que la tendresse décerne à la cendre » des autres, nous est garant de celui que les per- » sonnes que nous chérissons et qui nous ché-

» rissent rendront à la nôtre; et comme nous
» nous sommes flattés que, si nous venions à les
» perdre, nous ne les oublierions jamais, nous les
» accuserions volontiers d'ingratitude s'il nous ve-
» noit en pensée qu'un jour nous en serions oubliés.
» L'expérience journalière ne nous détrompe point
» d'une aussi douce illusion : notre vanité nous
» excepte d'une loi générale; et nous ajoutons
» foi à cette espèce d'engagement des vivans avec
» les morts, comme des femmes si souvent trom-
» pées croient encore aux sermens d'un dernier
» amant. Si on laisse l'homme qui pleure seul
» avec sa douleur, tant mieux; c'est la meilleure
» compagnie qu'il puisse avoir : pour celui qui
» a les regards attachés sur l'urne de sa femme
» ou de sa fille, est-il rien de plus importun
» que la présence de celui qui rit »?

§. 20. Sénèque prétend, *lettre 50*, que le
» vice est dans l'ame une plante étrangère; que
» la vertu s'y trouve dans son terrain, et qu'elle
» s'y enracine de plus en plus, parce qu'elle est
» dans l'ordre de la nature, dont le vice est l'en-
» nemi... ». Cela est-il bien vrai? Pourquoi donc
tant de vicieux, et si peu de vertueux au milieu
de tant de prédicateurs de vertu? Pourquoi tant
de besoin, et si peu de succès de l'éducation
dans la jeunesse? tant de conseils, et si peu de
fruit dans l'adolescence et dans l'âge viril? tant

de fous dans la vieillesse ? tant d'indocilité dans l'esprit, au milieu de la ruine des sens ? La passion parle toujours la première ; et la raison se tait, ou ne parle que tard et à voix basse. Sénèque ne se contredit-il pas, lorsqu'il reproche à Apicius d'inviter à la débauche une jeunesse portée au mal, même sans exemple ?

A l'en croire, « les bois tortus peuvent être » redressés, les poutres courbées s'amollissent » à la chaleur humide : pourquoi donc, ajoute- » t-il, l'ame même endurcie dans le vice ne se » corrigeroit-elle pas ?.. ». Je parlerois contre l'expérience, si je niois la possibilité de ce prodige ; mais, mon respectable philosophe, les raisons que vous empruntez de la flexibilité et de la mollesse de la substance spirituelle sont bien frivoles. N'êtes-vous pas en contradiction avec vous-même, lorsque vous assurez ailleurs que la vertu une fois acquise l'est pour toujours ; que la vertu ne se désapprend pas ? Hélas ! c'est alors qu'on seroit tenté de convenir avec vous que la substance spirituelle est bien flexible, bien molle ; mais si elle est telle pour revenir du mal au bien, telle elle doit être aussi pour retourner du bien au mal.

Il raconte au même endroit une petite anecdote domestique. Il garda la folle de sa femme, comme une des charges de sa succession. « J'ai

» peu de goût, dit-il, pour ces espèces de
» monstres ; et si j'avois à m'amuser d'un fou,
» je ne l'irois pas chercher hors de moi. Elle a
» perdu subitement la vue ; mais une chose in-
» croyable et vraie, c'est qu'elle ignore qu'elle
» est aveugle, et ne cesse de prier son conduc-
» teur de la déloger d'une maison où l'on ne voit
» goutte. Nous rions d'elle, et nous lui ressem-
» blons ».

Lettre 52e. « Le moraliste devroit rougir de
» honte, si l'on oublie la vertu dont il parle,
» pour remarquer son éloquence »..... En général,
quelle que soit la cause que vous plaidiez, qu'on
ne vous trouve éloquent, que quand vous vous
serez tû ; c'est à la force et à la durée des im-
pressions que vous aurez faites, à remener, de
réflexion, sur votre talent.

Sénèque étoit si foible, si glacé, qu'il nous dit,
lettre 57, qu'il passoit presque l'hiver entier entre
des couvertures.

On voit, *lettre* 85, que la langue latine s'étoit
appauvrie, comme la nôtre, en se polissant ; effet
de l'ignorance et d'une fausse délicatesse : de l'ignorance, qui laisse tomber en désuétude des mots
utiles ; d'une fausse délicatesse, qui proscrit ceux
qui blessent l'oreille ou gênent la prononciation.

Alors, des expressions d'Ennius et d'Attius étoient surannées, comme plusieurs de Rabelais, de Montaigne, de Malherbe et de Regnier le sont aujourd'hui. Au temps de Sénèque, Virgile commençoit à vieillir. De toutes les machines, il n'y en a aucune qui travaille autant que la langue, aucune d'aussi orgueilleuse et d'aussi passive que l'oreille; et l'une et l'autre tendent à se délivrer d'un malaise léger, mais continu.

Il dit sur la vieillesse, « qu'il est doux de rester
» long-temps avec soi, quand on est devenu
» soi-même un spectacle consolant pour soi;
» cependant qu'il y a plus d'inconvéniens à at-
» tendre les infirmités et à vivre trop long-temps
» qu'à mourir trop tôt; et qu'on n'est pas loin
» de la peur de finir, quand on laisse arriver
» le destin, sans oser faire un pas au-devant de
» lui... ». Et j'ajouterai : A quoi bon rester, quand on n'est plus propre qu'à corrompre le bonheur, à troubler les devoirs et à empoisonner les jours de ceux que la reconnoissance et la tendresse attachent à notre côté ? N'attendons pas qu'ils nous donnent congé ; nous avons vécu, permettons-leur de vivre. Et ne craignons pas que ce conseil soit funeste aux vieillards : ils ont tous la peur de mourir ; la vie n'est vraiment dédaignée que par ceux qui peuvent se la promettre longue; ils ne la connoissent pas ; comment y attache-

roient-ils de l'importance ou du mépris ? Ils vivent comme ils font tout le reste, sans y réfléchir.

§. 21. Sénèque dit, *lettre* 60 : « L'enfant croît » au milieu de la malédiction de ses parens »; et si l'on se rappelle les actions dont il est témoin, les propos qu'il entend dans le foyer paternel, on ne trouvera pas l'expression exagérée.

Lettre 63 : « De toutes ces femmes tendres » qu'on a eu tant de peine à retirer du bûcher, » à séparer du cadavre de leurs époux, citez-» m'en une qui ait eu des larmes pour un mois ».

Le jour de la mort d'un époux est un jour d'hypocrisie solemnelle.

Elle trahissoit hier celui qu'elle pleure aujourd'hui.

Le deuil a fermé la porte aux amis, mais non pas à l'amant.

Le cadavre de l'époux est sous le vestibule, et l'adultère dans son lit.

Le consolateur n'est qu'un importun, qui vient rappeler l'humidité dans des yeux secs.

Lettre 64, où il traite de la vénération pour les anciens philosophes : « Tous, dit-il, ne sont » pas dignes d'applaudir au philosophe ». Quelle douceur trouveroit-il à l'éloge de celui dont le blâme ne le touche pas ? On n'ambitionne la louange que de celui dont on craindroit le reproche. « Fabianus parloit en public ; mais on » l'écoutoit avec décence ; quelquefois il s'élevoit » un cri d'admiration, mais arraché, mais produit » par la grandeur des idées ».

« Sachons mettre de la différence entre les » applaudissemens de l'école et ceux du théâtre ». Et pourquoi ? Ils sont accordés les uns et les autres à la vertu et au talent.... « Gardez toutes ces » démonstrations bruyantes pour les arts qui captent » les suffrages ; la vertu ne veut que des » respects... ». Je crains que ces distinctions ne soient plus subtiles que solides. Au théâtre le spectateur, dans l'école le disciple ne rompent le silence, que parce qu'ils ne peuvent plus le garder. L'enthousiasme est le même ; et ce n'est pas à l'homme, c'est à la chose grande, honnête, que le premier applaudissement est adressé... « Le philosophe a beaucoup perdu à s'être trop » familiarisé... ». Je n'en crois rien... « Il lui faudroit un sanctuaire au-lieu d'une place... ». L'endroit où il s'explique dignement est toujours un sanctuaire... « Il faut à la philosophie des » prêtres, et non des courtiers... ». Je ne lui veux ni les uns ni les autres.

Il expose, *lettre* 65, les opinions de Platon,

d'Aristote et des Stoïciens, sur le monde : on voit (*) ici que le système de l'optimisme n'est pas d'hier; et que celui des indiscernables fut connu dès le temps du proverbe, qu'on ne se baigne pas deux fois dans le même fleuve, et que l'homme et le fleuve ont changé.

La *Lettre* 66, sur l'égalité des biens et des maux, n'est qu'un tissu de sophismes.

Il traite, *lettre* 67, du bon; et *lettre* 68, du repos du sage, qu'il arrache de ce recoin du globe, pour le lancer dans les plaines de l'immensité. Je consens qu'il y fasse un tour; mais je ne veux pas qu'il y séjourne: s'expatrier ainsi, ce seroit n'être ni parent, ni ami, ni citoyen...
« Le stoïcien voit du haut des cieux combien c'est
» un siége bas qu'un tribunal, une chaise curule...».
De dessus une chaise curule, un tribunal, on voit combien c'est un rôle insensé que de se perdre dans les nues : vues monastiques et anti-sociales. J'aime mieux ce qui suit.

« C'est une puérilité que de se retirer de la foule,
» pour l'appeler: c'est appeler la foule que de faire

_____

(*) « Dieu, dit Sénèque, a fait le monde le meilleur possible...... ». *Voyez* la note de l'éditeur sur ce passage, Œuvres de Sénèque, tom. I, pag. 245, note première.
  NOTE DE DIDEROT.

» de sa retraite la nouvelle publique ». C'est une sotte vanité, que de s'affliger ou de s'offenser quand elle ne vient pas : c'est ajouter à l'éclat, que de la repousser quand elle vient. Et qu'importe qu'on parle ou qu'on se taise de vous, pourvu que vous vous retiriez à temps ? Le malade craint-il ou souhaite-il qu'on dise qu'il s'est mis au lit ?

« Attaquer ses vices quand on est vieux, c'est
» lutter contre un ennemi victorieux lorsqu'on n'a
» plus ni force ni courage. A-peine un siècle
» suffiroit-il pour discipliner nos passions accou-
» tumées à une longue licence ».

§. 22. Ici Sénèque ne permet au sage de se mêler de l'administration publique ni dans toutes les contrées, ni en tout temps, ni pour toujours.

Il me semble que je l'entends s'adresser en ces termes au candidat qui le consulte : Vous présumez trop de votre amour pour le bien ; votre santé délicate ne suffira pas à la fatigue de votre place ; vous êtes d'un caractère trop foible ou trop rapide ; colère et caustique, vous ne sympatiserez pas avec les habitans de la cour. Vous allez vous précipiter dans un chaos d'affaires d'où, ni votre zèle, ni vos talens supérieurs ne vous tireront pas. Vous serez desservi par ceux même qui vous appellent à l'administration ; vos subalternes vous trahiront ; vos proneurs vous feront des ennemis ; vos enthousiastes vous nuiront ; vous serez mal-honnêtement attaqué, peut-être trop vivement défendu; vos projets les plus sages seront ou rejetés par l'envie, ou croisés par l'intérêt personnel ou par la haine ; il viendra un moment où vous ne sauriez ni comment rester, ni comment sortir. Préférez le repos, vivez avec vous-même et avec vos livres : dans les temps de peste, on se renferme.

L'homme d'état qui craint de perdre sa place n'osera jamais de grandes choses ; son oreille, toujours ouverte aux sollicitations des hommes puissans, est toujours fermée aux plaintes du peuple. Il faut qu'il sache attendre sa disgrace sans pâlir, l'apprendre sans murmurer ; il faut qu'il dise : « Mon maître avoit un bon serviteur; » il n'en veut plus, tant pis pour lui : il seroit » bien singulier que Ménès pût se passer de » Diogène, et que Diogène ne pût se passer de » Ménès ». Il est des circonstances où les hommes revêtus des premières places ne sont pas élevés; ils sont en l'air.

La *lettre* 69 est de l'inconvénient des fréquens voyages.

§. 23. La *lettre* 72 est du suicide.

Voici les causes principales du suicide. Si les opérations du gouvernement précipitent dans une misère subite un grand nombre de sujets, attendez-vous à des suicides. On se défera fréquemment de la vie, par-tout où l'abus des jouissances conduit à l'ennui; par-tout où le luxe et les mauvaises mœurs nationales rendent le travail plus effrayant que la mort; par-tout où des superstitions lugubres et un climat triste concourront à produire et à entretenir la mélancolie; par-tout où des opinions moitié, philosophiques, moitié théologiques, inspireront un égal mépris de la vie et de la mort.

Les stoïciens pensoient que, la notion générale de bienfaiteur ne nous faisant point un devoir de garder un présent que nous n'avons pas sollicité et qui nous gêne, soit que la vie fût un bien ou fût un mal, la doctrine du suicide n'étoit nullement incompatible avec l'existence des dieux. Ils alloient plus loin : le suicide, que la loi civile et la loi religieuse proscrivent également, est un des points fondamentaux de la secte; selon cette école, « le » sage ne vit qu'autant qu'il doit, non autant » qu'il le pourroit : le bonheur n'est pas de vi- » vre; mais le devoir, mais le bonheur est de » bien vivre (*) ».

(*) Lettre 7e, tom. I, pag. 350.

Les opinions tombent ou se propagent selon les circonstances : et quelles circonstances plus favorables à la doctrine du suicide, que celles où un geste, un mot, une médisance, une calomnie, le ressentiment d'une femme, la haine d'un affranchi, une grande fortune, la délation d'un esclave mécontent ou corrompu, la jalousie, la cupidité, l'ombrage d'un tyran, vous envoyoient au supplice dans le moment le plus inattendu ? C'est alors qu'il faut dire aux hommes (1) : « Mourir plus-tôt ou plus-tard, n'est rien ; bien » ou mal mourir, voilà la chose importante ; » bien mourir, c'est se soustraire au danger de » vivre mal. La fortune peut tout sur celui qui » vit encore ; rien, contre celui qui sait mourir... » Le centurion va venir... ». Eh bien ! il faut l'attendre. Pourquoi se charger de sa fonction, et épargner l'odieux de ta mort au tyran qui t'envoie ?... « Mais que j'attende ou n'attende » pas, le vieux centurion des dieux, le temps, » est toujours en marche (2).... La sagesse éter- » nelle n'a ouvert qu'une porte pour entrer dans » la vie, et en a ouvert mille pour en sortir. » On n'est pas en droit de se plaindre de la » vie : elle ne retient personne. Vous vous en » trouvez bien ? vivez ; mal ? mourez. Les moyens

---

(1) *Id. ibid.* pag. 351 et 352.
(2) Lettre 7ᵉ, tom. I, pag. 354 et 355.

» de mourir ne manquent qu'à celui qui manque
» de courage. Si c'est une foiblesse de mourir
» parce qu'on souffre, c'est une folie de vivre
» pour souffrir. Mourir, c'est quitter un jeu de
» hasard où il y a plus à perdre qu'à gagner.
» Pourquoi craignons-nous de mourir (1)? C'est
» que nous sommes d'anciens locataires que l'ha-
» bitude a familiarisés avec les incommodités
» de notre domicile: c'est une ridicule terreur
» d'être pis, qui nous empêche de déloger. Notre
» croyance dans les dieux est bien foible; ou
» nous avons de l'Être suprême une étrange opi-
» nion, si nous éprouvons tant d'aversion à l'aller
» trouver. La frayeur d'un moribond calomnie
» le ciel. Est-ce un bon père ou un tyran farouche
» qui t'attend »?

« La nature n'est qu'une succession continue
» de naissances et de morts (2). Les corps com-
» posés se dissolvent; les corps dissous se re-
» composent. C'est dans ce cercle infini, que s'ac-
» complissent les travaux du grand architecte ».

« Dans une attaque, d'asthme je fus tenté plu-
» sieurs fois, dit encore Sénèque, de rompre
» avec la vie (3); mais je fus retenu par la

---

(1) Lettre 70e, tom. I, pag. 355.
(2) Lettre 71e, tom. I, pag. 356.
(3) Lettre 78e, tom. II, pag. 36.

» vieillesse d'un père qui m'aimoit tendrement.
» Je songeai moins à la force que j'avois pour
» me donner la mort, qu'à celle qui lui manquoit
» pour supporter la perte de son fils ».

Les hommes ne se considèrent pas assez comme dépositaires du bonheur, même de l'honneur de ceux auxquels ils sont attachés par les liens du sang, de l'amitié, de la confraternité. La honte d'une action rejaillit sur les parens ; les amis sont au-moins accusés d'un mauvais choix ; un corps, une secte entière est calomniée. Il est rare qu'on ne fasse du mal qu'à soi.

§. 24. En lisant Sénèque, on se demande plusieurs fois pourquoi les Romains se donnoient la mort ; pourquoi les femmes romaines la recevoient avec une tranquillité, un sang-froid tout voisin de l'indifférence ? Les combats sanglans du cirque où ils voyoient mourir si fréquemment, avoient-ils rendu leur ame féroce ? Le mépris de la vie s'élevoit-il sur les ruines du sentiment de l'humanité ? Revenoient-ils du spectacle convaincus que la douleur de ce passage qui nous effraie est bien peu de chose, puisqu'elle ne suffisoit pas pour ôter aux gladiateurs la force de tomber avec grace et d'expirer selon les loix de la gymnastique (*) ?

(*) C'est peut-être à ces leçons populaires et con-

Ce n'étoit ni par dégoût ni par ennui que les anciens se donnoient la mort ; c'est qu'ils la craignoient moins que nous, et qu'ils faisoient moins de cas de la vie. Le dialogue suivant n'auroit point eu lieu entre deux Romains.

« Voyez-vous cet endroit ? c'est la bonde de » l'étang, le lieu des eaux le plus profond. Vingt » fois j'ai été tenté de m'y jeter » = Pourquoi ne l'avez-vous pas fait ? = « Je mis ma main » dans l'eau, et je la trouvai trop froide... » = Dans un autre moment vous l'auriez trouvée trop chaude ; celui qui tâte l'eau ne s'y jette pas.

Les conseils, le courage philosophique sont les deux objets de la 71.º *lettre*. Rien de plus grand et de plus beau que la peinture du cou-

---

tinues du mépris de la vie, de la douleur, de la mort, qui leur étoient adressées par les gladiateurs, les soldats, les généraux et les philosophes, que l'art de guérir en ces temps étoit redevable de sa hardiesse. Il employoit le fer et le feu sur des viscères que nous n'osons attaquer, et moins encore par ces moyens violens ; il amputoit la matrice, il ouvroit le foie, il fendoit les reins. On seroit tenté de croire qu'à mesure qu'il s'est éclairé, il est devenu pusillanime. Y a-t-il gagné ou perdu ? C'est à ceux qui le professent à décider cette question.

NOTE DE DIDEROT.

rage philosophique.... « Elevez votre ame, mon
» cher Lucilius ; renoncez à des recherches fri-
» voles, à une philosophie minutieuse qui rétrécit
» le génie ».

« Il faut une grande ame pour apprécier de
» grandes choses.... Les petites ames portent
» dans les grandes choses le vice qui est en
» elles.... ». C'est la raison pour laquelle on
donne le nom de *têtes exaltées* à ceux qui marquent une violente indignation contre des vices
communs qu'on partage, ou qu'on a quelque intérêt à ménager. Pour fréquenter sans honte les
grands pervers, et pour en capter la faveur sans
rougir, on amoindrit leur perversité : c'est autant
pour soi que pour eux qu'on sollicite de l'indulgence. Mon enfant, je crains bien que vous
n'ayez le cœur corrompu, lorsqu'on cessera de
vous reprocher une tête exaltée. Puissiez-vous
mériter cette injure jusqu'à la fin de votre vie!

§. 25. « Il n'y a point de vent favorable pour qui
» ne sait pas dans quel port il veut entrer (*)... ».
Cela est vrai ; mais la maxime contraire ne l'est-
elle pas également ; et le stoïcien ne pouvoit-il
pas dire : Il n'y a point de vent contraire pour
celui à qui tout port convient, et qui se trouve
aussi bien dans la tempête que dans le calme?

(*) Lettre 72e, tom. I, pag. 361.

Il prouve, *lettre 72*, que la sagesse ne souffre point de délai ; et *lettre 70*, que le philosophe n'est point un séditieux, un mauvais citoyen.

Et comment pourroit-on être de bonne-foi, et regarder le philosophe comme un ennemi de l'état et des loix, le détracteur des magistrats et de ceux qui président à l'administration publique ? Qui est-ce qui leur doit autant que lui ? Sont-ce des courtisans, placés au centre du tourbillon, avides d'honneurs et de richesses ; pour qui le prince fait tout sans jamais avoir fait assez ; dont la cupidité s'accroît à mesure qu'on leur accorde ? Des hommes que sa munificence ne sauroit assouvir, quelque étendue qu'elle soit, l'aimeroient-ils aussi sincèrement, que celui qui tient de son autorité une sécurité essentielle à la recherche de la vérité, un repos nécessaire à l'exercice de son génie ?

« Le commerçant, dont la cargaison est la plus
» riche, est celui qui doit le plus d'actions de
» graces à Neptune ».

Le magistrat rend la justice ; le philosophe apprend au magistrat ce que c'est que le juste et l'injuste. Le militaire défend la patrie ; le philosophe apprend au militaire ce que c'est qu'une patrie. Le prêtre recommande au peuple l'amour et le respect pour les dieux ; le philosophe apprend au prêtre ce que c'est que les dieux. Le souverain commande à tous ; le philosophe apprend au souverain quelle est l'origine et la limite de son autorité. Chaque homme a des devoirs à remplir dans sa famille et dans la société ; le philosophe apprend à chacun quels sont ces devoirs. L'homme est exposé à l'infortune et à la douleur; le philosophe apprend à l'homme à souffrir.

Si l'on attenta quelquefois à la vie du prince, fut-ce le philosophe? Si l'on écrivit contre lui un libelle, fut-ce le philosophe? Si l'on prêcha des maximes séditieuses, fut-ce dans son école? A-t-il été le précepteur de Ravaillac ou de Jean Châtel? C'est le philosophe, qui sent un bienfait ; c'est lui, qui est prompt à le reconnoître et à s'en acquitter par son aveu.

§. 26. Ce sujet mériteroit bien d'être traité de nos jours. La question se réduiroit à savoir s'il est licite ou non de s'expliquer librement sur la religion, le gouvernement et les mœurs.

Il me semble que si jusqu'à ce jour l'on eût gardé le silence sur la religion, les peuples seroient encore plongés dans les superstitions les plus grossières et les plus dangereuses. Si la république avoit le même droit au temps de l'idolâtrie, nous serions encore idolâtres : on fit boire la ciguë à Socrate sans injustice ; les Néron et les Dioclétien ne furent point d'atroces persécuteurs (*).

Il me semble que, si jusqu'à ce jour l'on eût gardé le silence sur le gouvernement, nous gémirions encore sous les entraves du gouvernement féodal ; l'espèce humaine seroit divisée en un petit nombre de maîtres et une multitude d'esclaves ; ou nous n'aurions point de loix, ou nous n'en aurions que de mauvaises ; Sidney n'eût point écrit, Locke n'eût point écrit, Montesquieu n'eût point écrit ; et il faudroit compter au nombre des mauvais citoyens ceux qui se sont occupés avec le plus de succès de l'objet le plus important au

―――――――――――――――――――――――――

(*) Diderot suit ici l'opinion commune, qui donne à Dioclétien le nom odieux de persécuteur ; mais ce préjugé, d'ailleurs assez général, n'en est pas moins un préjugé. Les écrivains ecclésiastiques, qui n'ont pas toujours eu pour la religion *un zèle selon la science*, ont cru servir leur cause en peignant des couleurs les plus noires le caractère, la vie et les mœurs de plusieurs empereurs, et particulièrement de Dioclétien et de Julien ; mais, en déguisant, en altérant les faits de mille manières différentes, ils se sont rendus coupables de mauvaise foi aux yeux de la postérité, et n'ont pas empêché la vérité de se faire jour, et de dissiper les nuages qu'ils avoient élevés autour d'elle.

NOTE DE L'ÉDITEUR.

bonheur des sociétés et à la splendeur des états.

Il me semble enfin que, si jusqu'à ce jour l'on eût gardé le silence sur les mœurs, nous en serions encore à savoir ce que c'est que la vertu, ce que c'est que le vice. Interdire toutes ces discussions, les seules qui soient dignes d'occuper un bon esprit, c'est éterniser le règne de l'ignorance et de la barbarie.

Un philosophe disoit un jour à un jeune homme qui avoit rassemblé dans un petit ouvrage une foule d'autorités recueillies de nos jurisconsultes en faveur de l'intolérance et de la persécution : Sais-tu ce que tu as fait ? Tu as passé ton temps à ramasser des fils d'araignée, pour en ourdir une corde à étrangler l'homme de bien et l'homme courageux.

Sénèque démontre, *lettre* 74, qu'il n'y a de bon que ce qui est honnête ; et *lettre* 75, que la philosophie n'est point une science de mots. « En quoi, dit-il, consiste la liberté du sage ? » A ne craindre ni les hommes ni les dieux ».

On est philosophe ou stoïcien dans toute la rigueur du terme, lorsqu'on sait dire comme le jeune Spartiate : Je ne serai point esclave (*).

(*) *Voyez* Sénèque, lettre 77e, tom. II, pag. 32.

O la belle éducation que celle où l'on nous auroit apprit à nous fracasser la tête contre une muraille, plutôt que de porter un vase d'ordures (*) !

« Celui qui s'est rendu maître de soi, s'est
» affranchi de toute servitude ».

« On donne du temps et des soins à tout; il
» n'y a que la vertu dont on ne s'occupe que
» quand on n'a rien à faire ».

« L'homme vertueux ne craint ni la mort ni les
» dieux ».

« L'opulence pourra vous venir d'elle-même;
» peut-être les honneurs vous seront-ils déférés
» sans que vous les sollicitiez, et les dignités vous
» seront-elles jetées. Il n'en sera pas ainsi
» de la vertu : vous ne l'obtiendrez que de vous-
» même, et vous ne l'obtiendrez pas d'un mé-
» diocre effort. Mais à votre avis, la certitude
» de s'emparer de tous les biens d'un coup de
» main ne mérite-t-elle pas une pénible tentative » ?

« S'il faut s'immoler pour la patrie, s'il faut
» mourir pour le salut de vos concitoyens, que
» ferez-vous ? = Je mourrai. = Mais songez-y,

(*) *Voyez* Sénèque, lettre 77e, tom. II, pag. 32, 33.

» votre sacrifice sera suivi de l'oubli, et payé d'in-
» gratitude. = Que m'importe ? je n'envisage
» que mon action ; ces accessoires lui sont étran-
» gers, et je mourrai.... ». Voilà l'esprit qui
domine dans toute la morale de Sénèque. Il ne
dit pas un mot qui n'inspire l'héroïsme ; et c'est
la raison peut-être pour laquelle il est si peu lu
et si peu goûté. On ferme l'oreille à des avis qu'on
ne se sent pas la force de suivre ; ils importunent,
parce qu'ils humilient.

On a dit de celui qui se plaisoit à la lecture
d'Homère, qu'il avoit déjà fait un grand progrès
dans la littérature. On pourroit dire de celui qui
se plaît à la lecture de Sénèque, qu'il a déjà
fait un grand pas dans le chemin de la vertu.

§. 27. On voit, *lettre* 76, que Sénèque ne
rougit point de prendre des leçons dans un âge
avancé.

« Admirez, dit-il à Lucilius, combien je suis
» de bonne-foi avec vous, par la nature du se-
» cret que je vais vous confier. Je fais un cours
» de philosophie : voici le cinquième jour, que
» je me rends à l'école dès la huitième heure.
» Ne seroit-ce pas le comble de la folie que de
» ne pas apprendre, parce qu'on n'a pas appris ?
» Je suis donc redevenu écolier ! Pourquoi non ?

» Et plût à Dieu que ce travers, si c'en est un,
» fût le seul de ma vieillesse ? Que dira-t-on ?
» Ce qu'on voudra. Il faut savoir entendre l'in-
» jure de l'ignorant, et se mettre au-dessus de
» son mépris ».

« Quoi ! la vieillesse ne m'empêchera pas d'al-
» ler au théâtre, et de me faire porter au cirque !
» il ne se donnera pas un combat de gladiateurs
» sans moi ; et je n'oserai me transporter chez
» un philosophe ! Sachez toutefois que, dans l'école
» où je vais m'instruire, j'enseigne aussi quelque
» chose : c'est qu'il faut apprendre jusques dans
» la vieillesse. Un fameux joueur de flûte atti-
» rera un grand concours ; et l'endroit où l'on
» enseigne ce que c'est qu'un homme, comment
» on le devient, restera désert » !

§. 28. « La science et la vertu sont deux
» grandes choses. Celui qui est sans vertu, pos-
» sesseur de tout le reste, est rejeté... ». Rejeté !
Où ? Par qui ? Le méchant a-t-il de l'esprit ?
Il sera recherché par celui qui s'ennuie : de la
richesse ? à deux heures, sa cour sera pleine de
cliens ; et sa table environnée de parasites ; des
dignités ? on se pressera dans ses anti-chambres.

Dans les sociétés corrompues, les avantages
du vice sont évidens ; son châtiment est au fond

du cœur, on ne l'apperçoit point. C'est presque le contraire de la vertu.

Sénèque prétend encore qu'il est indifférent qu'on ensemence une vaste étendue de terre, qu'on jouisse de grands revenus, qu'on reçoive les hommages d'un cortège nombreux, qu'on boive des liqueurs délicieuses dans de brillans cristaux.... Cela seroit à souhaiter; mais cela n'étoit pas plus à Rome de son temps, que cela n'est à Paris du nôtre.

Il n'en est pas moins vrai que le bon vaisseau, ce n'est pas celui qui est le plus richement chargé; et la bonne épée, celle dont la poignée est damasquinée et le ceinturon enrichi de pierreries: il n'en est pas moins vrai qu'on se moque de temps-en-temps de l'idole de bouc devant laquelle on se prosterne; mais on se prosterne.

Il entretient Lucilius, *lettre 77*, de la flotte d'Alexandrie (1), et de la mort de Marcellinus (2).

C'est là « qu'en généralisant le mot de César » à un soldat qui lui demandoit la mort, et

---

(1) Sénèque, lettre 76e, tom. II, pag. 16.
(2) *Voyez* la lettre 77e, tom. II, pag. 34.

» l'adressant à la multitude de ceux qui craignent
» de mourir, on diroit presque à tous les hommes :
» *Tu crains de mourir ! Est-ce que tu vis* »?

« A les entendre (*), il n'y auroit point de
» vie qui ne fût trop courte... ». Celle des grands
hommes, des hommes vertueux, des hommes
utiles, l'est toujours : c'est ce qu'annonce le deuil
public après leur trépas. Il eût mieux valu sans
doute que l'auteur de *Mahomet*, d'*Alzire*, de
Brutus, de *Tancrede*, et de tant d'autres chefs-
d'œuvre, mourût quinze jours plus-tôt, au retour
de son triomphe ; mais il vaudroit encore mieux
qu'il vécût. Comment se remplira le vide immense
qu'il a laissé dans presque tous les genres de
littérature ? Je dirois que ce fut le plus grand
homme que la nature ait produit, que je trou-
verois des approbateurs ; mais si je dis qu'elle
n'en avoit point encore produit, et qu'elle n'en
produira peut-être pas un aussi extraordinaire,
il n'y aura guère que ses ennemis qui me con-
trediront.

Je veux vivre. = « Et pourquoi veux-tu
vivre » ? = Parce que je suis homme de bien ;
parce qu'en mourant je serai regretté du malheureux que je ne secourrai plus ; parce qu'en

_____

(*) *Voyez* la lettre 77e, tom. II, pag. 35.

m'en allant, je laisserai vacante une place, dont je remplis les fonctions avec activité, intelligence et fidélité. = Quoi! stoïcien, ces motifs ne te satisfont pas? = « Non, mourir est une des fonc-
» tions de la vie ». = Mais cette fonction, assez indifférente en soi, est fâcheuse pour ma femme, pour mes enfans, pour mes concitoyens; et je la remplirai le plus tard qu'il me sera possible. = « A ce compte, il n'y a point de vie, qui ne
» soit trop courte ». = De vie bien employée? Il n'en faut pas douter. Le méchant endurci, je l'exhorterois sans scrupule à se tuer: mais l'homme de bien qui se tue, commet le crime de lèze-société; et j'arrêterai sa main, si je puis.

Sénèque dit à propos de Marcellinus, je crois:
« L'homme fort se reconnoît jusques sur son
» oreiller (*) ».

Sénèque dit de lui-même: « Depuis long-
» temps, je n'ai rien à gagner ni à perdre... » Cela
» est faux de tout point.... « J'ai plus de provi-
» sion qu'il ne m'en faut pour une carrière qu'il
» m'est indifférent de fournir plus loin... ». Sé-

(*) Ce n'est point dans la lettre sur la mort de Marcellinus, mais dans la suivante, que cette pensée se trouve. *Voyez* Lettre 78ᵉ, tom. II, pag. 47.

NOTE DE L'ÉDITEUR.

nèque, instituteur d'un jeune prince à qui votre présence en impose, ministre des provinces de l'Italie, redoutable antagoniste des courtisans vicieux, protecteur des honnêtes gens, quelque bien que vous ayez fait, est-ce qu'il ne vous en reste plus à faire ?

Il parle, *lettre* 78, des maladies et du motif qui l'empêcha de se délivrer d'une existence douloureuse ; *lettre* 79, de Charybde ; de Scylla et de l'Etna.

On rencontre dans cet auteur des mots d'une délicatesse charmante, aux endroits où on les attend le moins. C'est là qu'il dit de la gloire, qu'elle est à la vertu ce que l'ombre est au corps (*) ; que l'amour de la vertu est un élan continuel de l'ame vers son origine céleste ; que c'est être né pour bien peu de monde, que de n'avoir vécu que pour son siècle ; et que pour un œil perçant le mensonge est diaphane.

§. 29. *Lettre* 80, de la frivolité des spectacles, et des avantages de la pauvreté.

Il est bien aisé, dira-t-on, de faire l'éloge de la pauvreté quand on regorge de richesses. C'est alors qu'il est bien plus difficile encore d'être

―――――――――

(*) Lettre 79e, tom. II, pag. 60.

pauvre, quand on n'est pas un avare ; et c'est ce que Sénèque sut faire. Il est bien plus difficile de n'être pas corrompu par la richesse ; et Sénèque ne le fut point. Censeur, suspendez un moment votre jugement ; voyez ce que la richesse produit sur tous ceux qui vous environnent ; et songez que pour empoisonner vos ennemis, il ne vous manque qu'un puits d'or.

« La misère, la maladie, le mépris, l'ennui,
» la vieillesse, la douleur, la méchanceté, l'in-
» tolérance, l'injustice, les persécutions, la
» tyrannie ; tous les vices, toutes les infortunes,
» sont autant d'orateurs éloquens qui nous exhor-
» tent à mourir ».

Lettre 81, des bienfaits et de la reconnoissance.

« Vous vous plaignez d'un ingrat ! si c'est le
» premier que vous ayez fait, homme bienfaisant,
» félicitez-vous ou de votre bon jugement, ou
» de votre bonne fortune ».

« Parlez au bienfait comme le brave centurion
» à son soldat : Camarade, il faut aller, mais il
» ne faut pas revenir ».

« Si vous avez à peser un service avec une
» injure ; juge dans votre propre cause, la pru-

» dence veut que vous ajoutiez du poids aux
» services que vous avez reçus, et que vous en
» ôtiez à l'injure qu'on vous a faite ».

« Au fond du cœur reconnoissant, le bienfait
» porte intérêt ».

Un homme disoit qu'il ne pouvoit s'empêcher
de haïr celui qui lui faisoit du bien. Quel impertinent orgueil ! On lui répondit : Si vous êtes
conséquent, vous devez aimer à la folie celui qui
vous fait du mal. Eh ! mon ami, accepte mes
offres ; je ne te demande en retour que l'impunité
du service que je te rends.

Lettre 82, de la mollesse. C'est là qu'apostrophant l'efféminé, il lui dit : « O l'homme vrai-
» ment digne d'être livré à la vie » !

Toute la philosophie se réduit au mépris de
la vie, au mépris de la mort, et à l'amour de la
vertu. Ce texte laconique fournit à Sénèque une
abondance incroyable d'idées neuves, originales,
ingénieuses, fortes, délicates, souvent grandes,
quelquefois sublimes. En le lisant, j'ai plusieurs
fois été forcé de m'écrier : Non, je ne serai jamais
un sage ! Ses pensées sur la mort me paroissoient
si roides, que m'appliquant à moi-même le mot
que je viens de citer sur un lâche qui craignoit

de mourir, je me suis dit : O l'homme vraiment digne d'être livré à la vie !

« La mort, image du sommeil, l'est aussi de » la vie inoccupée ».

« La demeure de l'oisif est un sépulcre ».

Si vous demandez pourquoi Sénèque revient si souvent sur le mépris de la vie et de la mort, c'est que vous ne pensez pas qu'au moment qu'il vous parle, le licteur vous lie les mains.

« On craint autant de n'être nulle part que » d'être dans les enfers... ». Je l'ai entendu dire, mais je n'en ai rien cru.

« Si vous balancez, c'est fait de la gloire... ». Quoi ! un instant d'agonie flétriroit une action héroïque ! Ah ! Sénèque, vous êtes trop sévère. La difficulté de vaincre un ennemi ajoute à l'éclat de la victoire.

Dans la même *lettre*, il revient encore sur les subtilités de l'école de Zénon (*) : « Si on l'en » croyoit, on proscriroit cette science, à l'aide » de laquelle on environne de pièges celui qu'on » interroge, pour le conduire à des aveux im-

_____

(*) Sénèque, lettre 72e, tom. II, pag. 94.

» prévus, à des réponses contraires à sa pensée. » Il faut être plus simple, quand on cherche la » vérité (1) »; *un mal n'est pas glorieux : la mort est glorieuse; donc la mort n'est pas un mal.* Ce ne fut pas une pareille sottise que Léonidas adressa aux défenseurs des Thermopiles: « Com- » pagnons, leur dit-il, dînez comme des hommes » qui ce soir doivent souper aux enfers (2) ».

Les sujets des *lettres* 83, 84, 85, 86 et 87, sont très-variés. Il s'agit de la présence de Dieu à nos pensées; de ses infirmités, des vains raisonnemens des stoïciens sur l'ivresse; de son régime: « Je me baigne à froid, dit-il ; à ce » bain succède un dîner sans table, après lequel » je n'ai pas besoin de me laver les mains (3) ».

§. 30. On voit, et dans les ouvrages et dans la vie privée de Sénèque, que son bonheur étoit parfaitement isolé de sa richesse; que son régime étoit austère; et qu'il pouvoit tomber dans la pauvreté, je ne dis pas sans se plaindre, mais sans s'en appercevoir.

« La vertu, dit-il (4), passe entre la bonne

---

(1) Sénèque, lettre 72e, tom. II, pag. 95.
(2) Senec. *ubi supr.* tom. II, pag. 95.
(3) *Id. ibid.* lettre 83e, tom. II, pag. 103.
(4) Sénèque, lettre 76e, tom. II, pag. 19.

» et la mauvaise fortune, et jette sur l'une et
» l'autre un regard de mépris ».

Sénèque fut encore moins enorgueilli de sa vertu que de sa richesse. Sa vertu me le fait respecter; la modestie de ses aveux me le fait aimer.

« Mon matelas est à terre, et moi sur mon ma-
» telas (2). Des deux vêtemens que j'ai, l'un
» me sert de drap, l'autre de couverture. Nous
» dînons avec des figues. Mes tablettes font ma
» bonne chère, quand j'ai du pain; et me tien-
» tent lieu de pain; quand il me manque. Ma
» voiture est grossière, et mes mules sont si
» maigres, qu'on voit bien qu'elles fatiguent. J'en
» rougis; je ne suis donc pas sage. Celui qui
» rougit d'une mauvaise voiture, sera vain d'une
» belle. Ah! Sénèque, tu tiens encore au jugement
» des passans ».

Celui qui parle ainsi de lui-même, vaut bien plus qu'il ne veut se faire valoir.

Je lis, *lettre* 85 : « Quoi ! dans une lutte qui
» intéresse le bonheur de l'homme et la gloire
» des dieux, je ne rougirois pas de me présenter
» avec une alêne... ». C'est le défaut qu'on reproche à Sénèque ; mais on n'en cite aucun

---

(2) Lettre 87e, tom. II, pag. 151.

exemple; et je défie ses détracteurs d'en citer un seul *sur la vertu*, où le ton ne réponde pas à l'importance du sujet.

§. 31. N'est-ce pas une chose bien singulière d'entendre Sénèque, *lettre* 88, réduire l'étude des beaux-arts à l'inutilité pour le sage; et attacher de l'importance à savoir si le temps existe par lui-même, s'il y a quelque chose d'antérieur à la durée; si elle a commencé avant le monde, si elle existoit avant les choses, ou les choses avant elle?

J'avoue que, s'il y a des questions oiseuses et étrangères à la sagesse, ce sont celles-là. J'en dis autant des disputes sur la nature de l'ame.

« N'apprendrai-je jamais à ignorer quelque
» chose »?

Dites beaucoup de choses, si vous voulez en bien savoir une.

Nausiphanès prétend que l'on ne peut non plus démontrer l'existence que la non-existence des êtres; Parménide, que rien de ce que nous voyons n'existe réellement; Zénon d'Elée, qu'il n'existe rien. On ne comprend guère ni comment des hommes célèbres chez les anciens ont avancé d'aussi étranges paradoxes, ni comment ils ont été renouvellés de nos jours par des hommes non moins célèbres ; mais, à la honte de la raison humaine, ce qu'on ne connoît point du tout, c'est comment ces sophistes n'ont jamais été solidement réfutés. L'évêque de Cloyne a dit: Soit que je monte au haut des montagnes, soit que je descende dans les vallées, ce n'est jamais que moi que j'apperçois ; donc il est possible qu'il n'existe que moi.... Et Berkeley attend encore une réponse. Lier l'existence réelle de son propre corps avec la sensation, n'est point une chose facile.

Ses lettres sur la lecture, les exhortations et les conseils, l'opinion des péripatéticiens sur les passions, la maison de campagne de Scipion l'Africain, les bains anciens et les bains de son temps, la culture des oliviers, la frugalité, le luxe et les richesses, sont pleines de principes et de détails intéressans. En voici quelques-uns, tels qu'ils se présentent à ma mémoire.

Le salaire d'un acteur (*) étoit de cinq mesures de froment et de cinq deniers. Celui qui disoit à Ménélas : « Si tu ne restes en repos, tu » périras de ma main... ». Cet autre qui débitoit avec emphase ces vers : « Je commande dans

___

(*) *Voyez* la lettre 80e, tom. II, pag 66, 67 et 68.

» Argos, Pélops m'a laissé un vaste empire... »; étoient payés à tant par jour, et couchoient dans un grenier. Comment concilier ces faits avec la fortune immense et la juste considération dont jouissoit un Roscius, et d'autres comédiens? car Sénèque ne fait ici aucune distinction d'un bon et d'un mauvais acteur, et parle évidemment de ceux qui jouoient les premiers rôles. Ces hommes rares étoient apparemment enrichis par les gratifications des Scipions, des Lœlius, qui les admettoient à leur table, et qui savoient apprécier l'utilité de leurs talens.

Sans Sénèque et Martial, combien de mots, de traits historiques, d'anecdotes, d'usages, nous aurions ignorés !

La conformité de nos mœurs et de celles de son temps est quelquefois si singulière, qu'on revient de la traduction à l'original pour s'en assurer. » Je voudrois bien, dit-il (*), que Caton ren-
» contrât un de nos élégans, précédé de ses
» coureurs, de ses postillons, de ses nègres,
» tous enveloppés dans le même tourbillon de
» poussière... ». On se croiroit presque sur la route de Versailles.

_____

(*) Lettre 87e, tom. II, pag. 154.

« Pour connoître la vraie hauteur de l'homme,
» voyez-le nu ».

Savez-vous l'inscription commune à toute société ? La voici : « C'est ici qu'on voit un nain
» sur la montagne, et un colosse au fond d'un
» puits ».

« Point de gloire sans le malheur. Point de
» haine plus dangereuse, que celle qui naît de
» la honte d'un bienfait qu'on ne sauroit ac-
» quitter (*)... ». Je le sais par expérience.

« Lorsqu'Attalus parle, la vérité qui se fait
» entendre par sa bouche éloquente s'empare de
» moi, me transporte ; mais sorti de son école,
» rentré dans la société, le commerce des gens
» du monde a bientôt éteint la chaleur qu'il m'avoit
» communiquée ».

« Je ne m'abstiens pas, je me contiens, ce
» qui est plus difficile ».

« Attalus faisoit grand cas des lits durs ; celui
» où je couche à mon âge, ne reçoit pas l'empreinte
» de mon corps ».

Ah ! si les maîtres savoient profiter de la raison

―――――――――――――――――――――――

(*) Lettre 81e, tom. II, pag. 83.

saine et de l'ame bouillante de leurs innocens et jeunes élèves!

Ces traits que j'ai transcrits sans ordre se trouvent les uns dans les lettres qui précèdent, les autres dans celles qui suivent.

§. 52. L'enthousiasme de la vertu lui dictoit dans la 88ᵉ *lettre* tous ces paralogismes, que la manie de se singulariser a ressuscités de nos jours (1).

« La force, dit-il (2), n'éprouve point de
» terreurs; elle les brave, elle en triomphe; le
» beaux-arts accroîtront-ils en nous cette qua-
» lité... »? Pourquoi non?

« La probité, ce trésor de l'ame humaine que
» rien ne peut séduire, avec laquelle l'homme
» dit: Frappez, brûlez, tuez, je ne trahirai point
» un secret... les beaux-arts la donneront-ils?
» Elèveront-ils à ces sentimens magnanimes... »?
Comme la morale et la philosophie.

Que Sénèque pousse son énumération aussi

---

(1) *Voyez* ci-dessus, note 1, pag. 342, ce qu'on a dit de M. Rousseau de Genève.
NOTE DE L'ÉDITEUR.
(2) Lettre 88ᵉ, tom. II, pag. 184.

loin qu'il voudra, je persisterai dans la même réponse ; et je lui dirai, d'après mon expérience, d'après l'expérience des bons et des méchans, que l'imitation d'une action vertueuse par la peinture, la sculpture, l'éloquence, la poésie et la musique ; nous touche, nous enflamme, nous élève, nous porte au bien, nous indigne contre le vice aussi violemment que les leçons les plus insinuantes, les plus vigoureuses, les plus démonstratives de la philosophie. Exposons les tableaux de la vertu, et il se trouvera des copistes. L'espèce d'exhortation qui s'adresse à l'ame par l'entremise des sens, outre sa permanence, est plus à la portée du commun des hommes. Le peuple se sert mieux de ses yeux que de son entendement. Les images prêchent, prêchent sans cesse, et ne blessent point l'amour-propre. Ce n'est pas sans dessein ni sans fruit que les temples sont décorés de peintures qui nous montrent ici la bonté ; là, le courroux des dieux. Raphaël est peut-être aussi éloquent sur la toile, que Bossuet dans une chaire.

§. 33. Dans la 89ᵉ *lettre* il expose les divisions de la philosophie ; puis se repliant, selon son usage, sur la morale, il gourmande avec beaucoup d'éloquence l'avarice, l'abus de la richesse et l'extravagance du luxe.

T *

« Eh quoi ! toujours les mêmes réprimandes ?
» Et vous, toujours les mêmes fautes ?

« *On ne peut*, dit-il, *avoir la vertu sans
» l'aimer* (*) ». Cela est vrai. « *On ne peut
l'aimer*, ajoute-t-il, *sans l'avoir* ». Cela ne me
le paroît pas.

Il a consacré la 90º à l'éloge de la philosophie et
à la réfutation de Possidonius.

« Nous devons aux dieux de vivre ; à la phi-
» losophie de bien vivre ».

C'est à cette lettre que je renverrai celui qui
sera curieux de connoître la délicatesse et la vigueur du pinceau de Sénèque. Ici le philosophe
s'est complu à nous peindre d'une manière belle
et touchante les premiers âges du monde. Mais
ce bonheur des hommes anciens n'est-il pas
chimérique ? La félicité seroit-elle le lot de la
barbarie; et la misère, celui des temps mieux
policés ? Le bonheur de mon espèce m'est si
cher, que je suis toujours tenté de croire aux
romans qu'on m'en fait : cela me laisse l'espoir
d'un age, où le plus vertueux seroit le plus puissant.

Possidonius pensoit que, dans les siècles de

(*) Lettre 89ᵉ, tom. II, pag. 196.

l'homme innocent, le commandement étoit déposé dans la main des sages; que les sages contenoient le bras de l'homme violent, et protégeoient le foible contre le fort; qu'ils conseilloient, qu'ils dissuadoient; qu'ils indiquoient ce qui étoit utile ou nuisible; que leur prudence pourvoyoit aux besoins des peuples; que leur courage écartoit les périls dont ils étoient menacés; que leur bienfaisance accroissoit la félicité générale; que la souveraineté étoit un fardeau et non une distinction; que ce n'étoit point un riche héritage, mais une charge onéreuse; qu'une puissance accordée pour protéger n'étoit pas tentée de vexer; qu'on obéissoit sans murmure, parce qu'on commandoit sans tyrannie; et que la plus grande menace d'un roi étoit d'abdiquer.

Jusques-là Sénèque est assez d'accord avec Possidonius: mais lorsque celui-ci fait honneur au sage de l'invention des sciences et des arts, enfans de l'oisiveté, de la curiosité, de l'ennui, du besoin, des plaisirs et du temps, Sénèque s'oppose à toutes ces prétentions exagérées; et je crois qu'il a raison.

§. 34. Vous trouverez dans la *lettre* 91ᵉ, le récit de l'incendie de Lyon, avec des réflexions sur ce terrible événement.

Dans la 92ᵉ, qui est fort belle, la réfutation

du principe fondamental des Epicuriens, qui plaçoient le souverain bien dans la volupté.

Dans la 93°, la mort de Métronax; et que la vie ne se doit pas mesurer par sa durée, mais par son activité.

« Est-ce à vous d'obéir à la nature, ou à la
» nature de vous obéir ?

» La vie courte de l'homme utile ressemble au
» plus précieux des métaux, qui a beaucoup de
» poids sous un petit volume.

» Celui qui a fait de grandes choses, vit après sa
» mort; celui qui n'a rien fait, est mort de son
» vivant.

» Combien d'années Caton a-t-il vécu ? Caton
» vit encore : il s'adresse à nous, il s'adresse à
» nos neveux. Il a laissé sur la terre le modèle
» impérissable de l'homme vertueux ».

Là, Sénèque assure que rien n'est plus commun que des hommes équitables envers les hommes, et rien de plus rare que des hommes équitables envers les dieux. Je crois les uns et les autres fort rares; et les premiers peut-être plus encore que les seconds.

Dans la 94°, l'union de la philosophie parænétique ou de préceptes avec la philosophie dogmatique. Cette lettre est pleine de sens. Il y a plus de substance dans une de ses pages, que dans tous les volumes des détracteurs de Sénèque. Il y compare le courtisan à ces insectes dont la piqûre imperceptible, accompagnée d'une démangeaison agréable, est suivie d'une enflure douloureuse ; et il la termine par la sortie la plus violente contre Alexandre et les conquérans.

Ce seroit à tort que les philosophes modernes se glorifieroient du mépris qu'ils ont jeté sur ces fameux assassins ; il y a près de deux mille ans que Sénèque en avoit fait justice.

Chaque individu participe plus ou moins aux vices de sa nation. Sénèque, Galien et Tacite en sont des exemples frappans : Sénèque s'est laissé éblouir des victoires du peuple romain ; son indignation s'exhale contre les conquêtes d'Alexandre, et il ne s'apperçoit pas, ou se dissimule que celles des Romains ont été plus longues, plus sanglantes et plus injustes. Galien, qui certes n'étoit pas un homme ordinaire, croyoit aux rêves, aux amulettes et aux maléfices ; et Tacite paroît avoir donné dans les prestiges de l'astrologie judiciaire et les miracles de son temps.

§. 35. Voici comment il raconte ceux de Vespasien, parag. 81, liv. iv de ses *Histoires.* « César attendoit dans Alexandrie le retour des vents d'été et une mer navigable, lorsque le ciel manifesta, par des prodiges, de la prédilection pour ce prince. Un Alexandrin de la lie du peuple, mais connu par son infirmité, se jetta à ses genoux et le supplia avec gémissement, au nom de Sérapis, le plus révéré des dieux chez cette nation superstitieuse, de le guérir de la cécité, en daignant humecter de sa salive les orbites de ses yeux. Un autre, paralysé d'une main, également inspiré par le dieu, lui demandoit de le presser de son pied. D'abord l'empereur ne leur accorda que de la plaisanterie et du mépris. Balançant ensuite entre les instances réitérées de ces malades, les flatteries de ses courtisans et la crainte d'un reproche de vanité, il ordonna aux médecins d'examiner si leurs maladies étoient de nature à céder à des secours humains. Quelques-uns prononcèrent que la faculté de voir n'étoit pas entièrement détruite dans l'un ; qu'on la lui rendroit en dissipant les obstacles ; et que par des moyens énergiques et salutaires, l'art restitueroit à l'autre l'usage de ses membres ; mais que peut-être il étoit dans les décrets des dieux que la cure s'opérât merveilleusement par l'entremise de César ; qu'au reste, si le remède sollicité produisoit un heureux effet, l'honneur en seroit pour l'empereur, et le ridicule pour ces affligés, s'il n'en produisoit aucun.

Vespasien, persuadé que rien n'étoit au-dessus de sa fortune, et que l'incroyable même étoit au-dessous de sa puissance, prend un visage serein, satisfait aux vœux des deux malades, au milieu d'une multitude attentive à l'événement, et aussitôt l'aveugle voit, et le paralysé se sert de sa main. Ces deux faits sont attestés aujourd'hui par des témoins oculaires, qui n'ont à se promettre de leurs mensonges aucune sorte de récompense ». D'après ce récit, je me demande si ces miracles sont vrais ou s'ils sont faux; et j'avoue qu'après y avoir bien réfléchi, je vois presque autant d'inconvénient à les rejetter qu'à les admettre.

§. 36. L'homme peuple est le plus sot et le plus méchant des hommes; se dépopulariser ou se rendre meilleur, c'est la même chose.

La voix du philosophe, qui contrarie celle du peuple, est la voix de la raison.

La voix du souverain, qui contrarie celle du peuple, est la voix de la folie.

C'est avec une espèce d'indignation que je l'entends avancer, dans la même lettre, qu'il ne trouve rien de plus froid, de plus déplacé à la tête d'un édit ou d'une loi, qu'un préambule qui les motive. « Prescrivez-moi, ajoute-t-il, ce que vous

» voulez que je fasse ; je ne veux pas m'instruire ;
» mais obéir ».

J'en demande pardon à Sénèque ; mais ce propos est celui d'un vil esclave, qui n'a besoin que d'un tyran. J'obéis plus volontiers, quand la raison des ordres que je reçois m'est connue. Lorsque notre philosophe dit ailleurs que les loix contribuent au bonheur, quand elles sont autant des enseignemens que des ordres, ne se réfute-t-il pas lui-même ?

Quoique nous ayons vu de nos jours des souverains vendre leurs sujets, et s'entre-échanger des contrées ; une société d'hommes n'est pas un troupeau de bêtes : les traiter de la même manière, c'est insulter à l'espèce humaine. Les peuples et leurs chefs se doivent un respect mutuel ; et *faites ce que je vous dis, car, tel est mon bon plaisir*, seroit la phrase la plus méprisante qu'un monarque pût adresser à ses sujets, si ce n'étoit pas une vieille formule de l'aristocratie transmise d'âge en âge, depuis les temps barbares de la monarchie jusqu'à ses temps policés. Je décerne un autel au ministre qui daignât le premier nous rendre raison de la volonté de notre maître. Quant au souverain qui croira pouvoir, sans descendre de son rang, substituer à la phrase usuelle celle qui suit : « Faites ce que je vous dis, parce qu'il

» y va de votre sûreté, de votre liberté et de
» votre bonheur »; je lui décerne une statue d'or,
» avec cette inscription: *Des hommes l'élevèrent*
» *à un de leurs semblables.*

« Il arrive quelquefois à la crainte, de phi-
» sopher; et à l'ennui, de raisonner sagement ».

« On seroit tenté de croire que la bonne for-
» tune est incompatible avec le bon jugement ».

« On honore assez l'Être suprême, en l'imitant ».

« On continue de vivre par foiblesse et par
» courage ».

« L'homme sage vivra, non pas autant qu'il
» lui convient, mais autant que la nécessité l'exi-
» gera. Il se commandera la vie, quand la sé-
» curité des siens en dépendra : il y a de la
» grandeur à rester pour les autres »…. C'est
d'après ces sages principes, que Sénèque et Burrhus
gardèrent leur poste après la mort d'Agrippine.

Je lis dans la *lettre* 95ᵉ : « Le nombre des méde-
» cins est à proportion des maladies; et les ma-
» ladies, à proportion des cuisiniers »… On pourroit ajouter; et les maladies difficiles à guérir, à
proportion de la multitude des remèdes; et les
vices, à proportion du nombre des loix.

« O bizarrerie incroyable! le meurtre, puni

» quand il est commis clandestinement, est or-
» donné par le décret du sénat, et exigé par la
» frénésie du peuple ».

« O bizarrerie incroyable ! le faste des tables
» est soumis à la censure, et l'on ne s'élève point
» à la censure, sans une profusion publique et scan-
» daleuse ».

En quel endroit du monde ne remarque-t-on
pas cette contradiction des usages et des loix ?

Il faut laisser subsister la loi, parce qu'elle est
sage. Il faudroit réformer l'usage, mais cela ne
se peut ; c'est la folie générale de toute une nation,
à laquelle le remède seroit peut-être pire que
le mal ; ce seroit un acte de despotisme. Celui
qui pourroit nous contraindre au bien, pourroit
aussi nous contraindre au mal. Un premier despote juste, ferme et éclairé, est un fléau : un
second despote juste, ferme et éclairé, est un
fléau plus grand : un troisième, qui ressembleroit
aux deux premiers, en faisant oublier aux peuples
leur privilége, consommeroit leur esclavage.

La société ressemble à une voûte : si la clef
ou le premier voussoir pèse trop, l'édifice n'est
tôt ou tard qu'un amas de ruines.

§. 37. La *Lettre* 95e ne le cède en rien à la

précédente : Sénèque y prouve que la philosophie paraenétique ou de préceptes ne suffit pas. Lorsque Saint-Evremond s'expliquoit si légèrement sur Sénèque, il ne l'avoit pas lu.

Un de ces hommes frivoles, qu'on appeloit de son temps d'agréables débauchés, un épicurien sensuel, un bel-esprit, étoit peu fait par son état, son caractère et ses mœurs, pour apprécier les ouvrages de Sénèque, et goûter ses principes austères. Voici mot à mot le jugement que Saint-Evremont portoit de Sénèque et de lui-même.

« Je vous avouerai, dit-il avec la dernière im-
» pudence, que j'estime beaucoup plus la per-
» sonne que les ouvrages de ce philosophe ».

Saint-Evremond, ainsi que la plupart de ceux qui ont parlé de Sénèque, soit en bien, soit en mal, ne connoissoient ni ses ouvrages ni sa personne.

« J'estime le précepteur de Néron, l'amant
» d'Agrippine, l'ambitieux qui prétendoit à l'em-
» pire ».

Sénèque ne fut l'amant ni d'Agrippine ni de Julie ; la méchanceté le soupçonna seulement, sur l'intimité qui régnoit entre lui et celle-ci, d'avoir été le confident de ses intrigues. Saint-Evremond n'est que l'écho de Dion ou du moine Xiphilin, l'écho de l'infâme Suilius.

Sénèque, corrupteur de Julie, estimé par Saint-Evremond, n'en resteroit pas moins exposé à la censure des hommes qui ont un peu de morale. Quoique la dépravation ait fait de grands progrès depuis un siècle, nous n'en sommes pas encore venus jusqu'à louer l'adultère.

Sénèque n'eût point l'ambition de régner. Néron ne put jamais l'impliquer dans la conjuration de Pison; et pour assurer qu'il n'ignoroit pas que les conjurés avoient résolu de l'élever à l'empire, il faut s'en rapporter à un bruit populaire (1)!

Il ne suffit pas de faire une jolie phrase, il faut encore y mettre de la vérité.

« Du philosophe et de l'écrivain, je ne fais pas » grand cas ».

C'est être bien difficile; c'est l'être plus que Quintilien, qui n'aimoit pas Sénèque; plus que Columelle, Plutarque, Juvénal, Fronton, Martial, Sidonius Apollinaris, Aulu-Gelle, Tertullien, Lactance, S. Augustin, S. Jérôme, Juste-Lipe,

---

(*) Fama fuit, Subrium Flavium, etc.... Tac, *Annal.* lib. 15, cap. 65.

Erasme, Montaigne et beaucoup d'autres, qui se sont illustrés comme philosophes et comme littérateurs. Il y a plus de saine morale dans ses écrits, que dans aucun autre auteur ancien (*); et plus d'idées dans une de ses lettres, que dans les quinze volumes de Saint-Evremond.

« Sa latinité n'a rien de celle du temps d'Au-
» guste, rien de facile, rien de naturel ».

Cela se peut; mais c'est un bien léger défaut, sur-tout pour d'aussi pauvres connoisseurs que nous dans une langue morte. Sa latinité est celle de Pline l'ancien, de Pline le jeune et de Tacite: en admirons-nous moins ces auteurs? Tacite n'écrit pas comme Tite-Live; cependant quel est l'homme d'un peu de génie qui ne préfère le penseur profond à l'écrivain élégant, le nerf de l'un à l'harmonie de l'autre? On est souvent pur et plat, sublime et barbare: on met souvent le plus grand choix des mots à dire des riens, et l'on dit de grandes choses d'un style très-négligé, très-incorrect.

« Toutes pointes, toutes imaginations qui sen-

(*) *Voyez* l'avertissement de l'éditeur à la tête du premier volume des Œuvres de Sénèque, pag. 14, 15 et 16.

NOTE DE DIDEROT.

» tent plus la chaleur d'Afrique ou d'Espagne que
» la lumière de Grèce ou d'Italie ».

Sans doute il y a dans Sénèque des jeux de mots, des concetti, des pointes qui me blessent autant que Saint-Evremond ; des imaginations outrées, dont il faut moins accuser le manque de génie que l'enthousiasme du stoïcisme, et que je voudrois non supprimer, mais adoucir. La pensée de Sénèque peut très-souvent être comparée à une belle femme sous une parure recherchée ; Quintilien, le rival de Sénèque, s'en étoit bien apperçu : « Cet auteur, dit-il, fourmille de beautés ; il » a des sentimens de la plus grande délicatesse. » On y rencontre à chaque page des idées su- » blimes qui forcent l'admiration »... Et n'en déplaise à Saint-Evremond, Quintilien est un juge un peu plus sûr que lui.

« Néron avoit auprès de lui des petits-maîtres
» fort délicats, qui traitoient Sénèque de pédant ».

Saint-Evremond en a fait tout-à-l'heure un amant d'Agrippine ; ici il en fait un pédant. S'entend-il bien lui-même ? Connoît-il ceux qu'il appelle des petits-maîtres ? un Tigellin, un Pallas, un Narcisse, un Sporus, un Athénagoras ; un troupeau d'infâmes débauchés, de corrupteurs, d'adulateurs d'un monstre, de scélérats dignes du dernier supplice, en comparaison desquels le plus vicieux de nos courtisans est un homme de bien. Il est glorieux d'être ridicule aux yeux de tels personnages ; c'est presque leur ressembler que de les nommer sans indignation. Néron fut plus cruel qu'eux ; mais ils furent plus vils que lui.

Sénèque a dit : Une ame qui connoît la vérité ; qui sait distinguer le bien du mal ; qui n'apprécie les choses que d'après leur nature, sans égard pour l'opinion ; qui se porte dans tout l'univers par la pensée, en étudie la marche prodigieuse, et revient de la contemplation à la pratique ; dont la grandeur et la force ont pour base la justice ; qui sait résister aux menaces comme aux caresses ; qui commande à la mauvaise fortune comme à la bonne ; qui s'élève au-dessus des événemens nécessaires ou contingens ; qui ne voudroit pas de la beauté sans la décence, de la force sans la tempérance et la frugalité ; une ame intrépide, inébranlable, que la violence ne peut abattre, que le sort ne peut ni humilier ni énorgueillir, une telle ame est l'image de la vertu, etc.... Voilà le philosophe dont Saint-Evremond a osé dire qu'il ne lisoit jamais les écrits sans s'éloigner des sentimens qu'il vouloit lui inspirer ; voilà les pointes avec lesquelles il écrivoit de la vertu.

« Sa vertu fait peur... ». C'est que sa vertu

n'a ni l'afféterie, ni les petites graces, ni les petites mines d'une femme de cour. Sa vertu fait peur : oui, aux efféminés, aux flatteurs, aux enfans; et peut-être même à l'homme que la nature n'a pas destiné au rôle de Régulus ou de Caton, si l'occasion s'en présente; et par conséquent à beaucoup de monde, à Saint-Evremond, à moi : avec cette différence qu'il est fier de sa foiblesse, et que je suis honteux de la mienne; qu'il plaisante de cette vertu, et que je me prosterne devant elle.

» Il me parle tant de la mort, et me laisse
» des idées si noires, que je fais ce qu'il m'est
» possible pour ne pas profiter de ma lecture ».

Saint-Evremond n'est pas digne de l'école où il s'est glissé; et il n'écouteroit pas sans pâlir l'histoire des derniers momens d'Epicure son maître.

« Il est ridicule qu'un homme qui vivoit dans
» l'abondance, et se conservoit avec tant de soin,
» ne prêchât que la pauvreté et la mort ».

Celui qui s'exprime ainsi, n'a jamais lu les ouvrages de Sénèque, et n'en connoît guère que les titres; sa vie privée lui est inconnue. Sénèque étoit frugal; riche, il vivoit comme s'il eût été pauvre, parce qu'il pouvoit le devenir en un instant ; sa fortune étoit le fonds de sa bienfaisance ; son luxe, la décoration incommode de son état : c'étoit ses amis qui jouissoient de son opulence ; il n'en recueilloit que l'embarras de la conserver, et la difficulté d'en faire un bon usage.

Le vrai ridicule, c'est celui d'un vieillard frivole, prononçant d'une manière aussi tranchée et d'un ton aussi indécent sur les écrits, la doctrine et les mœurs d'un personnage aussi respectable que Sénèque.

Le vrai ridicule, c'est de permettre de lire Sénèque et de l'imiter quand on en sera réduit à se couper les veines ; lorsqu'on en est là, il n'est plus temps de lire. Quand on n'a pas lu et relu Sénèque d'avance, on l'imite mal. Il me semble que j'entends Sénèque, s'adressant à Saint-Evremond, lui dire : « Et qui est-ce qui n'est » pas exposé d'un moment à l'autre à avoir les » veines coupées ? Si ce n'est par la cruauté d'un » tyran, ce sera par le décret de la nature : » et qu'importe que votre sang soit versé ou par » un centurion, ou par un phlébotomiste, par » la fluxion de poitrine ou par la proscription : » en mourrez-vous moins ? en serez-vous moins » obligé de savoir mourir » ? Lorsque la corruption systématique, et que le vice est devenu les mœurs de l'homme, il n'y a pas plus de remède qu'à la vieillesse.

J'ai apostrophé Saint-Evremond, parceque, devant la justice également à ceux qui sont et à ceux qui ne sont plus, je parle aux morts comme s'ils étoient vivans et aux vivans, comme s'ils étoient morts.

On a écrit autrefois des libelles contre les honnêtes gens, comme on en écrit aujourd'hui; mais peu sont parvenus jusqu'à nous.

Nos bibliothèques immenses, le commun réceptacle et des productions du génie, et des immondices des lettres, conserveront indistinctement les unes et les autres. Un jour viendra, où les libelles publiés contre les hommes les plus illustres de ce siècle, seront tirés de la poussière par des méchans animés du même esprit qui les a dictés; mais il s'élèvera, n'en doutons point, quelque homme de bien indigné, qui décélera la turpitude de leurs calomniateurs, et par qui ces auteurs célèbres seront mieux défendus et mieux vengés que Sénèque ne l'est par moi.

Le vice des ignorans est d'enchérir sur les invectives des méchans, dans la crainte de n'en paroître que les échos. Les détracteurs modernes de Sénèque ont été beaucoup plus cruels que les anciens : les douze lignes d'un Suilius ont enfanté des volumes d'injures atroces.

§. 38. La 96.ᵉ *lettre* est de la résignation ; la 97.ᵉ, du jugement de Clodius : lisez-la, si vous voulez frémir de la dépravation romaine, même au temps de Caton. Un jeune libertin s'introduit, à la faveur d'un déguisement, dans le lieu de la célébration des mystères de la bonne déesse, et déshonore la femme de César : il est appelé devant les tribunaux, et renvoyé absous. Mais quel fut le prix de la corruption des juges ? De grandes sommes d'argent. C'eût été comme aujourd'hui et dans tous les temps. Avec ces sommes d'argent, on stipula la prostitution de plusieurs femmes désignées, et la jouissance de jeunes gens de la première distinction. Nous le cédons autant aux Romains dissolus, qu'aux Romains vertueux.

Dans la 98.ᵉ, il dévoile la frivolité des biens extérieurs ; et dans la 99.ᵉ, il veut que le style de l'orateur soit énergique ; celui du poëte tragique, sublime ; et que le poëte comique ait de la finesse.

Le philosophe se soutiendra par la grandeur des choses.

Les *lettres* 100, 101, 102 *et* 103, nous ins-

truisent de la mort du fils de Marcellus, et de la modération dans la douleur; du caractère des ouvrages de Fabianus Papirius; de la différence du style oratoire et du style philosophique; de la mort de Sénécion; de la célébrité dans les siècles à venir; des terreurs paniques. Dans celle-ci, il dit à Lucilius : « Que la philosophie vous cor-
» rige de vos vices, mais qu'elle n'attaque pas
» ceux des autres; qu'elle se garde bien de se
» déclarer hautement contre les mœurs publi-
» ques.... ». Il me semble que Sénèque a fait toute sa vie le contraire de ce qu'il prescrit ici; et qu'il a bien fait. A quoi donc sert la philosophie, si elle se tait? Ou parlez, ou renoncez au titre d'instituteur du genre humain. Vous serez persécuté, c'est votre destinée : on vous fera boire la ciguë; Socrate l'a bien bue avant vous : on vous empoisonnera, on vous exilera, on brûlera vos ouvrages, on vous fera peut-être vous-même monter sur un bûcher.... Vous pâlissez? la frayeur vous prend! et vous voulez attaquer les mauvaises loix, les mauvaises mœurs, les superstitions régnantes, les vices, les vexations, les actes de la tyrannie! Quittez votre robe magistrale, ou sachez renoncer au repos : votre état est un état de guerre; vous n'avez pas seulement affaire aux erreurs et aux vices, mais encore aux aveugles et aux vicieux; votre unique souci, c'est d'avoir raison. Ménager les préjugés, c'est man-

quer à la vérité; ménager les vices, c'est rougir de la vertu....

Cet ouvrage sera bien mauvais, s'il n'irrite pas la haine et n'excite pas les cris de la méchanceté. Elle souffriroit patiemment que je lui enlevasse une de ses victimes ! Je ne m'y attends pas. Heureusement, entre les ennemis de la philosophie, si les uns ont la perversité des Tigellins, ils n'en ont pas la puissance; et si les autres en ont la puissance, ils n'en ont pas la perversité : ceux qui pourroient me nuire, ne le voudront pas; et ceux qui le voudroient, ne le pourront pas. Si je disois qu'un merveilleux critique a découvert, après de profondes méditations, que d'Alembert étoit un idiot, un pauvre mathématicien, un mauvais écrivain, un mal-honnête homme; et que le pain que nous mangeons étoit un poison; la proscription des tripots de jeu, une loi injuste; j'aurois rendu cet homme aussi absurde, aussi ridicule qu'on peut l'être; cependant il ne m'en arriveroit rien.

§. 39. Sénèque parle, *lettre* 104.*, de sa foible santé, et de la tendresse de sa seconde femme Pauline. « Mes études, dit-il (*), m'ont sauvé :
» c'est à la philosophie que je dois la vie; et c'est

(*) Lettre 78.ᵉ, tom. II, pag. 37.

» la moindre des obligations que je lui ai.... ». Il ajoute, dans une autre lettre (*): « Ne pouvant » obtenir de Pauline d'en être aimé d'une ma- » nière plus courageuse, elle a obtenu de moi » que je m'aimerois avec plus de foiblesse.... »: De-là, il passe au peu d'effet des voyages dans les maladies de l'ame.

Il prétend, *lettre* 105, que les vertus sont corporelles. Vaines disputes de mots.

La *lettre* 106 contient de bons préceptes de conduite.

La 107.ᵉ est une exhortation dans les adversités.

Il enseigne, *lettre* 108, la manière de lire et d'écouter les philosophes. Si le lecteur a eu la patience de me lire jusqu'ici, j'espère qu'il ne se rebutera pas pour quelques lignes de plus; en revanche, je m'engage à plus de briéveté dans l'examen des autres ouvrages.

« Le sage peut-il être utile au sage ? Chaque » homme a-t-il son bon génie.... »? et à ce sujet, le mot d'Epicure, qui ne demandoit que du pain et de l'eau, pour être l'égal de Jupiter. A quoi bon les sophismes et les chicanes, dans la

---

(*) Lettre 104.ᵉ, tom. II, pag. 421.

philosophie ? A la déshonorer. Les mauvaises habitudes se déracinent-elles facilement ? Telle est la matière des *lettres* 109, 110, 111 et 112.

Il dit, *lettre* 110: « Soit que vous soyez sous
» la protection d'une providence, ou abandonné
» au hasard, l'imprécation la plus terrible que vous
» puissiez faire contre un ennemi, c'est qu'il le
» devienne de lui-même ».

« Ne vous applaudissez pas trop de mépriser
» le superflu ; vous vous applaudirez, quand vous
» en serez venu à mépriser le nécessaire.... ».
Ou je me trompe fort, ou mépriser le superflu est d'un sage ; et mépriser le nécessaire, d'un fou.

« Epicure demande du pain et de l'eau : s'il
» est honteux de faire consister son bonheur dans
» l'or et l'argent, il ne l'est pas moins de le faire
» dépendre du pain et de l'eau.... ». Je voudrois bien savoir où est la honte de ne pas vouloir mourir de soif et de faim. On n'est pas heureux, pour avoir l'absolu nécessaire ; mais on est très-malheureux, de ne l'avoir pas.

Lettre 112, il désespère de l'amendement de l'ami de Lucilius : il n'y a rien de bien à faire d'un homme de cet âge.

Lettre 113, il se moque un peu de ses bons amis les stoïciens, qui disputoient entre eux si les vertus étoient des animaux.... En vérité, lorsqu'on voit des hommes, tels qu'un Cléanthe, un Chrisippe, s'occuper de pareilles frivolités, on seroit tenté d'attacher peu d'importance à la perte de leurs ouvrages, et de les ranger dans la classe des Albert le Grand, des Scot, et autres péripatéticiens dont la réputation s'est évanouie avec l'ignorance de leur siècle.

Là, il se déchaîne de rechef contre Alexandre : ailleurs, il s'adresse à ces hommes qui feroient peut-être assez peu de cas de la vertu, s'il ne leur étoit permis d'en afficher le faste ; qui en ont toujours, et d'aussi mauvaise grace, le mot à la bouche, que les femmes sauvages, leur perle pendue à la lèvre ; et qui semblent nous dire, par leurs continuels apophthegmes : Ecoutez-moi, regardez-moi ; c'est moi qui suis sage. Si tu l'étois vraiment, tu t'occuperois moins à te persuader ; tu le serois sans ostentation ; la vertu obscure, la vertu même couverte d'une ignominie non méritée, ne seroit pas sans attraits pour toi.

« Si vous refusez d'être juste sans gloire, vous
» serez quelquefois exposé à l'être avec ignominie.
» Alors, si vous avez une ame vraiment grande,
» la mauvaise renommée, encourue par des voies

» honnêtes, ne sera pas sans charme pour vous ».

§. 40. Si Sénèque a montré de la finesse et du goût dans quelques-unes de ses lettres, c'est à la 114.ᵉ, où il examine l'influence des mœurs publiques et du caractère particulier, sur l'éloquence et le style. Mécène écrivoit comme il s'habilloit; son discours fut mou, négligé, lâche comme son vêtement. Sénèque ne veut pas que le philosophe, l'orateur même, s'occupe beaucoup de l'élégance et de la pureté du style: il l'aime mieux véhément qu'apprêté.

Les richesses font-elles le bonheur ? L'opinion des péripatéticiens sur l'utilité des passions, est-elle vraie ? Quelle différence le stoïcien met-il entre la sagesse et le sage ? Qu'est-ce que le bon ? Qu'est-ce que l'honnête ? Quels sont nos besoins et nos desirs naturels ? Quelle est l'origine de nos idées du bon et de l'honnête ? En quoi consiste la constance du sage ? Les animaux ont-ils le sentiment de leur état; de la vie réglée, de l'extravagance du luxe, de la frugalité ? Le souverain bien réside-t-il dans l'entendement ? Sa notion y est-elle innée, ou les premières idées de la vie ont-elles pour base, ainsi que les élémens de toute science et de tout art, quelques phénomènes acquis par les sens ? Voilà le reste des questions agitées depuis la 115.ᵉ lettre, jusqu'à la 124.ᵉ et dernière.

Lettre 116 : « Un jeune fou demandoit à Pa-
» nætius si le sage pouvoit être amoureux. Pa-
» nætius lui répondit : Oui, le sage ».

Lettre 121 : « L'accomplissement de vos desirs
» les plus vifs a souvent été la source de vos plus
» grandes peines... ». En effet, combien il m'est
arrivé de fois de soupirer après le malheur !

Lettre 122 : « Discerner la vérité au milieu de
« l'erreur générale, c'est le caractère du génie.
« Opposer son sentiment à celui de tout un peu-
« ple, c'est l'indice d'une ame forte ».

Il seroit difficile de citer un sentiment honnête, un précepte de sagesse, un exemple de beau, qui ne se trouvât dans ces lettres. On y voit par-tout un penseur délicat, subtil et profond, un homme de bien. Cependant, où ont-elles été écrites ? A la cour la plus dissolue. Dans quel temps ? Au temps de la plus grande dépravation des mœurs. Elles sont au nombre de cent vingt-quatre, et dans aucune, pas un seul mot qui sente l'hypocrisie. Ici, sa pensée s'échappe librement de son esprit : là, son ame et sa tête s'échauffent de concert : il est indigné, il est violent ; mais à travers les différens mouvemens qui l'agitent, toujours vrai, toujours lui. Je suppose que ce recueil tombât entre les mains d'un homme de sens, mais assez étranger à la philosophie pour ignorer le nom de Sénèque, et qu'après la lecture de ces lettres, on lui demandât ce qu'il pense de l'auteur. Balanceroit-il à répondre qu'on n'écrit ainsi, que quand on a reçu de la nature une élévation, une force d'ame peu communes ? Et réussiroit-on à lui persuader le contraire, sur-tout si l'on faisoit passer successivement sous ses yeux les autres ouvrages de Sénèque, et qu'on terminât cet Essai par l'histoire de sa vie et le récit de sa mort ? Ne seroit-il pas tenté de s'écrier de Sénèque, comme Erasme de Socrate : *Sancte Seneca?*

Deux grands philosophes firent deux grandes éducations : Aristote éleva Alexandre ; Sénèque éleva Néron.

Les deux hommes les plus sages, les deux plus grands philosophes, l'un d'Athènes, l'autre de Rome, sont morts d'une mort violente (*) : tous deux ont été tourmentés pendant leur vie et calomniés après leur mort. Vous, qui marchez sur leurs traces, plaignez-vous, si vous l'osez.

---

*) Diogène Laërce cite un auteur nommé *Eus*, qui prétend qu'Aristote s'étant retiré à Chalcis, s'empoisonna à l'âge de 70 ans..... Diogène Laërt. *in Aristot. segm.* 6.

NOTE DE L'ÉDITEUR.

Les lettres de Sénèque sont trop pleines, trop substancielles, pour être lues sans interruption. C'est un aliment solide qu'il faut se donner le temps de digérer.

TABLE DU TOME VIII.

ESSAI SUR LES RÈGNES DE CLAUDE ET DE NÉRON.

Livre premier. . . . . page 13
Livre second 349
Des Lettres de Sénèque. 350

FIN DU TOME HUITIÈME.

Vie de Sénèque.

www.ingramcontent.com/pod-product-compliance
Lightning Source LLC
Chambersburg PA
CBHW072109220426
43664CB00013B/2057